utb 5455

Eine Arbeitsgemeinschaft der Verlage

Böhlau Verlag · Wien · Köln · Weimar
Verlag Barbara Budrich · Opladen · Toronto
facultas · Wien
Wilhelm Fink · Paderborn
Narr Francke Attempto Verlag / expert Verlag · Tübingen
Haupt Verlag · Bern
Verlag Julius Klinkhardt · Bad Heilbrunn
Mohr Siebeck · Tübingen
Ernst Reinhardt Verlag · München
Ferdinand Schöningh · Paderborn
transcript Verlag · Bielefeld
Eugen Ulmer Verlag · Stuttgart
UVK Verlag · München
Vandenhoeck & Ruprecht · Göttingen
Waxmann · Münster · New York
wbv Publikation · Bielefeld

Andreas Reckwitz (Prof. Dr.), geb. 1970, hat den Lehrstuhl für Allgemeine Soziologie und Kultursoziologie an der Humboldt-Universität zu Berlin inne. Neben zahlreichen Gastprofessuren und Forschungsaufenthalten war er Professor an der Universität Konstanz und Professor an der Europa-Universität Viadrina in Frankfurt/Oder. 2019 erhielt er den Leibniz-Preis.

Andreas Reckwitz

Subjekt

transcript Verlag, Bielefeld

Bibliografische Information der Deutschen Nationalbibliothek
Die Deutsche Nationalbibliothek verzeichnet diese Publikation in der Deutschen Nationalbibliografie; detaillierte bibliografische Daten sind im Internet über http://dnb.d-nb.de abrufbar.

4., aktualisierte und ergänzte Ausgabe

utb-Bandnr. 5455
Print-ISBN 978-3-8252-5455-1
PDF-ISBN 978-3-8394-5367-4

Einbandgestaltung: Atelier Reichert, Stuttgart
Druck: Friedrich Pustet GmbH & Co. KG, Regensburg
Gedruckt auf alterungsbeständigem Papier mit chlorfrei gebleichtem Zellstoff.
Besuchen Sie uns im Internet: *https://www.transcript-verlag.de*
Unsere aktuelle Vorschau finden Sie unter *www.transcript-verlag.de/vorschau-download*

Inhalt

I. Schwankende Gestalten: Die Analyse von Subjekten im Zeitalter ihrer Dezentrierung

Richard Eyres Kinofilm »Stage Beauty« (2004) beginnt mit einer spektakulären Szene des Spiels im Spiel: Ned Kynaston, Schauspielstar im Londoner Theater der Restaurationszeit am Ende des 17. Jahrhunderts, präsentiert, begleitet von frenetischem Applaus des Publikums, seine Paraderolle als Desdemona in Shakespeares »Othello«. Dass ein Mann mit kunstvollen Bewegungen eine Frau spielt, ist in diesem Kontext nichts Exotisches, sondern eine pure kulturelle Selbstverständlichkeit. Kynaston selber erläutert in einer anschließenden Szene seiner Vertrauten Maria gegenüber, wie er diese Kunstfertigkeit der Frauenrollen erlernt hat; Maria selber mangelt es zu ihrer Enttäuschung an der Fähigkeit, überzeugend eine Frau zu ›spielen‹, so dass sie versucht, sich entsprechende Tricks bei Kynaston – den sie insgeheim bewundert, der ihr aber den Herzog von Buckingham vorzieht – abzuschauen.

Am Ende des Films erfolgt eine Reprise der Anfangsszene, die wenige Jahre später spielt, aber unter vollständig veränderten Vorzeichen verläuft. Nun ist es Kynastons ehemalige Zofe Maria, welche die Rolle der Desdemona übernommen hat und Kynaston selber ist – in ungewohnt kraftvoller Pose – der Othello. Und zwischen der zunächst asexuellen Maria und dem zunächst homosexuellen Kynaston hat sich eine Affäre angebahnt, die allerdings im Ungefähren endet.

Zwischen der Anfangs- und der Schlussszene hat eine gewaltige, auch eine gewaltsame Transformation stattgefunden. Ereignishaft drückt sie sich im Edikt von König Charles II. aus, der Männern das Recht, auf der Bühne Frauen darzustellen, entzieht und es Frauen zuspricht. Kynaston ist schlagartig diskreditiert, und die Frauen, bemüht um gesellschaftliche Anerkennung, stürmen und bevölkern die Bühne.

Für die Akteure ist der Prozess der Umerziehung ihres Selbstverständnisses, ihrer körperlichen Bewegungen – bis hin zu ihrer Stimmlage –, schließlich auch ihrer Wünsche und erotischen Orientierungen ein schmerzhafter und irritierender Prozess. Kynaston gelingt es zunächst nicht, auf der Bühne ›natürliche Männlichkeit‹ zu präsentieren – immer wieder rutscht er in die ›weibliche‹ Tonlage und Bewegungsmaschinerie. Die Eroberung von Frauenrollen durch Frauen erscheint ihm grotesk (»a woman playing a woman – what's the trick in that?«); vorübergehend gleitet der ehemalige Höfling in ein Transvestiten- und Jahrmarktmilieu. Der soziale Aufstieg Marias zum neuen Theaterstar ist jedoch nicht weniger irritierend: Paradoxerweise lernt sie selber erst von Kynaston – kurzfristig als ihr Berater engagiert –, wie sie eine Frau überzeugend darzustellen hat, und muss erleben, wie ihr Positionswechsel von ›backstage‹ auf die Vorderbühne mit einer Öffentlich- und Sichtbarmachung ihrer Person verbunden ist, die sie gegen ihren Willen (»I am an actress, not a beauty«) in eine sexuelle Projektionsfläche verwandelt. Besondere Selbstirritationen ruft die private Veränderung der Hauptpersonen hervor: Die Anfangskonstellation des Films ist durch eine bemerkenswerte Abwesenheit jeder im klassisch modernen Sinne erwartbaren heterosexuellen Paar- und Liebesbeziehung gekennzeichnet. Stattdessen scheint die Szene durch diverse Mätressen- und Prostitutionsbeziehungen, halboffene gleichgeschlechtliche Beziehungen und Asexualitäten bevölkert. Das Verhältnis zwischen Kynaston und Maria ist entsprechend unbestimmt und mehrdeutig. In einigen bemerkenswerten Szenen beginnen beide jedoch, in einer Art experimentellen ›Begehrensschule‹ intensive Affekte zueinander – zunächst mehrdeutig aggressive und sympathetische – zu entwickeln und sich in eine Konstellation hineinzufinden, die einem Modell ›heterosexueller Liebe/Partnerschaft‹ nahe kommt, ohne dass dieses vollständig realisiert wird. Die Selbstemotionalisierung der Hauptpersonen manifestiert sich am Ende in der affektgeladenen, dadurch den Schein von ›Natürlichkeit‹ produzierenden Theaterszene mit Kynaston als Othello und Maria als Desdemona.

Auf den ersten Blick scheint Eyres »Stage Beauty« ein Film über soziale Rollen zu sein, über eine spezifische Konstellation dessen, was Goffman in »Wir alle spielen Theater« (1983) geschildert hat. Tatsächlich aber lässt sich der Film, der dokumentarisches Material verarbeitet und sich dabei einige Freiheiten nimmt, auch anders lesen. Letztlich präsentiert Eyre eine ästhetisch dramatisierte Zuspitzung eines spezifischen kulturhistorischen Moments: *die Geburt moderner Subjekte* – genauer: die Herauskristallisation einer spezifischen Version moderner, bürgerlicher Subjektordnung – aus (und im Gegensatz zu) einem aristokratisch-höfischen Subjekttypus. Dies geschieht unter besonderer Berücksichtigung ihrer geschlechtlichen, intim-persönlichen und affektiven Strukturierung. Die aristokratische Kultur, die in der Darstellung des Films ihren Höhe- und Wendepunkt erreicht hat, und die sich allmählich herausbildende, bürgerlich-moderne Kultur stellen sich hier nicht als bloße Rollensets dar, als Systeme sanktionierter sozialer Erwartungen, sondern als unterschiedliche Komplexe sozialer Praktiken und entsprechender Wissensordnungen, die ihre Subjekte bis in ihre körperlichen Bewegungen, ihre Emotionen und ihr privates Selbstverstehen hinein modellieren – Subjektmodellierungen, die den Einzelnen, der sich in eine Subjektordnung

›einschreibt‹, in Irritationen stürzt – zumal mitten an der Epochenschwelle.

Grob systematisiert stellt sich die neue bürgerlich-moderne Subjektordnung bei Eyre als eine dar, die im Subjekt in seinem alltäglichen Verhalten, seinen Emotionen und seinem Begehren eine emotionalisierte ›Natürlichkeit‹ heranzüchtet. Diese beruht in der Vorstellung der Identität eines inneren Kerns, der sich in einem Außen ausdrückt – eine Natürlichkeit, die das Programm dessen enthält, was Niklas Luhmann (1982) den Code der »Liebe als Passion« und was Judith Butler (1990) die ›heterosexuelle Matrix‹ nennt, welche einen entsprechend eindeutigen Geschlechterdualismus voraussetzt. Demgegenüber kultiviert die aristokratisch-höfische Subjektivierungsweise in Eyres Darstellung eine entemotionalisierte Künstlichkeit des Subjekts – bis hin zu jener demonstrativen Künstlichkeit der Geschlechterdarstellung der Schauspieler im Theater. Dies schließt die Möglichkeit fluider geschlechtlicher und sexueller Verhaltensweisen und Orientierungen ein, so die Darstellung von Frauen durch Männer, und bedeutet andererseits, dass die emotional grundierten und fixierten Strukturen von ›bürgerlicher Ehe‹ und ›Liebe‹ gar nicht recht denkbar zu sein scheinen. Die geschlechtlich-sexuelle Fluidität hat dabei ihre eindeutige Grenze: Sie bleibt platziert in einer patriarchalischen Ordnung, in der sich männliche Subjekte Grenzüberschreitungen leisten können, ohne in ihrem männlichen Status tangiert zu sein. Was »Stage Beauty« beim Zuschauer – allerdings einem durch die erneute Destabilisierung des Geschlechterdualismus am Ende des 20. Jahrhunderts sensibilisierten Betrachter – erreicht, ist ein Befremden: Durch die Kontrastierung mit der sehr lebendigen aristokratischen Kultur stellt sich eine Befremdung mit der scheinbar natürlichen Subjektordnung von ›Männern‹ und ›Frauen‹ der bürgerlichen Moderne ein. Diese erweist sich als ein äußerst voraussetzungsvolles Erziehungsprogramm.

Szenenwechsel. Nur wenige Jahre nach jenem Zeitraum, in dem Ned Kynaston gelebt hat und Richard Eyre »Stage Beauty« spielen lässt, schreibt Daniel Defoe seinen »Robinson Crusoe« (1719). Der Roman ist nur oberflächlich eine Abenteuergeschichte für Jugendliche, tatsächlich findet hier im Interdiskurs der Literatur die Modellierung eines anderen Aspekts der frühen modernen Form des Subjekts statt: der Mensch als ›homo oeconomicus‹. Defoe – der sich an anderer Stelle, etwa in »The Complete English Tradesman« (1726), auch im Ratgebergenre versucht hat – stattet in der Anfangsszene, in der Crusoe zielstrebig und systematisch seine Existenz auf der unbekannten Insel aufbaut, seinen Protagonisten mit einer Reihe von nur scheinbar selbstverständlichen Dispositionen und Selbstdefinitionen moderner Subjektivität aus. In Form einer eigentümlichen Technologie des Selbst führt Crusoe eine penible Liste, in der er sich ›vor seinem inneren Auge‹ über seine Situation Rechenschaft ablegt und in einem kalkulatorischen Sinn Vor- und Nachteile seiner neuen Existenz gegeneinander abwägt. Systematisch folgt auf die Bestandsaufnahme die Plandurchführung. Crusoe liefert das Modell eines zielstrebigen Arbeitssubjekts, dessen Maßstab die Nützlichkeit, dessen Ziel das Eigentum und dessen Antipode der ›Abenteurer‹ ist. Allerdings stellt sich Defoes ›homo oeconomicus‹ als komplex und in sich widersprüchlich heraus: Crusoe schwankt in seinem Selbstverständnis zwischen einer Festlegung seiner Tätigkeit auf grundlegende Bedürfnisse, die genügsam und fix erscheinen, und dem Eingeständnis einer Unersättlichkeit der Ziele, einer Lust an der Steigerung um ihrer selbst willen. Durch den Kern des modernen ›homo oeconomicus‹ scheint ein Riss zu gehen, der zwischen einer Orientierung an der Selbsterhaltung der eigenen Person und einer Orientierung an der Maximierung von Möglichkeiten verläuft.

Aber liefert Defoes »Crusoe« wirklich die Blaupause für den modernen Wirtschaftsmenschen? Dass der klassische ›homo oeconomicus‹ des beginnenden 18. Jahrhunderts in England nicht das Ende der modernen Subjektgeschichte darstellt, wird schlaglichtartig deutlich, zieht man Thomas Peters' und Robert Watermans »In Search of Excellence. Lessons from America's best-run companies« (1982) heran. Dieser Text ist ein Ratgeber für das erfolgreiche Unternehmen, darin Teil eines umfassenden Managementdiskurses seit den 1980er Jahren, und er lässt sich zugleich als eine Programmatik für das kulturelle Modell eines neuen Arbeitnehmers lesen. Die Kompetenzen, die das Individuum auszubilden hat, sind hier weniger solche der regelförmigen Systematik – zum Teil sind sie vehement anti-systematisch: Experimentalismus und eine spielerische Haltung, Kreativität und eine Orientierung am Moment statt an der langfristigen Planung, ständige Bereitschaft zu Selbstveränderung – dies wird als Eigenschaftsbündel des spätmodernen Arbeitssubjekts präsentiert. Dieser Anforderungskatalog erhält zugleich den Anstrich eines ›natürlichen‹, irreduziblen Kerns des Subjekts und greift auf semantische Felder des Sports, des Spiels und der experimentellen Wissenschaft zurück. Dabei tut sich, verborgen in der Darstellung von Peters und Waterman, auch im Innern dieser Subjektform eine Spannung anderer Art auf: zwischen der experimentellen Offenheit einerseits, der Orientierung des Subjekts an den Vorgaben des ›Teams‹ andererseits.

Fragen der Subjektanalyse

Eyres »Stage Beauty«, Defoes »Robinson Crusoe« und Peters' Managementratgeber – damit sind drei Beispiele für jene Problemstellungen und Studienobjekte herausgegriffen, für die sich die kultur- und sozialwissenschaftliche Analyse des Subjekts, die Rekonstruktion von

Subjektformen und Subjektivierungsweisen interessiert. Andeutungsweise wird damit Subjektanalyse ›at work‹ sichtbar. Wenn die kulturwissenschaftliche – die soziologische, historische, literaturwissenschaftliche, kulturanthropologische – Subjektanalyse nach ›dem Subjekt‹ fragt, dann fragt sie nach der spezifischen kulturellen Form, welche die Einzelnen in einem bestimmten historischen und sozialen Kontext annehmen, um zu einem vollwertigen, kompetenten, vorbildlichen Wesen zu werden, nach dem Prozess der Subjektivierung oder Subjektivation, in dem das Subjekt unter spezifischen sozial-kulturellen Bedingungen zu einem solchen ›gemacht‹ wird. Die kulturwissenschaftliche Subjektanalyse zielt darauf ab herausfinden, welches Know-how und welche Wunschstrukturen, welche körperlichen Routinen und welches Selbstverständnis, welche Abgrenzungsformen nach außen und welche Kompetenzen, welche psychisch-affektiven Orientierungen und Instabilitäten der Einzelne ausbildet, um jener ›Mensch‹ zu werden, den die jeweiligen gesellschaftlichen Ordnungen voraussetzen. Die Subjektanalyse nimmt jene Diskurse unter die Lupe, in denen diese Subjektformen repräsentiert, dekretiert, problematisiert und wieder aufgebrochen werden – textuelle wie visuelle Diskurse, Ratgebertexte und Literatur, selbstexplorative Egodokumente, Bilder und Filme. Gleichzeitig versucht sie, die alltäglichen sozialen Praktiken – die scheinbar banalen Verhaltensweisen, die Bewegungen des Körpers, die Formen der Kommunikation, wie sie in der teilnehmenden Beobachtung sichtbar werden – unter dem Aspekt zu dechiffrieren, in welcher Weise diese ›subjektivierend‹ wirken, d. h., welche Formen des Körpers und der Psyche sich in ihnen produzieren, reproduzieren und torpedieren. Diskurse und Praktiken werden damit unter dem Aspekt betrachtet, dass sie immer (auch) Subjektivierungsweisen darstellen. Der Begriff der Subjektivierung verweist darauf, dass das Subjekt nicht als ›vorhanden‹ zu betrachten ist, sondern immer im Prozess seiner permanenten kulturellen Produktion. Gegenstand der Analyse sind damit Subjekt*formen* – der asketische Unternehmer, die Femme Fatale, der irrationale und exotische Orientale, der bürgerliche Leser und spätmoderne Internet-User, der ›Hofmann‹, der sozialistische Arbeiter und der Stoiker –, Subjekt*kulturen* – jene Praktiken und Diskurse, in denen sich diese Subjektformen bilden – und ganze Subjekt*ordnungen*, d. h. komplexe Konstellationen von typisierten Personen, etwa die Geschlechterordnung, die Relation zwischen unterschiedlichen ethnischen Identitäten oder zwischen Klassen- und Milieusubjekten. Mit Bedacht ist hier von kultur- und sozialwissenschaftlichen Subjekt*analysen* die Rede, nicht von einer *Theorie* des Subjekts. Wenn es in diesem Buch um das ›Subjekt‹ als ein heuristisches Schlüsselkonzept der Kultur- und Sozialwissenschaften zu Beginn des 21. Jahrhunderts geht, dann ist es als Werkzeug – ein pragmatisches, modifizierbares ›*sensitizing instrument*‹ – für materiale Analysen zu verstehen, nicht als Endpunkt einer selbstgenügsamen Theorie. Das Subjekt stellt sich als Fluchtpunkt einer bestimmten *analytischen Strategie* dar: gesellschaftliche und kulturelle Ordnungen, Praktiken und Diskurse unter dem Gesichtspunkt zu betrachten, welche Formen und Modelle des Subjekts, seines Körpers und seiner Psyche sie produzieren.

Was macht nun die sozial- und kulturwissenschaftliche Analyse von Subjektivierungsweisen aus? Welche konzeptuellen Versatzstücke kommen in ihr zum Einsatz? Um den Standort der Strategie der Subjektanalyse im humanwissenschaftlichen Feld der Gegenwart zu klären, drängen sich zunächst zwei Fragen auf: In welchem Verhältnis steht die Subjektanalyse zum viel beschworenen ›Tod des Subjekts‹? Und in welcher Relation befindet sie sich zum vertrauten soziologischen Dualismus von ›Individuum‹ und ›Gesellschaft‹?

Jenseits der Subjektphilosophie

Was den ›Tod des Subjekts‹ angeht, liegt auf den ersten Blick eine klärungsbedürftige Konstellation vor. Es waren namentlich Autoren im Umfeld des Poststrukturalismus – etwa Michel Foucault und Roland Barthes –, die in den 1960er Jahren sehr suggestiv vom Tod des Subjekts sprachen, eine dezidierte Kritik an der Subjektphilosophie betrieben und die nun paradoxerweise zu zentralen Hintergrundtheoretikern der kulturwissenschaftlichen Subjektanalyse avanciert sind. Die wichtigsten Autoren, die begriffliche Werkzeuge für eine Analyse von Subjektformen bieten, stammen – davon geht auch dieses Buch aus – aus dem Umkreis des Strukturalismus und Poststrukturalismus, und zugleich sind diese Autoren als Kritiker der Subjekttheorie notorisch. Allerdings: Das ›Subjekt‹ der kulturwissenschaftlichen Subjektanalyse nach Art von Foucault, Bourdieu, Lacan, Laclau, Butler und anderen ist nicht mehr das Subjekt der klassischen Subjektphilosophie. Diese reicht in ihrem epistemologischen und moraltheoretischen Hauptstrang von Descartes' Modell des Ich als unzweifelbarem reflexiven ›cogito‹ in Distanz zur Welt bis zum deutschen Idealismus bei Kant, Fichte und Schelling. Ein zweiter, stärker sozialtheoretischer Zweig umfasst den vertragstheoretischen Individualismus von Autoren wie Hobbes und Locke, welcher Gesellschaft als Produkt eigeninteressierter Individuen modelliert.

Ein dritter – vor allem ästhetischer – Strang der Subjektphilosophie schließlich, der sich prominent im Kontext der Romantik findet, begreift das Subjekt primär als ein Selbst, als einen expressiven Kern der Selbstverwirklichung, der anfällig für Entfremdungen ist. Die klassische Subjektphilosophie der Frühen Moderne von 1600 bis 1800, die sich aus diesen drei Zweigen zusammensetzt, beruht auf unterschiedlichen Variationen der gleichen Grundannahme: der einer *Autonomie des Subjekts*. Dieses erscheint als eine irreduzible Instanz der Reflexion, des Handelns und des Ausdrucks, welche ihre Grundlage nicht in den kontingenten äußeren Bedingungen, sondern in sich selber findet. Das klassische Subjekt ist als Ich eine sich selber transparente, selbstbestimmte Instanz des Erkennens und des – moralischen, interessegeleiteten oder kreativen – Handelns. Das klassische Subjekt erhält seinen Kern in bestimmten mentalen, geistigen Qualitäten, die zugleich Ort seiner Rationalität sind. Ihm werden im klassischen Diskurs in diesem Sinne universale, allgemeingültige Eigenschaften – seien diese in einer Vernunft oder einer Natur begründet – zugeschrieben (zur klassischen Subjektphilosophie vgl. Schulz 1979; Riedel 1989; Kible u. a. 1998).

Dezentrierung des Subjekts

Leitelemente der Subjektphilosophie beeinflussen als gesunkenes Kulturgut große Teile des intellektuellen Denkens des 19. und 20. Jahrhunderts, etwa in der Phänomenologie, im Existenzialismus oder den ökonomischen Theorien rationaler Wahl. Sie sind dem westlichen Common Sense bezüglich dessen, was es heißt, ein ›Individuum‹ oder ›Selbst‹ zu sein, alles andere als fremd. Dieser spezifisch subjektphilosophische Diskurs ist von Anfang an eng gekoppelt an eine bestimmte ›große Erzählung‹ der Moderne, ein Verständnis der Moderne als eine gesellschaftliche Formation, welche eine Emanzipation des Subjekts, eine Entbindung der im Subjekt angelegten Potenziale der Autonomie betreibt.[1] Es ist dieser hartnäckig das westliche Denken prägende Diskurs der Subjektphilosophie, welcher seit dem 19. Jahrhundert bei einer Reihe von Theoretikern in die Kritik gerät, eine Kritik, an deren vorläufigem Ende auch die Strukturalisten und Poststrukturalisten stehen: Marx und Freud, Nietzsche und Heidegger, Wittgenstein und Dewey, schließlich auch Foucault und Derrida – sie alle versuchen mit unterschiedlichen konzeptuellen Mitteln eine ›Dezentrierung des Subjekts‹, die sich rhetorisch verkürzt als theoretischer ›Tod‹ jenes Subjekts abbilden lässt, wie es von der klassischen Bewusstseins-, Geist- und Handlungsphilosophie vorausgesetzt wurde. Das Subjekt wird ›dezentriert‹, indem es seinen Ort als Null- und Fixpunkt des philosophischen und humanwissenschaftlichen Vokabulars verliert, es erweist sich selber in seiner Form als abhängig von gesellschaftlich-kulturellen Strukturen, die ihm nicht äußerlich sind und in deren Rahmen es seine Gestalt jeweils wechselt: Sprachspiele, symbolische Ordnungen, psycho-soziale Konstellationen und technisch-mediale Strukturen.

Im Zuge seiner Dezentrierung kommt dem Subjekt sein Status als ›transzendental-empirische Dublette‹ abhanden, den es Foucault (1966: 384ff.) zufolge im post-kantianischen Diskurs der Humanwissenschaften besaß: Das Subjekt ist weder eine Transzendentalie mit Eigenschaften, die ihm a priori, d. h. vor aller Erfahrung, zukommen, noch lässt es sich in seiner mentalen Struktur unabhängig vom kulturellen Kontext zum Objekt empirischer Forschung machen. Diese Dezentrierung des Subjekts auf theoretischer Ebene mündet am Ende des 20. und zu Beginn des 21. Jahrhunderts konsequent in die kulturwissenschaftliche Subjektanalyse, die entscheidend von (post-)strukturalistischen Begriffsbildungen profitiert. Wenn sich die universale Struktur des ›Subjekts‹ als eine moderne Fiktion herausgestellt hat, dann muss das Interesse den historisch-spezifischen kulturellen Praktiken und Diskursen der Subjektivierung, der Bildung und Umbildung besonderer Subjektformen in ihrer Konflikthaftigkeit und Widersprüchlichkeit gelten, so wie sie den Individuen selbst, die sich durch sie formieren, regelmäßig intransparent bleiben. Das Ergebnis dieser Subjektanalysen ist entsprechend auch ein verändertes Bild der Moderne in ihren sich verschiebenden kulturellen Fundamenten, das sich von der großen Erzählung der Emanzipation entfernt: Das Subjekt emanzipiert sich nicht kurzerhand aus sämtlichen kulturellen Formen, sondern ist ein Korrelat wechselnder Subjektivierungsweisen – ein Prozess, der sich unter modernen Bedingungen nicht selten als ›Emanzipation‹ (miss-)versteht.

Doppeldeutigkeit des Subjektbegriffs

Die kultur- und sozialwissenschaftliche Subjektanalyse und die theoretischen Fragmente der verschiedenen in diesem Band behandelten Autoren, die in sie eingehen, lassen sich damit letztlich von einer Doppeldeutigkeit inspirieren, die dem Begriff des Subjekts von Anfang an zukommt: Das ›Subjekt‹ präsentiert sich einerseits gegenüber dem ›Objekt‹ – oder auch grammatikalisch gegenüber dem Prädikat – als die agierende, beobachtende, selbstbestimmte Instanz. Aber zugleich ist das ›subiectum‹ dasjenige, das unterworfen ist, das bestimmten Regeln unterliegt und sich ihnen unterwirft, wie es noch in der englischen Formulierung ›to be subjected to something‹ durchscheint. Die Subjektanalysen der Gegenwart gehen von dieser doppeldeutigen Konstellation aus: Das Subjekt wird zu einer vorgeblich autonomen, selbstinteressierten, sich selbst verwirklichenden Instanz, indem sie sich entsprechenden kulturellen Kriterienkatalogen der Autonomie, der Selbstinteressiertheit, der Selbstverwirklichung etc. unterwirft. Der Einzelne wird zum Subjekt, indem er sich innerhalb einer kulturellen Ordnung als ein solches ›anrufen‹ lässt, eine Konstellation, die Louis Althusser (1970) in einer vielzitierten Skizze als ›Interpellation‹ des Subjekts umschreibt. Die zentrale Forschungsfrage lautet dann: Welche Codes, Körperroutinen und Wunschstrukturen muss sich der Einzelne in einem jeweiligen historisch-kulturellen Kontext einverleiben, um zum zurechenbaren, vor sich selber und anderen anerkannten ›Subjekt‹ zu werden?

Individuum und Gesellschaft

Ein solches Verständnis des Subjekts, wie es die in diesem Band behandelten Autoren entwickeln, verschiebt die klassische soziologische Problemstellung der Relation zwischen Individuum und Gesellschaft. Auf den ersten Blick weist die Dezentrierung des Subjekts und ihre Konsequenz der kulturwissenschaftlichen Subjektanalyse Parallelen zur klassisch soziologischen Modellierung des ›homo sociologicus‹ auf. Dieser geht es bekanntlich darum zu zeigen, inwiefern das Handeln des Individuums nicht frei ist, sondern ›gesellschaftlich bedingt‹. Um eine zeitgemäße Begrifflichkeit zu wählen: ›Agency‹ ist nie ohne ›structure‹ zu denken, in deren Rahmen sie sich bewegt. Klassisch für den ›homo sociologicus‹ ist die Konstellation der Rollenerwartungen: Das Individuum sieht sich mit gesellschaftlichen Rollensets konfrontiert, die es zu spielen lernt, mit normativen Erwartungen korrekten Verhaltens, in denen dem Individuum – in der Formulierung Dahrendorfs – »Gesellschaft als ärgerliche Tatsache« erscheint. In der Konstellation des ›homo oeconomicus‹ ergibt sich damit gewissermaßen eine Konstellation der ›choices and constraints‹:[2] hier das Individuum mit seiner ›agency‹, seiner Handlungsfähigkeit, das von sich heraus zwischen unterschiedlichen Handlungsoptionen wählen kann, dort die Gesellschaft, die es mit ihren normativen Erwartungen – konkretisiert in bestimmten Sets sozialer Rollen – konfrontiert, ihm diese normativen Regeln aufzwingt oder aber sie, mit Werten verknüpft, als moralisch verbindlich nahe legt. ›Individualisierung‹ bedeutet in diesem Rahmen eine Entbindung des Individuums aus dem Zwang (und der Sicherheit) gesellschaftlicher Vorgaben, eine Expansion der ›Optionen‹ auf Kosten der ›Ligaturen‹ (Dahrendorf), d. h. sozialen Bindungen.

Die Polarität zwischen Individuum und Gesellschaft, zwischen ›agency‹ und ›structure‹ oder auch zwischen personaler Identität und sozialer Identität ist jedoch *nicht* der begriffliche Rahmen, in dem sich die kulturwissenschaftlichen Subjektanalysen und ihre leitenden Autoren von Foucault über Bourdieu bis Butler bewegen. Man könnte formulieren: Es ist die *kulturelle Form*, die das ›Individuum‹, der ›Einzelne‹ *selber* in einem bestimmten historischen Kontext wie selbstverständlich erhält, welche nun ins Zentrum des Blicks rückt. Es geht nicht um die Konfrontation des Individuums mit sozialen Erwartungen, sondern darum, wie sich dieses ›Individuum‹ in seinen scheinbar gegebenen, gewissermaßen vorkulturellen körperlichen oder psychischen Eigenschaften, die ihm vermeintlich Autonomie sichern, aus hochspezifischen kulturellen Schemata zusammensetzt. Das geschlechtliche Know-how der Körperbeherrschung und die Orientierung des erotischen Begehrens in Eyres »Stage Beauty«, die Ausbildung eines zielstrebigen subjektiven Interesses und die Fähigkeit zur rationalen Abwägung in Defoes »Crusoe«, die enthusiastische Haltung der Kreativität des Subjekts bei Peters/Waterman – unter dem subjektanalytischen Blick lassen sich hier überall kulturelle Modellierungen des Ich dechiffrieren.

Reflexivität des Akteurs

Die Verschiebung des Blicks auf das Individuum als Subjekt, den die Subjekttheorien bewirken, lässt sich am besten an einem Beispiel verdeutlichen: dem Stellenwert dessen, was man die ›Reflexivität‹ des Akteurs nennt. Nimmt man neuere Arbeiten aus dem Kontext der soziologischen Theorien reflexiver Modernisierung – prominent etwa bei Ulrich Beck (1986) und Anthony Giddens (1991) –, dann ist es für eine bestimmte Konstellation in der spätmodernen westlichen Gesellschaft kennzeichnend, dass soziale, normative Vorgaben, etwa der Klasse oder Berufsgruppe, erodieren. Auf der Seite des Individuums bedeutet dies, dass ›Reflexivität‹ – etwa eine Selbstbefragung biografischer Lebensziele, der Partnerschafts- und Berufsideale – zum Einsatz kommt, ein Prozess, der Chancen und Risiken zugleich bereithält. Aus der Perspektive der kulturwissenschaftlichen Subjektanalyse würde die Frage jedoch eher lauten: Welches hochspezifische Training muss ein Individuum durchlaufen, um jene besonderen kulturell prämierten Eigenschaften der Reflexivität (Selbstbefragung, Abwägung von Optionen, Kontingentsetzung von Zielen, Definition von Situationen als Entscheidung) zu erwerben? Welche Diskurse (zum Beispiel mediale, psychologische, politische) definieren und naturalisieren diese Reflexivität? In welchen sozialen Praktiken und

Technologien des Selbst zieht der Einzelne einen reflexiven Habitus in sich heran (z. B. Routinen der beruflichen oder partnerschaftlichen Selbstbefragung)? Was ist der kulturelle ›Andere‹ des reflexiven Subjekts, von dem implizit oder explizit eine Differenzmarkierung stattfindet (z. B. eine Person, die mit Handlungsunfähigkeit oder Inflexibilität, mit Entscheidungsschwäche oder Gedankenlosigkeit ausgestattet ist)? Inwiefern betreiben zeitgenössische symbolische Ordnungen eine affektive Besetzung des Ideal-Ich eines reflexiven Subjekts, und inwiefern überschneiden sich in diesem kulturell verbindlichen Subjektmodell unterschiedliche, widersprechende kulturelle Codes (z. B. Selbstentfaltung – Selbstoptimierung)? Statt das reflexive Subjekt vorauszusetzen, wird es dann als Produkt hochspezifischer kultureller Subjektivierungsweisen sichtbar. Die Haltung der Autoren kulturwissenschaftlicher Subjektanalyse gegenüber ihrem Gegenstand ist damit generell die einer Verfremdung. Die Frage lautet durchgängig: Welche kulturellen Generierungsmuster sind die Voraussetzung für die soziale Produktion einer scheinbar fraglos gegebenen Individuen-Entität? Wie funktioniert die kulturelle Logik einer bestimmten Subjektivierungsweise? Welche kaum bewussten oder transparenten kulturellen Prozesse der Stabilisierung und Destabilisierung enthält eine bestimmte gesellschaftliche Subjektordnung, in die der Einzelne mehr oder minder unproblematisch einrückt?

Identität und Selbst

Generell sind in dem Theorieparcours, den dieses Buch abschreitet, damit sozialwissenschaftliche Begriffe, die eine längere Tradition haben, vor allem jene der Identität und des Selbst – in anderer Weise auch der des Individuums – dem Subjektkonzept gegenüber nachgeordnet. Wenn mit dem Subjekt die gesamte kulturelle Form gemeint ist, in welcher der Einzelne als körperlich-geistig-affektive Instanz in bestimmten Praktiken und Diskursen zu einem gesellschaftlichen

Wesen wird, dann bezeichnet die Identität einen spezifischen Aspekt dieser Subjektform: die Art und Weise, in der in diese kulturelle Form ein bestimmtes Selbstverstehen, eine Selbstinterpretation eingebaut ist, wobei diese Identität immer direkt oder indirekt auch mit einer Markierung von Differenzen zu einem kulturellen Anderen verknüpft ist. Die Identität des Subjekts ist damit gleichbedeutend mit dem, was häufig auch das Selbst (self) genannt wird. Das proletarische Subjekt enthält in diesem Sinne etwa auch den Aspekt eines routinisierten Selbstverstehens des Proletariers, die proletarische Identität. Aber die Subjektform in ihrer Konstituierung von Körper, Psyche und implizitem Wissen ist mehr als allein diese Ebene der Selbstinterpretation. Das Subjektkonzept geht damit über jene der Identität und des Selbst hinaus und integriert sie zugleich.

Individuum

Komplizierter verhält es sich mit dem Begriff des Individuums. Einerseits lässt sich das, was häufig unter dem Individuum verstanden wird, eine Instanz, die einen besonderen, nicht austauschbaren inneren Kern enthält und diesen natürlicherweise versucht zu entfalten, als Semantik eines für bestimmte Traditionen der westlichen Kultur hochspezifischen Subjektdiskurses lesen. Die Frage wäre dann, welche Diskurse warum dazu kommen, dem Subjekt die paradoxe allgemeine Form zu geben, besonders zu sein, und wie praktisch die Subjektivierung eines Subjekts als ›individuelles‹ erfolgt (etwa über die Förderung von kreativen Praktiken, eines permanenten Vergleichs mit anderen Personen und einer Suche nach Unterschieden etc.). Andererseits kann der Begriff des Individuums eine Instanz bezeichnen, die sich gegenüber einer inkorporierten kulturellen Subjektform durch eine bestimmte – körperliche oder psychische – Widerständigkeit auszeichnet, gewissermaßen ein Ensemble von Idiosynkrasien, die von der Subjektform hervorgerufen werden und sich ihrer zugleich nicht fügen. Diese zweite Konstellation – für die der

Begriff des Individuums nicht wirklich geeignet scheint –, die Frage nach dem individuellen ›Rest‹ jenseits des Subjekts, ist explizit oder implizit ein häufiges, schwieriges Thema der Theoretiker, die sich mit der Subjektanalyse befassen.

kulturwissenschaftliche Orientierung

Die unterschiedlichen Stränge der neueren Subjektanalyse haben eine eindeutig *kulturwissenschaftliche* Orientierung. ›Kultur‹ umschreibt die impliziten gesellschaftlichen Wissensordnungen, die zentralen Codes und Unterscheidungen, die sie strukturieren, und die den Raum möglicher Praktiken und Diskurse sowie schließlich auch Subjektformen abstecken. Kultur wirkt im kulturwissenschaftlichen Denken der Gegenwart als ein Kontingenzmarker und Ent-Universalisierungsinstrument:[3]

Die Wissensordnungen werden als historisch und lokal spezifisch rekonstruiert, sie kommen nur mit zeitlichen und räumlichen Indizes vor. Dies gilt ebenso für die im neuzeitlichen Denken gerne universalisierten und naturalisierten Eigenschaften des Subjekts, des ›Menschen‹. Der kulturwissenschaftliche Blick richtet sich damit bei vielen der hier behandelten Autoren konsequenterweise auf den Körper des Subjekts in seiner nur scheinbaren Natürlichkeit und Zweitrangigkeit gegenüber dem Geist, er richtet sich aber ebenso auf das Mentale, Geistige in seiner nur vorgeblichen kognitiven Voraussetzungslosigkeit, er richtet sich auf die psychisch-affektiven Orientierungen des Subjekts, schließlich auf die Kontingenz seines Selbstverstehens, seiner ›Identität‹. Körper, Mentalität, Psyche und Identität sind allesamt scheinbar allgemeingültige Verankerungspunkte der Subjektivität, die in der kulturwissenschaftlichen Analyse ihrerseits in ihre kulturspezifischen Bestandteile zerlegt werden.

Strukturalismus

Theoriehistorisch beziehen alle subjektanalytisch relevanten Autoren, die in diesem Buch behandelt werden, ihre Ressourcen aus einem bestimmten Vokabular, das für die modernen Kulturtheorien und kulturwissenschaftlichen Schulen des 20. Jahrhunderts bis zur Gegenwart generell von kaum zu überschätzendem Einfluss gewesen ist: dem Strukturalismus. Dessen Initialzündung ist sprach- und zeichentheoretisch ausgerichtet und findet sich in Ferdinand de Saussures zunächst recht unscheinbaren Vorlesungsskripten »Cours de linguistique générale« (1916). Dieses strukturalistisch-semiotische Manifest liefert einen analytischen Bezugsrahmen, der trotz aller Modifikationen und Kritiken lang andauernde Effekte für das Verständnis kulturell-symbolischer Ordnungen im Allgemeinen und des Orts des Subjekts im Rahmen dieser Ordnungen im Besonderen erzielt hat. Die Art und Weise, wie Saussure Sprache konzeptualisiert, lässt sich von den Kultur- und Subjekttheoretikern in einem zweiten Schritt auf ›Kultur‹ insgesamt übertragen.

parole / langue

Drei Aspekte von Saussures strukturalistischem Basisprogramm sind hier von besonderer Bedeutung, und sie tauchen in unterschiedlicher Weise bei allen in diesem Band behandelten Programmen der Subjektanalyse wieder auf. Saussure unterscheidet erstens in Bezug auf Sprache zwischen der Ebene der ›parole‹ und der ›langue‹, dem Prozess des individuellen Sprechens in der Sequenz von Situationen und der Sprache als kollektivem, zeitlich relativ stabilem Zeichen- und Regelsystem, das bestimmtes Sprechen erst möglich und intelligibel macht. Die Sprache spricht gewissermaßen durch den Sprecher hindurch, der sie sich einverleibt hat – Saussure betreibt damit indirekt eine linguistische Dezentrierung des sprechenden Subjekts.

Signifikant/ Signifikat

Er begreift Sprache zweitens als ein System von Zeichen und ein Zeichen wiederum als Doppelstruktur von Signifikant (Zeichenform) und Signifikat (Zeicheninhalt, ›Bedeutung‹). In einem Zeichen steht kein Wort für einen realen Gegenstand, vielmehr macht das rein immanente Verhältnis zwischen Signifikant und Signifikat, die arbiträr aneinander gekoppelt sind, ein Zeichen aus. Begreift man

Kultur insgesamt als Ensemble von Zeichensystemen, dann ergibt sich aus Saussures Position eine konstruktivistische, gegenüber Essentialismen skeptische Perspektive: Kulturelle Räume stellen sich als Klassifikationssysteme dar, die ihre Logik allein in ihrer immanenten Zeichenstruktur finden und keine ›Natur der Dinge‹ abbilden. Subjektivität kann sich dann gleichfalls nicht außerhalb der Logik der Zeichen befinden, sondern stellt sich als ein kontingentes kulturelles Konstrukt mit sehr realen Wirkungen dar. Drittens schließlich sind die sprachlichen (oder nicht-sprachlichen) Zeichen Saussure zufolge innerhalb ganzer Zeichensysteme situiert. Entscheidend ist, dass hier die Differenzen (zwischen den Zeichen) der Identität (des einzelnen Zeichens) vorangehen: Sprache ist ein Differenzensystem, und erst die Differenzen/Unterscheidungen zwischen den Elementen – sowohl den Signifikanten als auch den Signifikaten – produzieren die spezifische ›Identität‹, d. h. die abgrenzbare Einheit des einzelnen Zeichens als Form und als Inhalt. Differenz/Identität ist bei Saussure nicht auf Subjekte, sondern auf Zeichen bezogen, aber viele Subjekttheoretiker von Bourdieu bis zum Postkolonialismus profitieren von der Übertragung dieses differenztheoretischen Kerngedankens von der Identität der Zeichen im Allgemeinen auf die Identität von Subjekten, die sich analog erst innerhalb eines Differenzensystems von Unterscheidungen und Abgrenzungen bilden.

Differenz / Idenität

Die strukturalistische Semiotik Saussures, die zunächst nur sehr rudimentär Aussagen über Subjekte macht, kann damit im Feld der Subjektanalyse der Gegenwart vielfältig angeeignet werden. Letztlich bewegen sich jedoch alle hier behandelten Autoren ›nach‹ dem Strukturalismus, indem sie ein breites Feld alternativer Perspektiven in sich verarbeiten und mit Elementen der strukturalistischen Tradition kombinieren – von der Psychoanalyse bis zur pragmatistischen Handlungstheorie, von der marxistischen Hegemonietheorie bis zu

Poststrukturalismus

einem Materialismus sozialer Artefakte. Viele der Autoren können als ›poststrukturalistisch‹ eingeordnet werden:[4] Sie lassen in ihrer subjekttheoretischen Aneignung die Annahmen kultureller Stabilität und Homogenität, die bei Saussure in mancher Hinsicht in der Vorstellung der Sprache als einer widerspruchsfreien, sich reproduzierenden ›langue‹ und in der Annahme der stabilen, Polysemien verhindernden Kopplung von Signifikant und Signifikat enthalten waren, regelmäßig hinter sich. Subjektformen werden damit bei den poststrukturalistisch informierten Strategien der Subjektanalyse zunehmend als fragile Gebilde und die Subjekte als ›schwankende Gestalten‹ interpretiert. Es werden Handreichungen gegeben, wie sich diese Fragilität im Material der Kultur analysieren lässt. Damit ergibt sich jedoch eine Fülle von Fragen, auf die einzelne Autoren unterschiedliche Antworten liefern und welche die Subjektanalysen in verschiedene Richtungen lenken: In welchen Mechanismen stabilisiert sich in einem kulturellen Kontext eine Subjektform? Welche Rolle spielen bei dieser Stabilisierung Körper, implizites Wissen und Psyche? Wie verläuft demgegenüber eine Destabilisierung von Subjektformen? Wo lässt sich diese Destabilisierung nachweisen, und welche Funktion übernehmen hier wiederum Körper, Psyche und Selbstverständnis? Welche Rolle spielen Diskurse bei der Subjektproduktion und welche die Materialität der Artefakte, etwa in der Technik? Schließlich: Gibt es einen Ort des ›Individuellen‹ in Auseinandersetzung mit den kulturellen Subjektordnungen? In mehrfacher Hinsicht haben die poststrukturalistischen Programme der Subjektanalyse damit eine ›kritische‹ Konnotation (dabei aber in anderer Weise als die Kritische Theorie der Frankfurter Schule): in der kulturellen und historischen Entuniversalisierung von scheinbar allgemeingültigen Eigenschaften des Menschen; in der Dechiffrierung des scheinbar autonomen Subjekts als Effekt sozialer Regulierungen; schließlich in der Darstellung der immanenten Widersprüchlichkeiten von Subjektformen und der kulturellen Konflikte bezüglich der Subjektivierung, welche hinter der Fassade der scheinbaren Einheit ›des modernen Selbst‹ deutlich werden.

Das Buch beginnt seinen Abriss über aktuelle subjekttheoretische Analysestrategien mit dem Programm Michel Foucaults, der das Subjekt im Zentrum seiner historisch orientierten Forschungsszenarien platziert: der diskursanalytischen Archäologie, der machtanalytischen Genealogie, der Analyse von Gouvernementalität und von Technologien des Selbst (Kap. II/1). Pierre Bourdieu liefert ein in anderer Weise vom Strukturalismus beeinflusstes Alternativprogramm: Das Subjekt wird hier als Träger eines inkorporierten Ensembles von Dispositionen – eines ›Habitus‹ – rekonstruiert, der kollektivspezifisch – etwa in sozialen Klassen – angeeignet wird und in sozialen Feldern zur praktischen Anwendung kommt (II/2). Jacques Lacans psychoanalytische Subjekttheorie setzt demgegenüber bei der Frage an, wie sich die kulturelle Formierung eines affektiven, seine eigene Unbefriedigtheit auf Dauer stellenden Begehrens im Subjekt rekonstruieren lässt, und entwickelt das Modell einer dynamischen, sich selbst destabilisierenden Triangel von Symbolischem, Imaginärem und Realem (II/3). Ernesto Laclau bietet ein Vokabular, das Poststrukturalismus und Postmarxismus zu verknüpfen versucht: Im Zentrum steht hier eine Analyse der kulturellen Antagonismen bezüglich der Stabilisierung und Destabilisierung von Hegemonien, in denen bestimmte Identitäten dekretiert werden (II/4). Judith Butlers Analytik des Subjekts kreist um ein Konzept der Performativität, das sie aus der Sprechakttheorie entwickelt, und eignet sich zugleich psychoanalytische Elemente an. Besonderes Interesse gilt hier den kulturellen und psychischen Prozessen der Selbstsubversion (II/5). Das breite Feld von

Ansätzen aus dem Bereich der ›post-colonial theory‹ sensibilisiert die Subjekt- und Identitätsanalyse für eine Rekonstruktion der widersprüchlichen Konstitution eines kulturell ›Anderen‹ (›Othering‹) (II/6). Einen weiteren Akzent liefern die neueren Ansätze einer Theorie der Materialität, die Subjektformen als ein Korrelat bestimmter materialer Ensembles dechiffrieren. Entsprechende Perspektiven liefern die Medientheorien von Benjamin bis Kittler sowie die Akteur-Netzwerk-Theorie, vor allem bei Bruno Latour (II/7). Es folgt ein Überblick über neuere Vorschläge, Subjektkulturen für verschiedene Phasen der Moderne und insbesondere Postmoderne – zwischen Ästhetisierung und Ökonomisierung – zu rekonstruieren (II/8). Dieser wird in einem Überblick über aktuelle Ansätze der Subjektivierungsanalyse der Spätmoderne in den Bereichen Emotion und Psyche, digitale Medien und sozial-kultureller Klassen fortgeführt (II/9). Das Buch schließt mit dem Ausblick eines heuristischen Bezugsrahmens für die Verzahnung von Subjekt- und Kulturanalyse (Kap. III).

Insgesamt befindet sich das Buch in einem komplementären Verhältnis zu meiner Monografie »Das hybride Subjekt. Eine Theorie der Subjektkulturen von der bürgerlichen Moderne zur Postmoderne« (2006, überarbeitete Neuauflage 2020). Während dort eine Geschichte der modernen Subjektivierungsweisen betrieben wird, geht es hier um die Darstellung und Diskussion jener subjekttheoretischen Ansätze, die eine solche Analyse von Subjektivität in den Sozial- und Kulturwissenschaften anleiten können.

Für die überarbeitete und erweiterte Neuauflage dieses Buches 2021 wurden neben einzelnen stilistischen und formalen Änderungen und Präzisierungen mehrere Kapitel aktualisiert: Im Kapitel II/7 wurde die Darstellung der Subjektanalyse um die Arbeiten Latours ergänzt, in Kapitel II/8 wurde die Darstellung der Arbeiten zur Ökonomisierung des Subjekts hinsichtlich der aktuellen Analysen zur *creative economy* erweitert. Die weitere Entwicklung der Subjektivierungsanalyse in den letzten zehn Jahren zum Thema ›Subjekt in der Spätmoderne‹ machte ein zusätzliches Kapitel nötig (Kapitel II/9). Ich danke Mareike Müller-Scheffsky und Laurin Schwarz, die bei der Durchsicht des Manuskripts geholfen haben.

II. Zeitgenössische Programme der Subjektanalyse

1. Michel Foucault: ›Assujettissement‹ am Kreuzungspunkt von Diskursen, Dispositiven, Gouvernementalität und Selbsttechnologien

Michel Foucault (1926–1984) hat in einem selbstreflexiven Resümee zu Beginn der 1980er Jahre festgestellt, dass die Frage nach dem Subjekt letztlich alle seine auf den ersten Blick so heterogenen Analysen, die er, einsetzend mit »Wahnsinn und Gesellschaft« (1961), vorgelegt hat, angetrieben habe (vgl. Foucault 1982). Die in der Foucault-Interpretation gängige Unterscheidung verschiedener, teilweise scharf gegeneinander abgegrenzter Werkphasen – einer Archäologie der Diskurse, einer Genealogie der Macht, einer Hermeneutik des Selbst – erweist sich dann als eher kurzsichtig. Vielmehr stellen sich letztlich alle Versatzstücke einer kulturwissenschaftlichen Analytik, die Foucault in seinen verschiedenen Arbeiten liefert, als Anläufe heraus, eine Rekonstruktion bestimmter moderner – und in seinen letzten Arbeiten auch nicht-moderner – Formen des Subjekts, von Modi des ›assujettissement‹, zu liefern. In vieler Hinsicht sind diese Anläufe eher als komplementär denn als miteinander konkurrierend zu verstehen: Zunächst gilt das Interesse den modernen psychiatrischen und medizinischen Diskursen der Konstruktion der Normalität und Anormalität, der Gesundheit und Krankheit von Subjekten (»Wahnsinn und Gesellschaft« 1961, »Die Geburt der Klinik« 1963), dann der Generierung eines modernen Subjektmodells in den Humanwissenschaften (»Die Ordnung der Dinge« 1966), begleitend immer wieder den ästhetischen Gegenentwürfen einer Subjektivität jenseits des modernen Identitätszwangs. Anschließend rücken die Formierung ›individualisierter‹ Subjekte über Disziplinarinstitutionen wie dem Gefängnis als einem Komplex von materialen Praktiken und Wissensformen (»Überwachen und Strafen« 1975) und die Subjektivierungsweise über den Weg des ›Sexualitätsdispositivs‹ (»Der Wille zum Wissen« 1976) in den Blick. Schließlich gilt das Interesse den Formen der Gouvernementalität, d. h. der politischen Regierung der Selbstregierung des Subjekts in der liberalen und neoliberalen Moderne (»Geschichte der Gouvernementalität« 2004), am Ende den spezifischen Technologien des Selbst in der späten Antike (»Der Gebrauch der Lüste« 1984, »Die Sorge um sich« 1986, »Hermeneutik des Subjekts« 2001). Bei aller Disparatheit bieten diese Analysen Bausteine zu einem kultur- und sozialwissenschaftlichen Projekt, welches man als das einer ›Geschichte des Subjekts‹ umschreiben könnte.

Begriffsdefinition

Was unter dem Begriff des Subjekts zu verstehen ist, erläutert Foucault in seinem Aufsatz »Subjekt und Macht« (1982) sehr knapp: »Das Wort Subjekt hat zwei Bedeutungen: Es bezeichnet das Subjekt, das der Herrschaft eines anderen unterworfen ist und in seiner Abhängigkeit steht; und es bezeichnet das Subjekt, das durch Bewusstsein und Selbsterkenntnis an seine eigene Identität gebunden ist.« (Ebd.: 275) Das Subjekt ist nur scheinbar eine A-priori-Instanz der Autonomie, der Moralität, der Selbsterkenntnis oder des zielgerichteten Handelns. Es wird zu einer solchen erst dadurch, dass es sich bestimmten machtvollen kulturellen Kriterien unterwirft. Die transzendentale Analyse ›des‹ Subjekts, wie sie für die moderne Philosophie Immanuel Kant vorgeführt hat, wird damit umgekippt in eine empirische Analyse der historisch-kulturellen Subjektivierungsweisen.

Subjektivierungsweise als Kulturtechnik

Was sind nun diese Subjektivierungsweisen, wo sind sie zu finden und wie zu analysieren? Die Archäologie/Genealogie ist zunächst einmal mehreres nicht (vgl. dazu auch Rose 1996a): Sie ist keine ›psychohistoire‹, keine Geschichte der psychischen Strukturen – dies würde eine bestimmte mentale Innerlichkeit voraussetzen. Sie ist keine soziologisch-ökonomische Erklärung im strikten Sinne: Es geht nicht darum, bestimmte Subjektivierungsformen abzuleiten aus einer dahinter liegenden determinierenden Struktur, etwa einem kapitalistischen Akkumulationsregime. Schließlich ist sie keine Ideengeschichte des Selbst: In der Foucault'schen Perspektive interessieren nicht die reinen Ideen, sondern Diskursräume und ihre praktische Umsetzung in materiale Subjektformungen. Folgt man Foucault erscheint das Subjekt unter der Perspektive der Subjektivierungsweisen letztlich nicht als eine geistige, sondern als eine ›technische‹ Angelegenheit, verstanden im weiteren Sinne des Begriffs als Kulturtechniken. Es sind bestimmte scheinbar profane Techniken, in denen eine bestimmte Subjektform immer wieder neu hervorgebracht wird – Techniken wie die des Schreibens von Manualen und der Teilnahme an Beichten, der systematischen Registrierung von Populationen, der Fremd- und Selbstbeobachtung körperlicher und psychischer Merkmale etc. Diese Techniken oder Praktiken sind wiederum mit bestimmten Diskursen verknüpft, welche die Klassifikationsraster bieten, nach denen Subjekte überhaupt vorgestellt, unterschieden und entsprechend produziert werden bzw. sich selber produzieren können.

Nietzsches Einfluss

Das Foucault'sche Forschungsszenario der Analyse von Subjektivierungsweisen ist damit ein kulturwissenschaftliches Entzauberungsprogramm. Scheinbare Universalien werden als historische

Partikularien kleingearbeitet, scheinbare mentale oder natürliche Gegebenheiten eines Subjekts erweisen sich als Korrelate hochspezifischer alltäglicher ›Technologien‹, die sich in unübersichtlichen historischen Prozessen faktisch durchgesetzt haben. Der Selbstuniversalisierung des modernen Subjekts stellt Foucault die historisch kontextualisierende Rekonstruktion seiner kulturellen Hervorbringungsbedingungen gegenüber. Darauf, dass dabei in mancher Hinsicht Friedrich Nietzsche Pate steht, weist Foucault selbst hin: Nietzsche hat, exemplarisch in seiner »Genealogie der Moral« (1887), versucht, eine scheinbare A-priori-Eigenschaft subjektiver Innerlichkeit, seine Moralität, als ungewöhnliches Produkt eines spezifischen westlichen Züchtungsprogramms des Körpers und der Seele nachzuvollziehen: »Ein Thier heranzuzüchten, das versprechen darf [...], [w]as setzt das aber alles voraus!« (ebd.: 292 f.) Nun nimmt Foucault viele Elemente der mit antibürgerlichem Furor vorgetragenen Analyse Nietzsches nicht auf, etwa dessen Ideologiekritik, die hinter den sozialen Konflikten bestimmte kollektive Interessenskonstellationen wittert. Worin Foucaults Subjektivationsanalyse jedoch an Nietzsche anschließt, ist die vehemente *Historisierung* der Analyse von Subjektivationsprozessen. Foucault fragt durchgängig nach den spezifischen historischen Kontexten, in denen eine bestimmte Subjektform – zunächst strittig und im Konflikt mit anderen, häufig in abseitigen sozialen und kulturellen Nischen – erstmals definiert und in die Tat umgesetzt wird. Hier geht es gerade nicht um ›evolutionäre Universalien‹ (Parsons) bezüglich moderner Subjektformen, sondern um die offenen, konflikthaften Pfade des Entstehens, der Durchsetzung und des Verschwindens von spezifischen Diskursen und Praktiken.

Hegels Einfluss

Diese Strategie der Historisierung verdankt Nietzsche genauso viel wie einem dekonstruierten Hegel. Im Unterschied zu Nietzsches Konzept des Machtkampfes um die Formierung des Subjekts verweist Hegels Version der Historisierung in seiner »Phänomenologie des Geistes« auf die durch und durch kulturelle – bei ihm ›ideelle‹ – Konstitution des menschlichen Geistes in der Geschichte. Nun ist das geschichtsphilosophische Fortschrittsnarrativ, in das Hegel seine Geschichte presst, mit Nietzsche und für Foucault obsolet. Aber was weiterhin inspirierend wirkt, ist der Grundgedanke, dass es historisch spezifische Wissensordnungen sind, die jeweils einen kulturellen Raum für die Definition und Produktion spezifischer Subjektivität aufspannen. Foucault bricht somit Hegels idealistische Subjektgeschichte als Historiografie von Wissensordnungen mit Nietzsches anti-linearer Genealogie zukunftsoffener Machtkämpfe auf. Der Strukturalismus mit seinem Interesse an der immanenten Systematik von kulturellen Ordnungen erscheint hier als ein Mittel, um den Idealismus zeitgemäß in eine ›Archäologie des Wissens‹ zu transformieren.

Letztlich sind es vier Leitkonzepte – in Foucaults Werkentwicklung aufeinander folgend, aber nicht wirklich einander ablösend, sondern sich eher aufeinanderschichtend –, welche seine Subjektanalyse anleiten: die Konzepte des Diskurses, des Dispositivs, der Gouvernementalität und der Technologien des Selbst.

Die erste Handreichung, die Foucault der Subjektanalytikerin gibt, ist die Aufforderung, nach den Diskursen zu suchen, welche innerhalb der historischen Gesamtheit von Ereignissen bestimmte ›Subjektpositionen‹ auf spezifische Art und Weise definieren, klassifizieren und damit diskursiv ›hervorbringen‹. Diskurse sind in Foucaults Verständnis historisch spezifische ›Ordnungen des Denkbaren und Sagbaren‹, sie sind geregelte Aussagesysteme, Ordnungen des Wissens, welche »systematisch die Gegenstände bilden, von denen sie sprechen« (1969: 74). Ein Diskurs begründet einen Raum von konstitutiven Regeln und Beziehungen, welche allein bestimmte Dinge intelligibel machen. Nun stellen Diskurse im Prinzip alle möglichen

Diskurs

Gegenstände dar, aber Foucaults besondere Aufmerksamkeit gilt der Tatsache, dass sie kulturelle Räume der Klassifikation und Hervorbringung dessen ausmachen, was er ›Subjektpositionen‹ nennt. Diskurse interessieren unter dem Aspekt, dass sie »ein Feld von Regelmäßigkeiten für verschiedene Positionen der Subjektivität« (ebd.: 82) bilden: ökonomische Subjekte und sexuelle Subjekte, religiöse Subjekte und politische Subjekte etc.

diskursive Subjektkonstruktion

Für Foucault ist das Interesse an der diskursiven Konstruktion von Subjekten keine persönliche Vorliebe, vielmehr sind die Diskurse der modernen Kultur *selbst* von Anfang an auf eine außergewöhnliche, einzigartige Weise auf die Definition und Produktion von Subjekten fixiert gewesen. Dieses historische Argument entfaltet Foucault in Bezug auf die wissenschaftlichen Diskurse ausführlich in »Die Ordnung der Dinge« (1966). Er macht um 1800 einen Bruch aus zwischen jener Wissensordnung des ›klassischen Zeitalters‹ des 18. Jahrhunderts, welche Taxonomien für alle möglichen mundanen Gegenstände entwickelt – ohne dass darin dem ›Menschen‹ in irgendeiner Weise ein privilegierter Ort zukäme –, und der Wissensordnung der Moderne und ihrer Humanwissenschaften, welche dem Subjekt, dem Menschen in mehrfacher Weise einen herausgehobenen Stellenwert zuschreibt: als transzendentale Voraussetzung der Erkenntnis, als Gegenstand empirischer Forschungen etwa der Psychologie, Medizin oder Soziologie, als Ort, an dem bestimmte vorgeblich natürliche »ursprüngliche Realitäten« (ebd.: 375) wie Leben, Arbeit oder Sprache wirken, als Gegenstand einer allgemeinen ›Anthropologie‹.

Eine generelle Strategie der Foucault'schen Diskursanalyse besteht darin, an jenen historischen Zeitpunkten und in jenen Textgenres anzusetzen, in denen die Festlegung einer kulturell *neuen* Subjektposition angenommen werden kann, sich mithin an den vermuteten Punkten der Diskontinuität und des Bruchs einzuhaken, an denen eine neue Wissensordnung bezüglich der Subjektivität entsteht: das frühe Christentum oder der frühneuzeitliche ›Policey‹-Diskurs, die frühe Psychologie oder der Neoliberalismus. Dieses Diskontinuitätssensorium kann sich durchaus an klassische historische Periodisierungen anlehnen, es kann diesen aber auch deutlich widersprechen. Die Punkte der Diskontinuität können zudem auch solche sein, in denen sich eine bestimmte Widerständigkeit gegen bisher dominante Diskurse vermuten lässt.

heuristische Leitfragen

Eine heuristische Leitfrage, von der sich eine Foucault'sche Analyse von Subjektdiskursen durchgängig führen lässt, ist die Frage nach den Differenzmarkierungen, mit denen eine Wissensordnung arbeitet: Welche Form von Subjektivität wird in einem Diskurs explizit oder implizit zum Gegenstand eines ›Ausschlusses‹? Was ist jene Subjektform, der die Intelligibilität und Legitimität abgesprochen wird? Die fragile Einheit eines Diskurses bildet sich gerade in dem, was er ausschließt, entweder explizit als problematisch dekretiert oder implizit an den Rand des überhaupt Denkbaren transportiert. Es ist nicht verwunderlich, dass eine Reihe von Foucaults materialen Analysen sich den in einem kulturellen Kontext als normal und alternativlos angenommenen Subjektformen über den Weg der jeweils als pathologisch, als anormal definierten Subjektivitäten nähert: den Klassifikationen des Wahnsinnigen, des Kranken, des Perversen etc. Denn tatsächlich scheint für viele Subjektdiskurse in der Moderne diese Abgrenzung von einem Anti-Subjekt der Konstitution des ›positiven‹ Subjekts vorauszugehen. Komplementär dieser Analyse der diskursiven Produktion von Anti-Subjekten ist die Analyse der positiven Subjektmodelle, welche die Diskurse implizieren: Handelt es sich um ein moralisches Subjekt, das sich beständig selbst beobachtet und Abweichungen ausmerzt, ein Subjekt, das aus seinem Leben eine kohärente Einheit zu machen versucht etc.? Die Foucault'sche Analyse von Subjektdiskursen fragt – um die Begriffe von Nikolas Rose (1996a) aufzunehmen – damit einerseits nach den ›Problematisierungen‹, welche die Diskurse in ihrer Auseinandersetzung mit pathologischen Anti-Subjekten betreiben, andererseits nach den normativen ›Teleologien‹, den Zielen und Idealen, an denen das Subjekt ausgerichtet ist. Ein besonderes Interesse gilt der Tatsache, dass die Diskurse diese Ideale nicht lediglich postulieren, sondern selbst Praktiken beschreiben, in denen das Subjektideal über den Weg alltäglicher Techniken in die Tat umgesetzt werden kann. Eine dritte heuristische Kategorie, die in der Foucault'schen Analyse von Subjektdiskursen als leitende immer wieder auftaucht, ist die Frage, wie sich der Diskurs als ein ›Wahrheitsspiel‹ legitimiert, wenn er versucht, eine bestimmte Wahrheit über ›das‹ Subjekt festzustellen: Was ist die Autorität, auf die sich der Diskurs beruft, wie begründet er seine eigenen Grundlagen des legitimen Sprechens über Subjekte und Anti-Subjekte?

Dispositiv und Materialität

Foucault bleibt bei diesem archäologischen, diskursanalytischen Zugang zu den Wissensordnungen nicht stehen. Diskursive Ordnungen und ihre Subjektpositionen sind in seinem Verständnis zwar einerseits gerade nicht als bloße ›Dokumente‹ zu verstehen, deren einzige Relevanz darin bestünde, auf eine Realität jenseits ihrer selbst, eine eigentliche Realität ›vor‹ dem Diskurs zu verweisen. Aber gleichzeitig stellen sich die Diskurse in Foucaults Verständnis – zumindest mit seinen Arbeiten seit Beginn der 1970er Jahre – regelmäßig als eng an nicht-diskursive Komplexe von Praktiken gekoppelt heraus. Der Begriff des ›Dispositivs‹ bezeichnet ein solches Ensemble von Wissensordnungen und nicht-diskursiven Praktiken, von bestimmten ›Technologien‹, in dem eine homologe kulturelle Logik am Werk ist. Das Konzept des Dispositivs wird bei Foucault nicht sehr präzise bestimmt, es enthält jedoch in jedem Fall eine dezidierte Dimension des Materialen: Nicht nur sind diskursive und nicht-diskursive Praktiken aneinander gekoppelt, sondern auch materiale Artefakte – wie etwa die architektonische Gestalt von Gefängnissen in »Überwachen und Strafen« – notwendige Bestandteile der Dispositive. Alle auf den ersten Blick disparaten Bestandteile eines Dispositivs bilden zusammengesetzt ein institutionelles Ensemble, das sich als Ort einer spezifischen Subjektivierungsform analysieren lässt. Um im Beispiel zu bleiben: Die französischen Strafdispositive im 18. und 19. Jahrhundert sind als ein Arrangement von spezifischen Strafdiskursen, aber auch der Techniken des Strafens in den Gefängnissen selbst und entsprechenden artefaktförmigen Voraussetzungen (von den aktenförmigen Kriminalitätsstatistiken bis zu Gefängniszellen) zu analysieren, die insgesamt eine spezifische – nicht unbedingt widerspruchsfreie – Form der Subjektivierung bewirken. Dass Foucaults diskursanalytisches Interesse immer im Besonderen den humanwissenschaftlichen Diskursen gegolten hat, hängt auch damit zusammen, dass, anders als im Falle medialer und literarischer Diskurse, diese humanwissenschaftlichen Diskurse unter modernen Bedingungen charakteristischerweise als Bestandteil solcher Dispositive vorkommen, in denen etwa psychologische Subjektdiskurse an eine entsprechende psychologische Therapiepraxis oder ökonomische Diskurse an entsprechende politische oder unternehmerische Regulierungsweisen gekoppelt sind. Die Frage, die eine subjektorientierte Dispositivanalyse Foucault'scher Provenienz stellt, lautet damit immer: Welche nicht-diskursiven Technologien sind mit welchen Wissensformen und welchen materialen Voraussetzungen zu einem gemeinsamen institutionell-diskursiven Ensemble verknüpft und wie bewirken sie eine entsprechende Subjektivierung? Die nicht-diskursiven Technologien sind dabei nicht auf institutionelle ›Top-down‹-Regulierungen beschränkt, sondern umfassen ein weites Feld unterschiedlicher soziokultureller Praktiken, das etwa von der Strukturierung des Raums – zum

Beispiel in Fabriken, Büros oder Wohnungen – bis zu Praktiken der Selbstbeobachtung reicht.

Körper und Geist

Die Einheit, an dem diese Dispositive ansetzen und die sie zum ›Subjekt‹ machen, ist in Foucaults Verständnis zunächst der Körper: Es sind die Körper, die potenziell disparaten körperlichen Regungen und Bewegungen, die durch die Einschreibung und Einverleibung der Subjektcodes und der Technologien zu spezifischen, identifizierbaren Subjekten werden. Die Ensembles von Wissensformen und (nichtdiskursiven) Praktiken der Dispositive bewirken oder betreiben gewissermaßen ein Trainingsprogramm der Körper (ohne dass es sich um ein intendiertes Training wie in der spätmodernen Fitnesskultur handelt). Dieser Ansatz am Körper wird bei Foucault wenig theoretisiert und hat ihm später – prominent etwa bei Judith Butler (1997: 81 ff.) – die Kritik eingebracht, unter der Hand gelegentlich eine vorkulturelle Körperlichkeit vorauszusetzen, die dann etwa auch als ein potenzieller Widerstandsort markiert werden kann. Entscheidend für Foucaults Präjudizierung des Körpers ist jedoch sein Versuch, bereits in der Grundbegrifflichkeit dem ›Geist‹, den mentalen Phänomenen einen abgeleiteten Stellenwert zuzuschreiben: Die Technologien und Dispositiv-Ensembles setzen in einem ersten Schritt nicht am Geist, sondern am Körper an. Im Rahmen dieses Prozesses kann – je nach kulturellem Kontext – auch eine spezifische Form des Mentalen, eine spezifische Reflexivität, Moralorientierung, Emotionalität, Begehrensfixierung etc. implantiert werden. So ist es etwa charakteristisch für ein bestimmtes Strafregime, im Subjekt ein Verständnis von Schuld, eine Innerlichkeit des Gewissens heranzuzüchten. Aber diese Innerlichkeit kann eben nicht einfach vorausgesetzt werden, sie findet immer im Rahmen eines entsprechenden Körpertrainings statt. In anderen kulturellen Kontexten ist eine viel stärkere Äußerlichkeit und ›Flachheit‹ des Subjekts ohne Innerlichkeit möglich. In jedem Fall lautet die heuristische Frage, die sich aus diesem Subjektverständnis ergibt, immer: Welche Form regulierter Körperlichkeit und möglicherweise welche Form einer spezifischen geistig-affektuellen Innerlichkeit ziehen bestimmte Technologien und Wissensformen charakteristischerweise heran?

Machtkonzept

Die Subjektivation, welche Diskurse und Dispositive betreiben, ist im Foucault'schen Verständnis unweigerlich ein Prozess, der Macht enthält. Foucaults Machtbegriff ist notorisch, und sein Machtverständnis schwankt zwischen seinen verschiedenen Arbeiten. Durchgängig setzt sich Foucault von dem ab, was er ein juridisches Machtkonzept nennt. In einem solchen juridischen, klassischen Modell würde Macht auf soziale Regeln reduziert, die nach Art von Rechtsregeln die Akteure ›von außen‹ mit sanktionierten Erwartungen konfrontieren. Foucaults produktivistisches Machtkonzept macht hingegen Subjektivation selbst als einen Prozess entzifferbar, der Machtbeziehungen enthält. Sowohl die Formationsregeln der Diskurse als auch die diskursiv-technologischen Komplexe der Dispositive bringen im positiven, produktiven Sinne als Macht/Wissens-Komplex erst das Subjektsein in seinen historischen Versionen hervor. Macht ist nichts bloß Repressives, sondern etwas Produktives, als ›pouvoir‹ ein Macht-Können, das neue Wirklichkeiten herstellt. Ein Subjekt außerhalb der Machttechnologien erscheint damit ebenso als eine liberale Selbsttäuschung wie die negative Bewertung der Macht als eine Repressionsinstanz. Foucaults Machtkonzept ist dabei agonistisch: In einem allgemeinen Sinne lässt sich Macht als eine Konstellation von Kräfteverhältnissen verstehen, in der sich Diskurs/Praxis-Komplexe in Kämpfen über Definitionen und Instituierungen gegenüberstehen. Subjektivierungen finden damit unweigerlich in solchen kulturellen Konflikten um die ›richtige‹ Subjektivierung statt. Nur in Grenzfällen zementieren sich diese dynamischen Kraftverhältnisse in hegemonialen Herrschaftssystemen – und selbst dann lassen sich noch widerständige Herde alternativer Subjektivation finden (die dadurch aber unweigerlich innerhalb der Machtverhältnisse verbleiben).[5]

Archäologie und Genealogie

Mit Foucault ergibt sich damit eine spezifische Perspektive auf die Geschichte des Subjekts, die sich als Kombination von Archäologie und Genealogie darstellt: Archäologisch ist die Perspektive, indem sie historisch-spezifische Wissensordnungen rekonstruiert, die an bestimmten historischen Zeitpunkten bestimmte Subjektpositionen denkbar und praktizierbar machen. Die historische Sequenz von Wissensordnungen ist dabei nicht im Sinne der Kontinuität einer Entfaltungslogik zu lesen, sondern als Sequenz diskontinuierlicher kultureller Ordnungen. Teilweise hat Foucault diese Diskontinuitäten dramatisiert – prominent in »Die Ordnung der Dinge« (1966) –, in späteren Arbeiten allerdings auch die möglichen Spuren früherer in späteren kulturellen Ordnungen betont (etwa des Disziplinierungsdispositivs im Sicherheitsdispositiv) und die immanente Transformierbarkeit einer kulturellen Ordnung (etwa vom Liberalismus zum Neoliberalismus) herausgestellt. Diskontinuität lässt sich damit eher als ein heuristisches Werkzeug verstehen, das sich in Vorsicht gegenüber den linearen Narrationsroutinen des ›Hier noch nicht‹ und des ›Bereits hier‹ übt und darin, zeitlich vergangene Subjektformen nicht als embryonale Vorgänger der späteren, fortgeschrittenen Formen oder als hoffnungslos unterlegene ›traditionale‹ Formen zu lesen. Genealogisch ist diese Perspektive auf die Subjektgeschichte, indem sie ihren Blick auf die spezifischen Konfliktkonstellationen richtet, in denen an einem bestimmten Zeitpunkt historische Kräfte sich bilden und gegeneinander stehen, Konstellationen des zufälligen Auftretens, der zufälligen Konfrontation und nicht selten auch des zufälligen Ausgangs. Dies ist der Grund, warum sich die von Foucault angeleiteten historischen Subjektanalysen quasi-historistisch in ansonsten nur Spezialisten bekannte singuläre Kontexte der Entstehung und Konfrontation von Diskursen und Dispositiven – aus der Wissenschaftsgeschichte, der Religionsgeschichte, der Rechtsgeschichte etc. – einarbeiten. In diesen scheinbar nebensächlichen, häufig abseits der tradierten ›großen‹ Geschichte befindlichen Nischen und Nebenpfaden lassen sich kulturelle Innovationen und Konflikte von langfristig möglicherweise enormer Tragweite aufspüren.

Gouvernementalität

Über die allgemeine archäologisch-genealogische Forschungsprogrammatik hinaus entwickelt Foucault seit dem Ende der 1970er Jahre ein spezifischeres Konzept zur Subjektgeschichte: das der Gouvernementalität (1978/79, veröffentlicht in 2004a, 2004b). Dieses Konzept ist als Weiterentwicklung und Akzentverschiebung gegenüber seinem früheren, intensiv rezipierten (und gelegentlich auch trivialisierten) Modell von Subjektivierung als Disziplinierung zu verstehen. In seinen Studien Mitte der 1970er Jahre, prominent in »Überwachen und Strafen« (1975), beschreibt Foucault die besondere Form der Subjektivation in der westlichen Moderne zunächst als den Prozess einer solchen Disziplinierung. Ein weites Feld von Disziplinarinstitutionen – von den Schulen über die Manufakturen bis zu den Gefängnissen – stellt sich in der frühen Moderne als Ansammlung von Komplexen dar, die über strikte Zeitpläne, geordnete Strukturierungen und Abschließungen des Raumes, eine Distribution von Tätigkeiten, eine Unterscheidung zwischen Norm und Abweichung etc. ›gelehrige Körper‹ heranziehen und in einem zweiten Schritt auch ›Seelen‹ in die Körper implantieren. Das moderne Subjekt in seiner Regelmäßigkeit, Konstanz und Berechenbarkeit entsteht in diesen Disziplinierungsprozessen, dessen Paradigma das (tatsächlich nie gebaute) ›Panoptikon‹ von Jeremy Bentham ist: Innerhalb einer panoptischen Disziplinarinstitution herrscht ein asymmetrisches Blickregime, in

Panoptikon

dem das zu disziplinierende Subjekt dem potenziellen Blick eines Beobachters ausgesetzt ist, der jedoch im Vorgang seiner Beobachtung selbst unbeobachtet bleibt und insofern, um seine Wirkung zu erzielen, am Ende auf die tatsächliche kontrollierende Beobachtung verzichten kann. Das zu disziplinierende Subjekt internalisiert – isoliert von den anderen – den kontrollierenden Blick von außen und trainiert sich darin, Fremd- in Selbstbeobachtung zu transformieren. Das Ergebnis dieser Disziplinierung des Subjekts ist im Foucault'schen Sinne eine ›Individualisierung‹: Dies meint hier keine Befreiung aus sozialen Kontrollmechanismen, sondern stellt sich als Resultat bestimmter sozialer Fremd- und Selbstbeobachtungstechnologien heraus. Der Einzelne wird im Rahmen der Disziplinarinstitutionen beständig einem Vergleich mit den anderen ausgesetzt, der die graduellen Unterschiede, damit die Besonderheiten zwischen den einzelnen Subjekten herausarbeitet (sehr deutlich etwa in der Skala von Schulnoten).

Regierung der Selbstregierung

Die suggestive Diagnose der Disziplinierung des modernen Subjekts wird von Foucault in seinem heuristischen Konzept der Gouvernementalität ebenso weiterentwickelt wie relativiert. Nun erscheint die Disziplinierung als ein sehr spezifisches Dispositiv, das im 16. bis 18. Jahrhundert in den frühneuzeitlichen Gesellschaften zu beobachten ist, das auch danach durchaus noch weiterwirkt, auf das sich die modernen Machttechnologien, Wissensordnungen und Subjektivierungsweisen seit dem Ende des 18. Jahrhunderts jedoch nicht reduzieren lassen. Mit dem historischen Konzept der Gouvernementalität arbeitet Foucault ein anders wirkendes Dispositiv heraus, das sich mit dem Ende des 18. Jahrhunderts etabliert und in verschiedenen Versionen im 19. und 20. Jahrhundert präsent ist. Im Modus der Gouvernementalität wird das Subjekt weniger zum Objekt der Disziplinierung als zum Subjekt/Objekt einer ›Regierung‹. Der Komplex des modernen Regierens umfasst Dispositive und Diskurse, welche die Subjekte, die Objekte – der Natur, der Technik etc. – wie auch das Kollektiv einer ganzen ›Gesellschaft‹ und ihrer ›Bevölkerung‹ in ihrer (vermeintlichen) *Eigendynamik* betrachten und zugleich als solche eigendynamische Entitäten zum Gegenstand einer Steuerung in die Richtung eines als wünschenswert angenommenen Zustands machen: einer *Steuerung von als sich selbst steuernd angenommenen Entitäten*,[6] eine ›Regierung der Selbstregierung‹.

Gouvernementalität bezeichnet für Foucault damit ein historisch hochspezifisches Phänomen der Moderne: Erst diese entwickelt das bis dahin nicht denkbare, seitdem aber alternativlose Modell des Politischen, das Subjekte, Objekte und Kollektive zum Gegenstand gesamtgesellschaftlicher, institutionell auf Dauer gestellter Gestaltungs- und Steuerungsbemühungen macht und diese Phänomene zugleich als sich selbst steuernd und von unberechenbarer Eigendynamik voraussetzt.

pastorales Regime

Die Gouvernementalitätskomplexe selbst sind historisch äußerst wandelbare Phänomene. Als entscheidend erweisen sich für Foucault hier das Erbe des christlichen Pastoralregimes, der Diskurskomplex des Liberalismus, das Modell der Biopolitik, die Semantik der ›Bevölkerung‹ sowie das, was er als Sicherheitsdispositiv umschreibt. Alle Elemente setzen eine bestimmte Version von Subjekthaftigkeit voraus und produzieren sie zugleich. Ein wichtiger Vorläufer der modernen Gouvernementalität ist für Foucault das pastorale Regime einer ›Regierung der Seelen‹, wie es sich im Christentum in der späten Antike ausbildet. Nach Foucaults Interpretation liegt hier eine prinzipielle Diskontinuität zur griechisch-römischen Praxis vor: Im Rahmen des diskursiven Komplexes des Christentums erscheinen die Seelen der Subjekte einer pastoralen ›Führung‹ der (Selbst-)›Führung‹ bedürftig, wobei diese pastorale, religiöse Regierung sich an das einzelne

Subjekt ebenso wie an die Gesamtheit der Subjekte (die ›Herde‹ des ›Hirten‹) richtet. In der frühen Neuzeit trifft dieses zunächst religiöse Muster auf ein säkularisiertes Modell des Staates, welches den Staat – im Sinne der ›Staatsraison‹, schließlich der ›Polizey‹ – als eine politische Steuerungsinstanz zur Schaffung von Sicherheit und Wohlfahrt strukturiert, in deren Rahmen auch eine intensive Disziplinierung der Körper durch einzelne Institutionen betrieben wird.

gouvernementale Steuerung

Das genuin moderne Modell der Gouvernementalität – welches das pastorale Erbe verarbeitet – setzt nach Foucaults Lesart jedoch mit dem Liberalismus und seiner ›Politischen Ökonomie‹ am Ende des 18. Jahrhunderts ein. Entscheidend für dieses Dispositiv modernen Regierens ist die Annahme, dass Subjekte und Objekte nicht Gegenstand einer kompletten Neukonstruktion und Lenkung von außen sein können, ihnen vielmehr eine irreduzible Eigendynamik zukommt: eine vorgebliche Selbststeuerung von ›Interessen‹ und ›Bedürfnissen‹, von ›Märkten‹ und ›Kulturen‹, auch von ›natürlichen‹ (biologischen, demografischen etc.) Prozessen. Die Komplexe der Gouvernementalität setzen nun an diesen eigendynamischen Prozessen an, liefern sie einer skrupulösen Beobachtung aus und versuchen deren Selbststeuerung zu steuern. Die gouvernementale Steuerung nimmt damit gegenüber der frühneuzeitlichen Disziplinierung, die sie gleichwohl teilweise enthält, eine komplexere Form an: Sie schreibt nicht normativ bestimmtes Verhalten vor, um damit gewissermaßen einen leeren künstlichen Raum von Subjektivitäten zu füllen, sondern begreift das Subjekt (wie im Übrigen auch die Objektewelt) als eine aktivistische Instanz, deren Handlungsfluss zum Gegenstand des Hemmens und Förderns, der Abschreckung und des Anreizes wird. An die Stelle der strikten normativen Disziplinierung tritt ein flexibleres Regime des ›Normalismus‹ (vgl. Link 1997), welches ein veränderliches Feld des noch Akzeptablen (etwa auch entlang statistischer

Mittelwerte) absteckt. Moderne Formen des Regierens setzen keine Tabula-rasa-Leere des Subjekts voraus, sondern forcieren eine Regierung von dessen Selbstregierung, eine Regulierung des Interesses, des Selbstverhältnisses, des Begehrens der Subjekte – aber auch der sozialen ›Milieus‹ bis hin zur gesamten ›Bevölkerung‹ einer ganzen ›Gesellschaft‹ und ihrer emergenten Ebene des ›Sozialen‹. Dies alles sind Semantiken, die mit der modernen Gouvernementalität des 19. Jahrhunderts leitend werden.

Sicherheitsdispositiv

Foucault zufolge kommt im Rahmen dieser modernen Form des Regierens der ›Bevölkerung‹ und der Biopolitik, schließlich dem Konzept der Sicherheit ein zentraler Platz zu. Es interessieren nicht allein der Körper und die Seele des Subjekts als Einzelnes, vielmehr gerät die Bevölkerung als eine kollektive – ›soziale‹, ›kulturelle‹ wie auch biologisch-natürliche (etwa in der Rassenlehre) – Entität in den Fokus der Steuerungsprogramme. Insbesondere die Diskurse der Humanwissenschaften nehmen die Bevölkerung als eine Konstellation von Fällen, von Abweichungsraten, krisenhaften Milieus oder Risikogruppen ins Visier ihrer Beobachtung (etwa auch über statistische Verfahren). Vor allem die vorgebliche Natürlichkeit des Subjekts als Exemplar der ›menschlichen Art‹ rückt im Dispositiv dessen, was Foucault die Biopolitik nennt, ins gouvernementale Visier. Das moderne Sexualitätsdispositiv mit seiner Familienpolitik und seiner heterosexuellen Vergeschlechtlichung erscheint für Foucault als ein prominenter Fall. Schließlich korrespondiert die moderne Gouvernementalität charakteristischerweise mit dem, was Foucault als Sicherheitsdispositiv umschreibt: Gerade weil zunächst eine irreduzible Eigendynamik von Subjekten und Objekten angenommen wird, erscheint die Begrenzung von Risiken und die aktive Produktion eines bestimmten Maßes an berechenbarer sozialer Sicherheit (etwa über das, was François Ewald als das Versicherungsprinzip für die zweite

Hälfte des 19. Jahrhunderts analysiert; vgl. Ewald 1986) als zentrales Anliegen.

Gouvernementalität ist bei Foucault nicht Gegenstand einer Theorie, sondern eher als ein ergebnisoffenes Analyseprogramm bezüglich des Zusammenhangs zwischen institutionellen – insbesondere politischen – Praktiken und Diskursen des Regierens und der Modellierung der Selbstregierung moderner Subjekte zu verstehen. Wenn liberale institutionelle Komplexe – im Staat wie in der Ökonomie, in der Erziehung wie im Sozialwesen – das Subjekt als eine eigendynamische, unberechenbare Instanz mit individuellen Bestrebungen modellieren, in welchen Formen und Strategien gelingt es ihnen, diese ›freien‹ Subjekte zugleich in wohlbestimmbare kulturelle Formen zu locken? Was sind die Praktiken, Wissensordnungen, Techniken und Materialitäten, in denen sich ein ganzer Komplex der ›Regierung‹ bildet? Und wie betreibt dieser Komplex eine Anleitung subjektiver Selbstregierung?

Technologien des Selbst

Ein weiteres und letztes für die Subjektanalyse wirkungsmächtiges Konzept, das Foucault in seinen späten Arbeiten – vor allem in »Die Sorge um sich« (1986) und »Der Gebrauch der Lüste« (1984) – entwickelt, ist das der ›Technologien des Selbst‹. Es steht in engem Zusammenhang mit dem einer ›Hermeneutik des Subjekts‹ (bzw. des Selbst). Anders als manche irritierte Kommentatoren meinten, die hier einen ›heillosen Subjektivismus‹ witterten, markieren diese Konzepte weniger eine Verabschiedung der Wissensarchäologie und Machtgenealogie als eher deren Weiterentwicklung. Was sie als Forschungsgegenstand zu fokussieren versuchen, ergibt sich aus einer verschobenen Fragestellung: In welcher Weise bilden sich unter bestimmten diskursiven und ›technologischen‹ Bedingungen bestimmte subjektive Selbstinterpretationen und Weisen des Selbstverstehens aus? Und wie werden bestimmbare, auf das Selbst gerichtete Praktiken dazu verwendet, das Subjekt und sein Selbstverstehen entsprechend umzuformen bzw. wie formt es sich darin um? Diese Selbstinterpretationen und Selbstpraktiken sind nicht individualistisch misszuverstehen.[7] Was die Foucault'sche Analysestrategie versucht herauszuarbeiten, ist vielmehr, wie bestimmte kulturelle Kontexte – Wissensordnungen und Machttechnologien – den Einzelnen anleiten, sich und seine Existenz auf eine bestimmte Weise zu ›verstehen‹ und in seinen alltäglichen Praktiken mikrologisch ein dem entsprechendes Verhältnis zu sich selber herzustellen. Technologien des Selbst sind hier entsprechend als kulturell verbreitete »Formen, in denen das Individuum auf sich selber einwirkt« (Foucault 1988: 27), zu begreifen. Voraussetzung ist die Annahme, dass subjektives Selbstverstehen nicht im Innern eines privaten Selbst verankert ist und auch kein bloßes Produkt kollektiver Diskurse darstellt, sondern in hochspezifischen *Praktiken*, die auf dieses sich damit produzierende Selbst gerichtet sind, hervorgebracht werden (etwa solche des Tagebuchschreibens, des Briefwechsels etc.).

Modi der Selbstverhältnisse

Entscheidend ist hier wiederum, weder Inhalt noch Form der Selbsthermeneutik als allgemeingültig gegeben vorauszusetzen: Subjekte sind für Foucault nicht ›von Natur aus‹ ›self-interpreting animals‹ (Charles Taylor), vielmehr geht es darum, wie einzelne kulturelle Kontexte dem Einzelnen mehr oder minder nahe legen, sich auf die eine oder andere Weise wahrzunehmen, zu lesen und zu entziffern. Dass diese Modi des Selbstverhältnisses sehr unterschiedlich sein können, versucht Foucault in seinen späten Arbeiten zu demonstrieren. In gewissem Sinne deckte auch die Analyse von Subjektivationen durch Dispositive und Gouvernementalitäten bereits Technologien des Selbst ab. In den späten Analysen Foucaults können Selbsttechnologien jedoch auch außerhalb dieser komplexen, regulierten Herrschaftskonstellationen (allerdings nicht außerhalb von

Machttechnologien im Sinne eines Kampfes zwischen verschiedenen Handlungsformen) existieren und analysiert werden. Es geht Foucault in diesen späten Arbeiten – mittels eines Sprungs in die Antike, der wiederum Nietzsches Suche nach einer Alternative zur christlichen Moral in der griechischen Ästhetik imitiert – vor allem darum zu belegen, wie bestimmte altgriechische Alltagsethiken das Subjekt in Selbstpraktiken und Selbstverstehen trainierten, die einen Modus des Selbstverhältnisses hervorbringen, welches sich von der genuin modernen Subjektivierungsweise, die historisch mit dem christlichen Pastoralregime ansetzt, grundsätzlich unterscheidet. Während die pastorale Subjektivation darauf aus ist, dass das Subjekt sich als ein ›moralisches‹ Wesen interpretiert, das sich in einer strikten Beachtung moralischer Gesetze übt und beständig bemüht ist, systematisch nach der Wahrheit über sich selbst zu suchen, trainieren bestimmte antike kulturelle Ordnungen (etwa der sokratisch-platonischen Ethik oder des Hellenismus) das Subjekt darin, ein ›ethisches‹ Verhältnis zu sich selbst herzustellen, das auf ›Selbstsorge‹, einen sorgfältigen Umgang mit Seele und Körper, nicht auf Verzicht, sondern Achtsamkeit ausgerichtet ist und dabei Techniken wie die der Erinnerung, der Meditation oder des Selbstexperiments zum Einsatz bringt. Foucault neigt dazu, hier eine alternative Subjektivität zum modernen Subjekt auszumachen, der primär ästhetische Züge, solche einer ›Ethik der Ästhetik‹, zukommen. In seinen späten Arbeiten deutet sich damit ein im weitesten Sinne interkulturelles Sensorium dafür an, in der Kulturgeschichte nach unterschiedlichen, gegensätzlichen Subjektivierungsweisen zu suchen, vor allem nach solchen, die bestimmten, in der dominanten westlichen Kultur für alternativlos gehaltenen Eigenschaften des Subjekts widersprechen.

2. Pierre Bourdieu: Habitus, praktischer Sinn und der Kampf der Positionen

Subjekt als Träger eines Habitus

Pierre Bourdieus (1930–2002) Antwort auf die Frage, was in einem sozial- und kulturwissenschaftlichen Sinne das Subjekt sei, lautet, dass es der Träger eines Habitus ist: Die Bourdieu'sche Subjektanalyse stellt sich primär als Habitusanalyse dar. Ebenso intensiv wie Foucault – aber konzeptuell wie thematisch anders ausgerichtet (vgl. zum Verhältnis Foucault/Bourdieu auch Reckwitz 2011) – sind seine Arbeiten an dem Problem orientiert, in welcher Weise, in welcher Form und mit welchen Konsequenzen in bestimmten sozial-kulturellen Kontexten aus dem körperlichen Rohmaterial des Einzelnen sozial zurechenbare, aktive und eigeninteressierte Subjekte werden. Bourdieu vermeidet dabei allerdings den Begriff des Subjekts und zieht es vor, von ›Akteuren‹ zu sprechen, denen er jeweils die Struktur eines Habitus zuordnet. Bourdieus Habitusbegriff hat im Zuge der soziologischen Rezeption seit den 1980er Jahren eine verblüffende, gelegentlich aber auch trivialisierende Karriere hinter sich. Obwohl er insbesondere mit »Entwurf einer Theorie der Praxis« (1972), »Sozialer Sinn« (1980) und seiner späten, in mancher Hinsicht elaboriertesten Monografie »Meditationen« (1997) im engeren Sinne theoretisch-konzeptuell orientierte Darstellungen verfasst hat, besitzt seine Grundbegrifflichkeit einer praxeologischen Habitus-, Klassen- und Feldtheorie in erster Linie die Funktion eines veränderbaren heuristischen Werkzeugs für materiale Analysen, die von ihm selbst und der entsprechenden Arbeitsgruppe an der École des Hautes Études en Sciences Sociales angefertigt worden sind.

Habitusanalyse

Diese widmen sich Anfang der 1960er Jahre der unter Modernisierungsdruck stehenden Alltagskultur der algerischen Kabylei, bevor sie sich im Sinne einer Ethnologie des verfremdeten Eigenen auf den – frankophon fokussierten – Westen richten: auf die Konstellation von Klassen und Lebensstilen, vor allem im soziologischen Klassiker »Die feinen Unterschiede« (1979), noch intensiver und breiter jedoch auf das, was Bourdieu als die ›sozialen Felder‹ moderner Gesellschaften umschreibt. Besonderes Interesse gilt hier den Feldern der kulturellen Produktion und Reproduktion in einem engeren Sinne: der Schule, der Universität und Wissenschaft, der Literatur, dem Museum, der Fotografie, dem Wohnen, schließlich auch der Sprache, daneben aber auch weiteren, in ihren Herrschaftseffekten unmittelbarer sichtbaren Feldern wie der Staatsadministration und der Justiz. Bourdieus Perspektive ist nicht auf eine Lebensstilanalyse zu reduzieren. Wenn man mit Bourdieu Subjekte in den Blick nimmt, dann bewegt sich die Subjektanalyse vielmehr in zwei komplementären Dimensionen: die Rekonstruktion von Habitusformen auf der Ebene von klassenförmig aggregierten Lebensstilen *und* die Analyse von Akteurspositionen – die wiederum von spezifischen Habitusformen getragen werden – auf der Ebene einzelner sozialer Felder. Die Soziologie des Habitus ist in beiden Fällen eine Kulturanthropologie des impliziten, inkorporierten Wissens, das vor allem im Rahmen von ethnografischen Forschungsstrategien expliziert wird. Auf beiden Ebenen ist die Habitusanalyse agonistisch ausgerichtet: Die Forschungsfrage lautet immer, wie in einer Lebensstil- bzw. Feldkonstellation unterschiedliche Habitus einander gegenüberstehen, wie sie einander different setzen, sich in subtilem oder offenem Konflikt zueinander befinden und wie im historischen Verlauf diese Habituskonstellationen und -kämpfe die Lebensstil- und Feldstrukturen selber transformieren.

Definition des Habitus

Der Begriff des Habitus, den Bourdieu den Arbeiten des Kunsthistorikers Erwin Panofsky entnimmt, enthält zunächst strukturalistische Grundintuitionen. Der Strukturalismus ist für Bourdieu wie für viele Autoren seiner Generation ein Gegengift gegen die existenzialistische und phänomenologische Hypostasierung des Bewusstseins. Zumindest in seinen frühen Arbeiten verweist Bourdieu ausdrücklich auf Noam Chomskys generative Grammatik als Inspirationsquelle. Den Habitus eines Akteurs definiert Bourdieu als »System der organischen oder mentalen Dispositionen und der unbewussten Denk-, Wahrnehmungs- und Handlungsschemata, das die Erzeugung [von] Gedanken, Wahrnehmungen und Handlungen [bedingt]« (1970: 40) – damit wird die Kompetenz/Performanz-Unterscheidung der strukturalen Linguistik auf die kulturellen Praktiken und das Wissen des Subjekts insgesamt übertragen. So wie im strukturalistischen Sinne sich hinter der Oberfläche des Sprechens die Tiefenstruktur des kollektiven und meist nicht bewussten Regelsystems der Grammatik verbirgt, so stellt sich der Habitus als ein solches generatives Prinzip kultureller Praktiken dar. Nur auf den ersten, individualistisch verzerrten Blick scheinen insbesondere unter den Bedingungen moderner Gesellschaften die Praktiken, die der Einzelne vollzieht, völlig disparat zu sein: Praktiken des Essens und des Sich-Kleidens, des Sprechens und des Medienkonsums des Arbeitens und der persönlichen Beziehungen, des Musikhörens und des Sports etc. Bourdieus Kontraintuition mündet dagegen in die Frage: Welche ›Homologien‹ lassen sich zwischen diesen scheinbar disparaten Praktiken feststellen? Die Basishypothese der Habitusanalyse lautet damit immer, dass die diversen Praktiken, die von einer Person getragen werden, zwar verschiedenartig sein mögen, aber letztlich gleichförmig in dem Sinne sind, dass sie das *gleiche* Schemawissen reproduzieren. Die Schemata des Habitus stellen sich als ein sozial-kulturelles ›Erzeugungsprinzip‹ dar, welches in innovativer und flexibler Weise immer wieder neue und andere Praktiken hervorbringt *und* sich dabei zugleich selber reproduziert. In den Habitusbegriff ist eine basale

Identitätsvermutung eingebaut, die sich zugleich als Identitätszumutung präsentiert: dass die Schemata und Dispositionen des Habitus den Einzelnen – gegen alle Prätentionen von Individualisierung und Pluralisierung – in allen seinen Praktiken dazu bringen, letztlich der Gleiche zu bleiben.

Theorie der Praxis

Bourdieus Konzept des Habitus betreibt letztlich allerdings keine einfache Übertragung der generativen Grammatik von der Sprache auf die Kultur, sondern entwickelt sie in Richtung dessen weiter, was er ›Theorie der Praxis‹ nennt. Für diese Praxeologie sind mehrere Elemente zentral: die Inkorporiertheit des Habitus, seine Eigenschaft als ›praktischer Sinn‹ und Hintergrund von Strategien sowie seine Rolle als interpretatives Differenzensystem. Der Ausgangspunkt für Bourdieus Konzeptualisierung des Subjekts ist ein doppelter: ein Verständnis des Subjekts als Körper und als eine Instanz des Handelns innerhalb sozialer Praktiken. Die Habitusanalyse muss daher eine exakte Beobachtung der körperlichen Subtilitäten und der Feinheiten der Routinen praktischen Handelns leisten, durch welche die angenommenen Schemata wirken. Wenn der Einzelne durch ein implizites Schemawissen zum Subjekt wird, dann ist es für Bourdieu nicht unmittelbar und nicht primär die Ebene des Mentalen – der Reflexion, der Planung, der bewussten Erinnerung etc. –, auf der dieser Habitus greift, sondern in letzter Instanz die des Körpers. Der Mensch ›ist‹ zunächst Körper – und er bleibt in seinem Handlungsvollzug in erster Linie (ein mittlerweile gelehriger und in seinen Bewegungen regulierter) Körper. Die Aneignung des Habitus ist als ein Prozess der »Inkorporierung« des Schemawissens zu verstehen, der Habitus ist das »Körper gewordene Soziale« (Bourdieu/Wacquant 1996: 161). Bourdieu grenzt sich hier von der ›scholastischen Illusion‹ der Voraussetzung eines entkörperlichten reflexiven Subjekts ab. Die Inkorporation des Habitus ist für dessen relative Beharrungskraft im Lebenslauf – und entsprechend auch der Klassen und Felder – verantwortlich: Indem die Schemata des Habitus keine rein kognitiven Gebilde darstellen, die expliziert und einer (Selbst-)Kritik ausgesetzt werden können (was sie für Bourdieu allerdings zumindest *auch* sind), sondern inkorporiertes Wissen, das sich unmittelbar in den Routinen der dem Einzelnen nur natürlich vorkommenden körperlichen Bewegungen – einschließlich einer psychosomatischen und affektiven Dimension – umsetzt, neigen sie zur Repetitivität. Der geschlechtliche Habitus im westlichen System der Zweigeschlechtlichkeit, das Bourdieu immer wieder – pointiert in »Die männliche Herrschaft« (1998) – thematisiert, erscheint hier als ein schlagendes Beispiel. Der i. w. S. ästhetische Geschmack – der psychosomatisch massiv mit Ekel und Abneigung gegenüber dem Inakzeptablen verbunden ist – liefert ein zweites.

Der inkorporierte Habitus ist in Bourdieus Verständnis unmittelbar auf die Handlungspraxis gerichtet und er existiert als ein solches handlungsorientiertes Wissen letztlich nirgendwo sonst als in den Praktiken, die das Subjekt in der Kette von Handlungssituationen immer wieder neu hervorbringt. Bourdieu ist hier beeinflusst von einer Reihe praxistheoretischer Autoren, die allesamt – gegen die Vorstellung eines selbsttransparenten Subjekts der Reflexion – den Stellenwert des Wissens als ein implizites Wissen betonen, als das, was Michael Polanyi (1966) ›tacit knowledge‹ und Gilbert Ryle (1949) ›knowing how‹ (im Unterschied zum ›knowing that‹) nennt. Dies gilt besonders für Ludwig Wittgensteins Philosophie der Sprachspiele und Lebensformen, für Martin Heideggers Modell des Daseins als ein in der Praxis, ihrem impliziten Verstehen und ihrem Umgang mit den Dingen ›benommenes‹ In-der-Welt-Sein, für den amerikanischen Pragmatismus, aber auch für die aristotelische Handlungsphilosophie, die Handeln statt in einem intellektuellen Wissen in einem praktischen

Wissen der ›techné‹, der Gewöhnung und der impliziten Erinnerung verankert sieht. Die Habitusschemata, die der Handelnde verwendet und aus denen er in gewissem Sinne in seiner regulierten Körperlichkeit (und Mentalität) besteht, sind damit keine selbstgenügsamen Wissenssysteme, sondern ein ›modus operandi‹. Neben angemessenen Verhaltensweisen bringt der Habitus auch ihm korrespondierende, passende Objekte hervor (etwa Kleidungsstücke, Gebäude, Kunstwerke etc.).

praktischer Sinn

Der Habitus wirkt in diesem Kontext als ein praktischer Sinn oder besser: als ein Ensemble verschiedener solcher Sinne – Bourdieu verweist auf »den Sinn für die Verpflichtung [...], den Orientierungs- und Wirklichkeitssinn [...], den politischen Sinn und den Sinn für Verantwortung, für Rangfolgen, für Humor und das Lächerliche, den praktischen Sinn, den Sinn für Moral und den Sinn fürs Geschäft, und so weiter und so fort« (1972: 270). Der praktische Sinn wird individualistisch gerne als Intuition mystifiziert, stellt sich aber als ein kulturell voraussetzungsvolles Know-how-Wissen heraus. Bourdieus Darstellung legt nahe, dass drei Elemente des Habitus in ihrer Kombination letztlich diesen praktischen Sinn entstehen lassen: bewertete Differenzen, Ablaufschemata und Strategien. Die Habitusschemata bestehen in basaler Weise aus zentralen Differenzen, aus Unterscheidungen, an deren Seiten jeweils positive und negative Bewertungen geheftet sind: die Unterscheidung zwischen dem Souveränen und dem Gezwungenen, zwischen dem Moralischen und dem Verwerflichen, dem Populären und dem Exzentrischen etc. Sie setzen sich des Weiteren aus ›script‹-förmigen Ablaufschemata angemessenen Verhaltens zusammen, aus dem impliziten Wissen, wie in Situationen passend zu handeln ist: wie man eine Mahlzeit zu sich nimmt, wie man jemanden grüßt, wie man sich Aufmerksamkeit sichert oder diese vermeidet etc. Schließlich enthält der Habitus kulturell codierte, wiederum häufig eher vorbewusst eingesetzte als explizit bewusste Strategien: Wunschkomplexe dessen, was kurzfristig oder langfristig für einen selbst und durch das eigene Handeln scheinbar natürlicherweise erstrebenswert und was zu vermeiden oder unmöglich zu erreichen ist. Der praktische Sinn lässt das Subjekt implizit wissen, *was* zu tun ist und *wie* es zu tun ist.

Habitusschemata als Klassifikationsprinzipien

Habitusschemata sind damit nicht allein als ›Erzeugungsprinzipien‹, sondern gleichzeitig als ›Klassifikationsprinzipien‹ zu analysieren: Sie liefern komplexe Systeme von Unterscheidungen zur Klassifikation mundaner Phänomene, von Objekten, Subjekten und Praktiken, die dem Subjekt ein praktisches Verstehen der Umwelt im Sinne eines »praktische[n] Operator[s] für die Umwandlung der Dinge in distinkte und distinktive Zeichen« (1979: 284) ermöglichen. Die Klassifikationssysteme enthalten dabei regelmäßig Oppositionen, die im Sinne einer ›praktischen Logik‹ von einem Praxisbereich auf einen anderen transponiert werden: Diese Transpositionen vom Musikgeschmack auf die Vorliebe für Politikstile, von Kommunikationsstil auf die Bekleidungsvorlieben etc. widersprechen in ihrer ›unreinen‹ kulturellen Logik und ihren grenzüberschreitenden Homologien allen Annahmen einer strikten funktionalen Sphärentrennung zwischen differenzierten sozialen Räumen. Während einige der kultursoziologischen Analysen Bourdieus – etwa in »Die feinen Unterschiede« – versuchen, eine ausgefeilte und teilweise ziemlich rigide Systematizität dieser alltäglichen Differenzsysteme auszumachen, hebt er in späteren Arbeiten, insbesondere in den »Meditationen«, hervor, dass die Habitusschemata als häufig mehrdeutig und in sich widersprüchlich, als ausgestattet mit oft vagen Grenzziehungen zu analysieren sind. Die ›Logik der Praxis‹ nicht mit der ›Logik der Logik‹ zu verwechseln, bedeutet gerade, sich in der kultursoziologischen Analyse der unreinen Logik der Klassifikationen anzunähern.

Methoden der Habitusanalyse

Auf welcher Ebene und in welcher Weise sind nun kollektive Habitusformen zu analysieren? Ihre Rekonstruktion ist im Bourdieu'schen Forschungsdesign nicht zu trennen von der Beschreibung der sozialen Praktiken, in denen sich der Habitus manifestiert: Per definitionem sind die Schemata, die das praktische Wissen des Subjekts – und damit dieses selbst – ausmachen, nicht unmittelbar zugänglich, auf sie kann und muss indirekt über eine minutiöse Beschreibung von Verhaltensroutinen rückgeschlossen werden. Das Subjekt kommt hier zunächst allein als Träger von sozialen Praktiken vor. Die praxeologische Forschungsstrategie ist damit im Grundsatz eine ethnologische und verfährt im Modus der Ethnografie. Bourdieus frühe Feldaufenthalte in der Kabylei liefern das Paradigma einer Praktikenanalyse, die sich über eine teilnehmende Beobachtung von Verhaltensroutinen den dort implizierten Wissensformen nähert. Diese teilnehmende Beobachtung – verbunden mit einem besonderen Interesse an der Art und Weise, in der hier körperliche Bewegungen reguliert werden – bleibt damit im Zentrum der Habitusanalyse. Sie wird ergänzt durch Interviewverfahren, in denen wiederum die Habitusschemata nicht ›erfragt‹ werden können, sondern die produzierte natürliche Sprache der Interviewten als Aussagesequenz zu interpretieren ist, hinter der sich die Schemata eines Habitus rekonstruieren lassen. Hinzu kommen Methoden quantitativer Sozialforschung, welche die Häufigkeiten von Verhaltensweisen und die Korrelationen zwischen verschiedenen Verhaltensweisen feststellen.

Generalisierung der Praxis

Die ethnografische Forschungsperspektive der Bourdieu'schen Analytik richtet sich unterschiedslos auf nicht-moderne und moderne Praktiken. Diese Generalisierung enthält eine anti-modernistische Kritik: Gegen das modernistische Vorurteil, das vormodernen Gesellschaften eine Herrschaft des impliziten Wissens, modernen Gesellschaften hingegen eine Explizierung dieses Wissens und eine dominante Selbstreflexivität des Akteurs zuschreibt, ist für Bourdieu das scheinbar ›traditionale‹ Element der Dezentrierung des Subjekts durch inkorporierte, dem Bewusstsein im strengen Sinne entzogene Schemata eine Grundvoraussetzung auch sogenannter ›moderner‹, vorgeblich rationalisierter Praktiken. Auch der scheinbar rational wählende oder expliziten Normen folgende Held der Moderne stellt sich dann als Träger einer Habitusstruktur heraus, die sich der Kontrolle des Subjekts entzieht. Gleichwohl sind für eine Praktiken- und Habitusanalyse unter modernen Bedingungen besondere Verhältnisse zu beachten. Hier macht es für Bourdieu keinen Sinn, vorauszusetzen, dass sämtliche existierende soziale Praktiken von einem einzigen ›Super‹-Habitus abhängen – vielmehr ist von einer Differenz zwischen unterschiedlichen Praktikenkomplexen auszugehen. Diese bilden auf der einen Ebene differente Lebensstile, auf der anderen soziale Felder, und die Frage nach dem Habitus ist – zumindest im ersten Schritt – mit Blick auf diese Lebensstile bzw. Felder zu stellen.

Klassentheorie

In seiner Annahme einer vertikalen Differenzierung von Gesellschaft in Klassen/Lebensstile und einer horizontalen Differenzierung in Felder knüpft Bourdieu an klassische gesellschaftstheoretische Theoreme – von Marx und Durkheim – an, gibt ihnen allerdings eine jeweils spezifische Wendung. Das Habituskonzept ermöglicht eine kultursoziologische Transformation der Klassentheorie – nicht die bloße ungleiche Verteilung von Ressourcen zwischen verschiedenen Klassen oder Schichten wird hier sichtbar, sondern es scheinen die kulturellen Differenzen zwischen unterschiedlichen Habitusformen und Lebensstilen auf. ›Klassen‹ unterscheiden sich aus dieser Perspektive nicht nur in ihren Alltagspraktiken und ihren Subjekttypen, sondern in diesem breiteren Kontext *auch* in ihren Handlungsressourcen, die Bourdieu als Formen eines symbolischen ›Kapitals‹ umschreibt.

Lebensstil und soziale Felder

Die Marx'sche Konnotation des politisch-sozialen Klassenkampfes transformiert Bourdieu in das Konzept des kulturellen Distinktionskonfliktes zwischen den Lebensstilkollektiven. Auch das Konzept der sozialen Felder wird von Bourdieu jenseits der Differenzierungs- und Modernisierungstheorie kultursoziologisch überformt: Die sozialen Felder erscheinen nun nicht als befriedete funktionale Subsysteme, sondern als Kampffelder zwischen verschiedenen Akteursgruppen und ihren sich ›quer‹ zu den Feldgrenzen reproduzierenden Habitus.

Lebensstilanalyse

Eine von Bourdieu inspirierte Habitusanalyse kann damit forschungspraktisch entweder an den Lebensstilen oder an einem sozialen Feld ansetzen, wobei beide Analysestrategien letztlich miteinander kombinierbar sind. Die lebensstilorientierte Habitusanalyse versucht über den Weg der Rekonstruktion der disparaten ›signifying practices‹, mit welchen ein Kollektiv seine Alltags- und Lebenszeit füllt – einschließlich der dort typischerweise verwendeten Objekte – die impliziten Habitusschemata herauszufiltern. In Bourdieus Arbeiten liefern die Praktiken der Konsumtion und der alltäglichen Reproduktion, in denen eine manifeste oder latente Stilisierung betrieben wird, den Ausgangspunkt für eine solche Analyse: die Praktiken des Sich-Kleidens und des Wohnens, des Medienkonsums und der Ernährung etc. Im Prinzip kann eine solche Analyse ausgedehnt werden auf die Praktiken der persönlichen Interaktionen in Partnerschaften und Familien, jene des Arbeitens, der politischen Partizipation, der Erziehung etc. Immer geht es darum, nicht nur zu analysieren, *was* im Kontext eines bestimmten Lebensstils getan wird, sondern vor allem, *wie* es getan wird, welches Know-how und welche körperliche Kompetenz zum Einsatz kommen: nicht nur, was gegessen wird, sondern auch, wie gegessen wird, nicht nur, welche Medienangebote genutzt werden, sondern auch, wie sie genutzt werden. Das für einen

Lebensstil typische Subjekt ist als ein Bewegungs- und Geschmackskörper zu analysieren, der abstrakte, nicht unmittelbar explizierte Unterscheidungen zwischen einem angemessenen und einem unangemessenen, einem normalen und einem abweichenden Sinn zum Einsatz bringt.

Differenz und Transformation von Subjektformen

Die *Grenzen* zwischen verschiedenen Lebensstilkollektiven und damit auch Habitustypen zu bestimmen, stellt sich dabei als ein methodisches, aber auch als ein reales, soziales Problem dar. Bourdieu löst es zum großen Teil dadurch, dass er zur konventionellen Unterscheidung dreier Hauptklassen der modernen Gesellschaft greift, der bürgerlichen Oberklasse, der kleinbürgerlichen Mittelschicht und der Unterschicht des Proletariats. Diese Festlegung hat ihm die Kritik eines klassentheoretischen Traditionalismus eingebracht. Tatsächlich erweisen sich Bourdieus materiale Lebensstilanalysen unterhalb dieser allgemeinen Kategorien als sehr viel offener für historische Dynamiken und Transformationen von Lebensstilen: etwa in der Rekonstruktion der Entstehung eines ›neuen Kleinbürgertums‹ postmaterialistischer Mittelschichten in den 1970er Jahren, der ›neuen Oberklasse‹ einer globalisierten Kultur- und Medienelite und auch eines neuen Prekariats (wie es in »Das Elend der Welt« (1979) im Mittelpunkt steht). Entscheidend für eine solche durch Bourdieu informierte, an Lebensstilen orientierte Habitusanalyse sind mehrere Fragen: Zum einen richtet sich das Forschungsinteresse immer auf die Homologien zwischen unterschiedlichen alltäglichen Praktikenkomplexen. Gegen die Simplifizierung von Lebensstilen auf ›Lifestyle‹-Moden betrachtet die Analyse das Netzwerk unterschiedlichster, scheinbar disparater Alltagspraktiken, deren immanenter Zusammenhang erst die Rekonstruktion ihrer Überdeterminiertheit durch ein bestimmtes kulturelles Wissen deutlich macht. Zum zweiten untersucht dieser Analysetypus, in welchen Differenzen sich die unterschiedlichen Habitusformen und ihre Lebensstile gegenseitig repräsentieren. Es geht immer um die Form der wechselseitigen Differenzmarkierung von Subjektformen (etwa des bildungs- gegen den wirtschaftsbürgerlichen Habitus und umgekehrt) und um die Anschlussfrage, in welchen sozialen Räumen solche Distinktionskämpfe ablaufen. Dabei stellt sich die Frage, inwiefern sich ›quer‹ zu den Differenzmarkierungen zwischen Habitusformen innerhalb einer Gesellschaft nicht trotzdem die latente oder manifeste Dominanz eines von den meisten als legitim anerkannten Habitus ergibt – eine Konstellation, die Bourdieu im ›legitimen Geschmack‹ des Bürgertums auszumachen meint (eine Festlegung, die so mittlerweile historisch erscheint)[8]. Drittens fordert die kultursoziologische Habitusanalyse dazu auf, nicht zu ignorieren, wie diese subjektiven Dispositionsstrukturen durch bestimmte kollektive Handlungsressourcen – Bourdieu unterscheidet hier ökonomisches, kulturelles (v. a. Bildungs-) und soziales Kapital – ermöglicht werden. Daher sei – gegen einen reinen Kulturalismus – nach dem systematischen Zusammenhang zwischen Ressourcenstrukturen, Lebensstilen und praktischem Wissen zu fragen (ein Zusammenhang, der bei Bourdieu teilweise deterministische Züge annimmt). Schließlich ist die lebensstilorientierte Habitusanalyse bei Bourdieu immer auf langfristige historische Kontinuitäten und Transformationen von Klassen und verkörperten Wissensformen ausgerichtet. Bourdieu hat seine historische Orientierung nie dermaßen explizit reflektiert wie Foucault, sie ist jedoch bei ihm in anderer Weise zentral: Die Grundannahme lautet – auf Distanz gegenüber manchen Versionen soziologischer Lebensstilforschung, die nach aktuellen Pluralisierungen spätmoderner Milieus suchen –, dass Lebensstilkollektive und ihre Habitus niemals als vollständig diskontinuierliche Erfindungen zu verstehen sind, sondern der Einordnung in die ›longue durée‹ der westlichen Klassengeschichte mit ihren relativen Transformationen und Adaptionen bedürfen. Über die Prozesse der Primärsozialisation und der Vererbung von Kapital i. w. S. wirken auch vergangene Habitus in gegenwärtigen fort (so dass sich etwa die bürgerlichen Elemente im ›neuen Kleinbürgertum‹ der Kreativberufe rekonstruieren lassen, auch wenn diese von den Beteiligten selber unsichtbar gemacht werden). Die Frage richtet sich damit auch an die langfristige historische ›Laufbahn‹ (›trajectoire‹) einer Klasse oder Klassenfraktion, also den Prozess ihres Auf- oder Abstiegs, welcher sich mit zeitlicher Verzögerung wiederum im sedimentierten Wissen des Habitus nachweisen lässt, der hier als eine Art verkörperlichtes soziales Gedächtnis fungiert.

Feldanalyse

Komplementär zur Lebensstilanalyse ist es die Feldanalyse, in deren Rahmen der Habitus zum Thema wird. Obwohl in Bourdieus materialen Analysen sozialen Feldern einige Bedeutung zukommt, bleibt sein Feldbegriff theoretisch eher unterbestimmt. Zunächst knüpft er an die Grundintuition soziologischer Differenzierungstheorien an, dass Gesellschaften unter den Bedingungen der Moderne eine Dekomposition in einzelne Handlungssphären vollziehen, welche jeweils einer eigenen, irreduziblen sozialen Logik folgen: des Ökonomischen, des Politischen, des Künstlerischen etc. In Bourdieus äußerst flexibler Verwendung umfasst der Begriff des sozialen Feldes sowohl komplexe Handlungssphären wie die des Politischen oder des Staates als auch sehr viel speziellere Konfigurationen wie das künstlerische Subfeld der Literatur, das der Mode, der Sportpraktiken oder der französischen ›grandes écoles‹. Ein soziales Feld stellt sich hier analog einem wittgensteinianischen Sprachspiel als ein sozialer Raum dar, der über spezifische ›Spielregeln‹ strukturiert ist und auf Seiten der Akteure einen entsprechenden Spielsinn – als besondere Version des praktischen Sinns – erfordert. Die Teilnehmer an einem Feld identifizieren sich mit den Regeln des Spiels wie mit dem Ziel des

Handelns innerhalb des Feldes, sie treibt eine entsprechende feldspezifische ›illusio‹ an.

Feldkonflikte

In Bourdieus Verständnis handelt es sich bei diesen sozialen Feldern jedoch nicht um selbstgenügsame Sphären, sondern um dynamische Kampffelder zwischen sozialen ›Positionen‹. Jedes Feld ist relational strukturiert, es ist durch Oppositionen zwischen unterschiedlichen Akteursgruppen gekennzeichnet, die sich in ihren Positionen innerhalb des Feldes voneinander unterscheiden und sich diese streitig machen. Ein soziales Feld erhält seine historische Dynamik durch die Konflikte zwischen diesen Akteursgruppen, bei denen es sich letztlich um Machtkonflikte um eine Verbesserung der Position im Feld handelt. Bourdieus forschungspragmatischer Imperativ an die Feldanalyse lautet damit: Wenn ein Feld identifiziert ist, dann sind die Akteursgruppen herauszuarbeiten, die einander gegenüberstehen, und ihre Strategien der Positionsverbesserung, die sie antreiben. An dieser Stelle kommt auch in der Feldanalyse der Habitus ins Spiel: Jenseits der ›illusio‹ des geteilten Spielsinns unterscheiden sich die einander im Feld gegenüberstehenden Akteursgruppen sowohl in ihrer Ausstattung mit Kapital als auch in ihren Habitusschemata. Die Forschungsaufgabe besteht dann darin, die Feldkonflikte als Habituskonflikte, als Konflikte *zwischen* verschiedenen – bis in die körperliche Hexis hinein – wahrnehmbaren Habitusformen und *um* den im Feld als überlegen anerkannten Habitus zu dechiffrieren. Bourdieu liefert exemplarische, suggestive Analysen für die Felder der Universität (in den 1960er und 70er Jahren) und der Literatur (im 19. Jahrhundert): Hinter den Positionskonflikten zwischen ›orthodoxen‹ und ›heterodoxen‹ Gruppen können sich dann etwa Konflikte zwischen einem ›schulförmigen‹ und einem ›intellektuellen‹ Habitus oder zwischen dem Habitus eines Bürger-Künstlers und eines Avantgardisten verbergen. Interessant ist dann, die Strategien der Akteursgruppen in ihrer Statusverbesserung oder ihrem Statuserhalt zu beobachten. Neben den ›Konservierungsstrategien‹ kommen hier die ›Subversivstrategien‹ zum Tragen. Denen geht es nicht um eine bloße Kapitalvermehrung, sondern um eine Reformulierung der Spielregeln und damit des in einem Feld als legitim anerkannten Habitus: Wie verlaufen entsprechend die kulturellen Konflikte um den akzeptablen, notwendigen Habitus ›des‹ Wissenschaftlers, Künstlers etc. und wann lassen sich in der Feldgeschichte tatsächlich Transformationen dieser Feldstrukturen beobachten?

soziale Referenz

Die Habitusschemata enthalten damit eine doppelte soziale Referenz. In ihnen verschränken sich die Ebenen von Lebensstilen und sozialen Feldern. Die Habitusformen der unterschiedlichen klassenspezifischen Lebensstile partizipieren an verschiedenen sozialen Feldern (aber nicht *jeder* Klassenhabitus an *jedem* Feld) und erfahren dort eine Spezifizierung. Kein Akteur betritt ein Feld habituslos, im Gegenteil muss sein basaler Habitus ihm zumindest die Grundkompetenzen an die Hand geben, um im Feld ›mitspielen‹ zu können. Innerhalb des Feldes findet dann jedoch eine spezialisierte Weiterentwicklung des jeweiligen basalen Habitus statt (etwa eines bürgerlichen Habitus in Richtung einer spezifischen Tätigkeit an der Börse oder im Architektenbüro). Die historische Dynamik der Felder, ihre Umdefinition von als notwendig angenommenen Habitusformen, schließlich auch der Bedeutungsgewinn (etwa der Kreativberufe) und -verlust (etwa des agrarischen Feldes) ganzer Felder kann dann zu jenen besonders analysebedürftigen Divergenzen zwischen erworbenem Habitus und Felderfordernissen führen, die Bourdieu als ›Hysteresis-Effekt‹ umschreibt: Dissonanzen zwischen inkorporiertem, schwierig modifizierbarem Habituswissen und einer Umwertung der Werte, die zwischenzeitlich in bestimmten sozialen Feldern stattgefunden hat.

3. Jacques Lacan: Das begehrende Subjekt und seine kulturelle Dynamik des Mangels

psychoanalytische Perspektive

Jacques Lacan (1901–1981) nähert sich dem Subjekt aus einer psychoanalytischen Perspektive, die Foucault wie Bourdieu zunächst fremd ist. Beiden war die Psychoanalyse letztlich suspekt: Für Foucault stellt sie sich als eine der raffiniertesten Versionen des humanwissenschaftlichen Regimes der Moderne dar, für Bourdieu ist die Psychoanalyse in ihrer vorgeblichen Konzentration auf die Innenwelt und deren psychische Mechanismen gesellschaftsblind und privatistisch. Jacques Lacan hingegen versucht in seinen weitgespannten Abhandlungen und Vorlesungen von den 1930er bis in die 70er Jahre hinein – als »Schriften« (»Écrits«) und »Seminare« (»Séminaires«) veröffentlicht – aufzuzeigen, dass eine kulturtheoretisch weiterentwickelte psychoanalytische Theorie des Subjekts weder privatistisch noch affirmativ ist. Genau umgekehrt vermag sie den untrennbaren Zusammenhang von kulturellen Ordnungen und psychisch-affektiven Orientierungen sowie die jeder naiven Emanzipationsgeschichte moderner Subjektivität entgegenstehende immanente Widersprüchlichkeit und Instabilität des Subjekts herauszuarbeiten.

Subjekt als Instanz des Begehrens

Lacans kulturwissenschaftliche Psychoanalytik des Subjekts gewinnt ihre Originalität für die Kulturwissenschaften aus diesen beiden miteinander kombinierten Grundgedanken. *Erstens*: Gegen einen psychologischen Individualismus oder Naturalismus erscheint das Subjekt auch hier als ein kulturell konstituiertes, gebildet im Rahmen dessen, was Lacan die Ordnungen des Symbolischen nennt. Aber diese symbolischen Ordnungen sind für Lacan nicht rein kognitive Klassifikationssysteme oder ein implizites Know-how-Wissen: Wäre das Subjekt lediglich ein Träger inkorporierten Wissens, wüsste man nicht, was es antreibt, warum es überhaupt Bestimmtes – etwa auch eine bestimmte Subjektivität – *wollen* kann. Für Lacan muss – auf den Schultern von Freud – das Subjekt als eine Instanz des Begehrens (französisch: ›désir‹, englisch: ›desire‹) begriffen werden, die auf der Suche nach libidinösen Befriedigungen ist und nach der Überwindung von affektiven Zuständen des Mangels trachtet. Die Richtungen dieses Begehrens stammen aus den gesellschaftlichen symbolischen Ordnungen, die das Subjekt interiorisiert. Lacans Subjekttheorie ist damit Kulturtheorie, jedoch gegen einen Rationalismus der Kultur gerichtet: Die sich Rationalisierungen entziehenden ›affektiven‹ Orientierungen des Begehrens des Subjekts, welche die bewusste Reflexion regelmäßig unterlaufen, die kulturelle Zirkulation der Suche nach Befriedigungen sowie deren Enttäuschung und die libidinösen Orientierungen im Innern der kulturellen Subjektivationen müssen mit Lacan im Zentrum der kulturellen Realität und ihrer Analyse platziert werden.

Prozess des Scheiterns

Zweitens: Lacans Interpretation des Zusammenhangs zwischen symbolischen Ordnungen und dem subjektiven Begehren versucht das Subjekt und die gesamte Kultur als eine aus elementaren Gründen instabile, immanent widersprüchliche Konstellation zu dechiffrieren. Das Subjekt erweist sich in seiner immanenten Struktur nicht als eine homogene, sondern als eine ›gespaltene‹, sich selber systematisch verkennende Instanz. Die Befriedigungssuche seines symbolisch-imaginär gesteuerten Begehrens lässt sich als ein Prozess des Scheiterns – des Begehrens wie auch der Identität des Subjekts – verfolgen. Dieses Scheitern und der – letztlich vergebliche – Versuch, es zu überwinden, erweisen sich jedoch als eine basale Quelle der Dynamik der Kultur. Die Begründung dieser Instabilitätsannahme verläuft bei Lacan auf zwei verschiedenen, miteinander verknüpften Ebenen: auf der Ebene einer Theorie der Zeichen, die poststrukturalistisch von einer chronischen Unterbestimmtheit der Signifikanten durch Signifikate ausgeht, und auf der quasi-anthropologischen Ebene einer Theorie psychischer Entwicklung, die an der Existenz eines primordialen ›Mangels‹ des Subjekts ansetzt.

Impulse für die Kultur- und Gesellschaftstheorie

Lacans Subjekttheorie entstammt einem psychologischen, therapeutischen Diskurs. Aber dass seine Arbeiten seit den 1970er Jahren darüber hinaus in den Kulturwissenschaften rezipiert worden sind, ist letztlich kaum überraschend. Sigmund Freuds Arbeiten selber enthalten – etwa in seinem Konzept des Über-Ich – von Anfang an Einfallstore für eine sozial- und kulturtheoretische Weiterentwicklung, die er insbesondere in seinem Spätwerk in Texten wie »Massenpsychologie und Ich-Analyse« (1921) oder »Das Unbehagen in der Kultur« (1930) auch angedeutet hat. Man kann daran anschließend in den Humanwissenschaften des 20. Jahrhunderts eine Reihe von Versuchen verfolgen, psychoanalytische Impulse in die Kultur- und Gesellschaftstheorien einzufügen, insbesondere um den rationalistischen Affektmangel ihrer Analyseinstrumentarien zu überwinden. Neben den klassisch soziologischen Aneignungen der Freud'schen Psychoanalyse in der Theorie der Persönlichkeit bei Talcott Parsons – der damit gerade soziale Stabilität zu begründen versucht – und in der Theorie der Psycho- und Soziogenese bei Norbert Elias sind hier insbesondere die Autoren der frühen Kritischen Theorie der Frankfurter Schule, vor allem Herbert Marcuse, aber auch Fromm und Adorno, zu nennen, die immer wieder eine Symbiose von marxistischer Gesellschaftstheorie und freudianischer Subjekttheorie versuchen.[9] Jacques Lacans Entwurf einer kulturtheoretischen Weiterentwicklung der Psychoanalyse setzt bei Freud selbst an. Lacan präsentiert sich gerne in wohl gespieltem Understatement als bloßer Interpret der Thesen Freuds; er muss jedoch, um seine kulturanalytischen Ziele zu erreichen, vor allem zwei begriffliche Vorkehrungen treffen: Zum einen betreibt er eine intensive Aneignung von Elementen der strukturalistischen Sprach- und Zeichentheorie, insbesondere von Saussure, Jakobson und Lévi-Strauss. Zum anderen setzt er Freud einer sehr spezifischen Lesart aus, welche anstelle seiner naturalistischen und rationalistischen die kulturtheoretischen und gegenüber der Rationalität skeptischen Konnotationen herausarbeitet.

Freuds Subjekttheorie

Freuds Theorie des Subjekts ist, gegen die klassische Subjektphilosophie und ihre Figur des autonomen Ich gerichtet, eine Theorie der psychischen Apparatur. Ihre Initialzündung ist die zunächst aus einer Neuinterpretation zeitgenössischer Hysterieexperimente gewonnene Annahme, dass hinter dem Bewusstsein ein psychisch-affektives Unbewusstes existieren muss, das sich häufig genug als Gegenstand einer ›Verdrängung‹ darstellt, aber als ›Symptom‹ immer wieder an die Oberfläche des Alltagshandelns drängt. Dort kann es sich in Neurosen – wie der Hysterie –, aber auch in Träumen, Versprechern, rätselhaften Handlungen etc. manifestieren: die Wiederkehr des Verdrängten. Freud entmystifiziert damit den Status des bewussten Ich in einem parallelen Schachzug zum Strukturalismus: Wenn dort das Subjekt von vorbewussten Klassifikations- und Differenzsystemen beherrscht scheint, dann hier durch die Strukturen eines affektiven – häufig libidiniös, aber teilweise auch aggressiv orientierten – Unbewussten.

Es, Ich, Über-Ich

In seiner komplexesten Topik dekomponiert Freud das Subjekt in die drei Instanzen des Es, des Ich und des Über-Ich. Das Subjekt ist in seinem Kern zunächst nicht das Ich, sondern das Es: Das Es ›kann nichts anderes als wünschen‹, es ist der Ausgangspunkt dessen, was Freud in einem biologistischen Vokabular als Ensemble von ›Trieben‹ bezeichnet, ein Ort libidinöser, Lust suchender Energien (die sich allerdings auch in destruktive Orientierungen transformieren können). Die Richtung der libidinösen Energien sind in Freuds Verständnis – hierin tendiert er deutlich zum Konstruktivismus – zunächst äußerst variabel und keinesfalls durch eine Natur prädeterminiert. *Was* vorbestimmt scheint, sind die libidinösen Energien selbst, aber nicht die Objekte oder Personen, an die sie sich heften. In suggestiver Weise kann Freud den Infans in »Drei Abhandlungen über die Sexualtherapie« (1905) dann als ›polymorph pervers‹ umschreiben. Allerdings bleibt dieser nicht im polymorphen Zustand: Die Kultur setzt mit der Regulierung der Libido ein, mit der Installierung eines Über-Ich, das sich in der Regel gleichfalls der Bewusstheit entzieht. Das Über-Ich besteht aus internalisierten normativen Forderungen und gesellschaftlichen Ich-Idealen – und Freud macht sich einige Mühe, die erste Konfrontation des Kleinkinds mit den komplexen Erwartungen in der Dreiecks-Konstellation der bürgerlichen Kleinfamilie (eine, wie Kritiker betont haben, historisch sehr spezifischen Situation) nachzuweisen. Dem alles andere als unumstrittenen Ödipuskomplex, in den sich das (männliche) Kind Freud zufolge verfängt, kommt hier theoriesystematisch eine interessante Ambivalenz zu: Einerseits präsentiert Freud ihn als allgemeingültige Prozedur, in der das männliche Subjekt seine Libido heterosexuell reguliert, so dass die Unbestimmtheit im Normalfall in Bestimmtheit überführt wird. Zugleich aber stellt sich dieser Komplex – der ›vollständige Ödipuskomplex‹ – als ein immanent widersprüchliches, konflikthaftes Szenario dar (etwa in der simultanen Identifizierung mit dem Vater *und* mit der Mutter, die Freud hier beschreibt).

In der Freud'schen Topik erscheint damit in jedem Fall das ehemals omnipotente Ich zwischen Es und Über-Ich in die Zange genommen. Das Ich, verstanden als ein System der Wahrnehmung der Außenwelt und damit als Träger des Realitätsprinzips, sekundär als Ort von Erinnerungsspuren der Vergangenheit, sieht sich einerseits von den Wünschen des Es bedrängt, andererseits von den Normen des Über-Ich kontrolliert. Die unendliche psychische Dynamik – von

Sublimierungen, Verdrängungen, Verschiebungen, Aggressionen, narzisstischen Umwendungen, Symptomen, Neurosen etc. –, die sich aus dieser prinzipiell nicht auflösbaren Konstellation ergibt, liefert der Psychoanalyse ihren sowohl individuellen als auch gesellschaftlichen Gegenstand.

Lacan und Freud

Lacans Anlehnung an Freud ist zunächst deutlich. Er geht davon aus, dass sowohl die zeitgenössische Ich-Psychologie – etwa bei Heinz Hartmann (1960) – als auch die Objektbeziehungstheorie – etwa bei Donald Winnicott (1965) – Freuds Subjekttheorie so harmonisiert haben, dass ihr analytischer Witz abhandenkommt. In der Ich-Psychologie erscheint das Es über den Weg der psychoanalytischen Aufklärungskur im Prinzip durch das Ich beherrschbar. In der Objekttheorie scheint es stabile Beziehungen zu libidinösen Objekten knüpfen zu können. Die Dynamik und Intransparenz des Subjekts, seine immanente, letztlich dauerhaft nicht auflösbare Heterogenität und Agonalität werden damit unsichtbar gemacht. Man kann Lacans Arsenal von Begriffen als ein Mittel verstehen, um die Subjektanalyse als Psychoanalyse in einer Weise anzuleiten, die Freuds Grundmodell kulturtheoretisch-poststrukturalistisch überformt und damit diese Heterogenitäten im Subjekt deutlich macht. In ihrem Zentrum stehen die Unterscheidung der drei ›Register‹ des Symbolischen, des Imaginären und des Realen sowie der dazu diagonal verlaufende Begriff des Begehrens.

unbewusstes Begehren

Für Lacan ist das, was er selbst Subjekt nennt, nicht das ›Ich‹. Das Ich (das ›moi‹), die Selbstbeschreibung und Selbstreflexion des Einzelnen, verkennt aus Prinzip die eigentliche psychische Struktur des Subjekts (das ›je‹). Das strukturierende Moment des Subjekts, als allgemeine Form verstanden, die im individuellen Einzelnen nur unterschiedliche Ausformungen findet, ist nun das Begehren, genauer: das unbewusste Begehren. Das Begehren ähnelt in mancher Hinsicht

Freuds recht unspezifischen ›Wünschen‹, die bei ihm das Es ausmachen. Aber Lacans Begehren enthält darüber hinaus – auch in Anlehnung an Hegels ›Begierde‹ – die Konnotation einer nicht punktuellen, sondern kontinuierlichen Kraft libidinöser Orientierung. Lacan unterscheidet dieses Begehren scharf vom bloßen, letztlich fiktiven ›Bedürfnis‹: Bedürfnisse sind bei ihm bloße biologisch bestimmte Instinkte, deren Ziel fix und eindeutig ist und die entsprechend komplikationslos zu befriedigen sind. Das Begehren hingegen entzieht sich aus systematischen Gründen einer eigentlichen Befriedigung. Für Lacan ist das Begehren nicht isoliert zu denken, sondern – mit dem Beginn der psychosozialen Entwicklung – immer schon in die Ordnungen des Symbolischen und Imaginären eingebettet, in denen es sich bildet, seine Orientierungen erhält und verschiebt.

Begründung des Begehrens

Trotzdem kann man die Frage stellen: Warum gibt es dieses Begehren im Subjekt? Die Antwort, die Lacan andeutet, verweist auf den Beginn der Entwicklung des Infans: den Moment der Trennung von der symbiotischen Bindung an die Mutter durch den Akt der Geburt, den der Infans in einem frühreifen Stadium erleidet, in dem er (anders als andere Lebewesen) noch nicht eigenständig lebensfähig ist. Das Resultat dieser frühreifen Separierung ist eine Art ursprünglicher Mangel, der durch das Begehren überwunden werden soll, aber per definitionem nicht überwunden werden kann. Die von Lacan eher angedeutete als ausgeführte anthropologische Begründung des Begehrens ist nicht unumstritten. Gleich wie es sich erklären oder begründen lässt, im Subjekt *ist* für Lacan ein unspezifisches, dann multipel ausgefülltes Begehren vorhanden, welches versucht, einen als mangelhaft erlebten Zustand zu überwinden. Die eigentlich interessante Frage ist dann weniger die nach der letzten Ursache allen Begehrens an sich, sondern jene nach den vertrackten Wegen, in denen das Begehren in der kulturellen Realität, d. h. den Ordnungen des

Symbolischen und des Imaginären, Orientierung erhält und sich erneut desorientiert.

symbolische und imaginäre Ordnung

Das Begehren des Subjekts erhält seine Orientierungen im Rahmen der Register des Symbolischen und des Imaginären. Wenn man sich für die psychosoziale Entwicklung des Infans und Kleinkinds interessiert, müsste man feststellen, dass dieses in der zeitlichen Abfolge zunächst mit dem Imaginären konfrontiert wird und erst kurz darauf, mit dem Erlernen der Sprache, in das Netz des Symbolischen gerät. Ausgehend von einem kulturwissenschaftlichen Interesse kann man pauschalisieren, dass das subjektive Begehren letztlich durchgängig in symbolische Ordnungen eingebettet ist und dass die Ordnungen des Imaginären in der Kultur an diese symbolischen Ordnungen gekoppelt sind – und dass beide damit nicht unabhängig voneinander analysierbar erscheinen. Die Ordnung des Symbolischen ist für Lacan nun die Sprache. Sprache wird bei ihm semiologisch verstanden: als eine Sequenz von Signifikanten. In einem erweiterten Sinne sind dann alle Zeichensysteme symbolische Ordnungen. Darin, dass das Subjekt erst in Zeichensystemen zur intelligiblen Instanz wird, stimmt Lacan mit der gesamten (post-)strukturalistischen Bewegung überein. Lacan formuliert: »Ein Signifikant repräsentiert ein Subjekt für einen anderen Signifikanten.« (1978: 208) Dies kann man so verstehen, dass das Subjekt nicht außerhalb der Signifkantenordnung existiert, sondern selber von dieser definiert wird. Für Lacan lautet die eigentlich interessante Aussage jedoch, dass das subjektive *Begehren* seine Form und Orientierung erst durch Zeichensysteme erlangt. Gerade das, was am Subjekt am individuellsten und privatesten erscheint, das, was es unbewusst wünscht und wonach es ihm verlangt, hängt letztlich ab von kollektiven, übersubjektiven ›Sprachen‹, die definieren, was begehrenswert sein kann.

Sprache(n) als Signifikantenkette

Lacan macht sich nun keine große Mühe, unterschiedliche Sprachspiele in der Gesellschaft zu unterscheiden – Diskurse, Felder, Klassen etc. –, aber er legt sich darauf fest, Sprache(n) primär als eine Kette von Signifikanten und erst sekundär von Signifikaten zu verstehen. Es existiert ein Primat von Zeichenformen: Was aus der subjektiven Perspektive vorhanden ist, sind zunächst die Zeichenformen, vor allem in Form von Lautfolgen, denen man ausgesetzt ist. Das Problem der Anheftung von Signifikaten, von Bedeutungen an diese Signifikanten, die Produktion von Sinneffekten, stellt sich dann als zweiter Schritt dar. Die Signifikanten einer Kultur existieren dabei nicht als vorgegebene Identitäten, sondern allein in Form von Differenzen. Darüber hinaus existieren sie nicht als ein der Zeit und Geschichte enthobenes System von Differenzen, sondern als eine differenzielle *Kette von* Signifikanten (französisch: ›chaine de signifiants‹) in der Zeit, eine Kette, die in ihrem ›Gleiten‹ prinzipiell nie an ein Ende kommen kann. Zwangsläufig folgen immer noch weitere Signifikanten – ob in der mündlichen Kommunikation, in der Schrift, in der individuellen Biografie, in der Kulturgeschichte –, welche zu den bisherigen Signifikanten neue differenzielle Relationen eingehen und damit deren Bedeutung zu verschieben vermögen. Als Signifikantenketten ist den kulturellen Ordnungen des Symbolischen damit in ihrer Unabschließbarkeit eine Dynamik und Instabilität eigen, welche streng genommen jede fixierte Bedeutung unmöglich machen würde. Dies ist aber nur die eine Seite der kulturellen Realität: Gleichzeitig existieren auch für Lacan vorübergehende Stabilisierungen von Bedeutungen innerhalb der symbolischen Ordnungen. Lacan führt den Begriff des ›Stepppunktes‹ (französisch: ›point de captition‹) ein, um diese Punkte der Fixierung und der vorübergehend eindeutigen Zuordnung von Signifikant und Signifikat innerhalb der Kultur zu bezeichnen.

Ziel und Richtung des Begehrens

Das Begehren des Subjekts gewinnt nun innerhalb der Ordnungen des Symbolischen Ziel und Richtung. Die Ordnungen des Symbolischen transformieren sich dabei zugleich in Ordnungen des Imaginären. Lacan erklärt diesen Zusammenhang folgendermaßen: Das Begehren des Subjekts heftet sich an bestimmte Objekte – an andere Personen, an bestimmte Gegenstände (möglicherweise auch Teile von Personen), schließlich an sich selber. Diese Objekte scheinen ihm eine Befriedigung des Begehrens zu versprechen. Was jedoch als ein begehrenswertes Objekt zählt, wird dem Subjekt durch die innerhalb einer Kultur existierenden Ordnungen des Symbolischen vorgegeben. Lacan hat gelegentlich eine Neigung, seine Grundtheoreme in algebraischer Form zu notieren und fasst diesen Zusammenhang in seine klassische Formel:

$$\$ \diamond a$$

Das gespaltene Subjekt begehrt den oder das Andere: »Das Begehren […] ist das Begehren des Anderen« (1975: 190), ist eines von Lacans zentralen Theoremen. Das Subjekt notiert Lacan als ›Durchgestrichenes‹, da es nicht als homogene Einheit vorgegeben ist, sondern durch die differenziellen, ständig sich verschiebenden Ordnungen des Symbolischen gespalten, fragmentiert wird. Die mangelnde Vollständigkeit der Signifikantenkette begründet das Subjekt selber als ein Subjekt des Mangels. Die Punze – die Notation zwischen S und a – umschreibt die Verknüpfung von Subjekt und Objekt über ein Begehren. Klein a schließlich – der/das ›kleine Andere‹ oder das ›Objekt Klein a‹ – sind in Lacans Terminologie jene Gegenstände oder Personen, an denen sich das Begehren orientiert. Dieser kleingeschriebene Andere wird von Lacan vom ›großen Anderen‹, vom ganz Anderen unterschieden. Der/das große Andere ist die Sprache, sind die Ordnungen des Symbolischen selber: In ihrer formalen Komplexität und Dynamik entziehen sie sich grundsätzlich der subjektiven Erfassung. Sie verbleiben im Verhältnis zum Subjekt immer in einer prinzipiellen Alterität. Der/das kleine Andere hingegen, die anderen Subjekte/Objekte, an die sich kulturspezifisch das Begehren heftet, sind nicht wirklich radikal ›anders‹. Im Gegenteil handelt es sich bei ihnen zwangsläufig um Projektionen und Spiegelungen des Subjekts selbst. Diese Projektionen und Spiegelungen, in denen das Subjekt andere Gegenstände, Personen und narzisstisch auch ein bestimmtes Bild von sich selber als begehrenswert auffasst, finden innerhalb der kulturellen Zeichensysteme des Symbolischen statt – aber sie übersetzen und transformieren diese immer schon auf die Ebene des ›Imaginären‹. Das Objekt Klein a ist immer ein imaginäres a.

die Ordnung des Imaginären

Was versteht Lacan nun unter dem Imaginären? Der Begriff des Imaginären verweist in seiner einfachsten Bedeutung auf die Ebene der Imaginationen, der Vorstellungen und Fantasien, die zugleich Verstellungen und Fantasmen bilden. Zudem verweist er auf die Ebene des Bildhaften, der realen und der vorgestellten Bilder (lateinisch: ›imago‹). In seinem wohl plastischsten und einflussreichsten Text »Das Spiegelstadium als Bildner der Ich-Funktion« (1949) liefert Lacan eine suggestive Skizze der Wirkung des Imaginären. Der Bezugspunkt des Textes ist eigentlich ein sehr spezifischer: Behandelt wird der noch nicht sprachfähige Infans, der damit noch nicht in symbolische Ordnungen eingeschrieben ist, sondern sich mit einem vorsymbolischen Imaginären konfrontiert sieht. Sein Begehren richtet sich daher nicht auf andere, sondern allein auf sein eigenes Selbstbild. Trotz dieses eingeschränkten Bezugs kann die Skizze in einem abstrahierten Sinne den Anspruch erheben, Aussagen über die Wirkung des Imaginären insgesamt zu machen, auch zu jenem Zeitpunkt, zu dem es eng an existierende symbolische Ordnungen gekoppelt ist. Lacan stellt dar, wie der Infans, der sich selber in einem Zustand der noch nicht symbolischen, sondern sehr realen Fragmentierung befindet, der nur zu unkoordinierten Bewegungen in der Lage und daher alles andere als ein Souverän seiner selbst ist, seinem eigenen Spiegelbild, seinem Imago mit »jubilatorischer Geschäftigkeit« (1949: 63) begegnet. Das entstehende Subjekt nimmt sich selber in diesem Bild als eine ideale, vollständige und perfekte Einheit dar. Es identifiziert sich mit dieser Repräsentation seiner selbst und entwickelt dazu eine libidinöse Beziehung. Lacan betont, dass diese imaginäre Repräsentation zum einen zum Gegenstand des Begehrens avanciert, zum anderen das Subjekt in das ›orthopädische‹ Korsett einer Identität zwingt, das einer subjektiven ›Befestigungsanlage‹. Die Konstellation des Subjekts, die Lacan hier skizziert, ist die einer konstitutiven Verkennung: Das Subjekt ist in sich fragmentiert und instabil, aber es eignet sich das Ideal-Ich eines perfekten, stabilen und widerspruchsfreien Wesens an – das Ideal eines ›Subjekts‹ im emphatischen Sinne –, das es fortan antreibt, das aber seine innere psychische Fragmentierung nicht zum Verschwinden bringen kann. Die Ordnungen des Imaginären, die in diesem spezifischen Fall deutlich werden, sind damit in Lacans Verständnis generell als Strukturen von Repräsentationen zu verstehen, in denen ideale, vorgestellte *Einheiten* produziert werden. Damit Objekte als begehrenswert erscheinen können, müssen sie als solche imaginären Einheiten repräsentiert werden. Diese Einheitsbilder haben den Charakter von Fantasmen: Sie liefern eine Fixierung, die Lacan mit dem eingefrorenen Bild auf einer Kinoleinwand vergleicht. Während die Ordnungen des Symbolischen als Signifikantenketten immer nur unanschauliche Differenzen bilden, liefern die Ordnungen des Imaginären solche anschaulichen Einheiten. Beide Register hängen nun jedoch zusammen: Wenn das Symbolische auf der Ebene der Signifikanten existiert, dann das Imaginäre auf der Ebene der Signifikate, der Bedeutungen, der

Sinneffekte. Das Imaginäre ist gewissermaßen die Benutzeroberfläche des Symbolischen. Die Sprache existiert so im Symbolischen und im Imaginären zugleich. Damit wird die prinzipielle Unterscheidung und die prinzipielle Verknüpfung der beiden Register deutlich: Bestimmte symbolische Ordnungen machen bestimmte imaginäre Repräsentationen und Identifizierungen möglich; das Begehren des Subjekts gegenüber einem Objekt verläuft über die Einheitsfiktionen des Imaginären, hinter denen sich die gleitenden Differenzen des Symbolischen verbergen. Die kulturwissenschaftliche und psychoanalytische Aufgabe besteht dann darin, diesen Nexus jeweils ans Tageslicht zu bringen, der sich der subjektiven Selbstbespiegelung in der Regel entzieht:[10] Welche Ordnungen des Symbolischen, welche sich verschiebenden Differenzen existieren in einer Kultur, die den Hintergrund für spezifische Subjektformen bilden? Welche Objekte werden in einem solchen kulturellen Kontext für das Subjekt als begehrenswert präsentiert und welche imaginären Einheiten, vor allem auch Ich-Ideale, werden verwendet, um solche Objekte und Subjekte begehrenswert zu machen? Schließlich: Wie wirkt sich diese spezifische Konstellation von symbolischen und imaginären Ordnungen auf die psychische Struktur des Subjekts aus? Wie ist seine kulturspezifische Mangelstruktur aufgebaut?

Identifizierung und Objektbesetzung

Zur Analyse dieses Zusammenhangs zwischen dem Symbolischem, dem Imaginären und – schließlich auch – dem Realen verwendet Lacan eine Reihe heuristischer Begriffe, die aus dem Arsenal der Psychoanalyse wie des Strukturalismus stammen. Interessant sind hier die Konzepte der ›Identifikation‹ und des ›Ideal-Ich‹ für die Analyse des Imaginären und die Konzepte der ›Metonymie‹ und ›Metapher‹ für die Analyse des Symbolischen. Um die Subjektkonstitution zu verstehen, ist schon für Freud der Prozess der Identifikation/Identifizierung zentral: Als Identifizierung lässt sich jener Vorgang verstehen, in dem sich das Subjekt angenommene Eigenschaften einer anderen Person als verbindlich oder vorbildlich aneignet. Die Subjektkonstitution verläuft nach Freud – klassisch im Ödipuskomplex dargestellt – immer in den beiden parallelen Wunschprozessen von Identifizierung und Objektbesetzung: Das Subjekt will bestimmte Dinge (und auch Personen) ›haben‹ und es will bestimmte Personen ›sein‹ (etwa die Mutter ›haben‹ und der Vater ›sein‹). Ersteres ist die Objektbesetzung, letzteres die Identifizierung. Das Verhältnis zwischen diesen beiden libidinösen Prozessen ist bei Freud ein wenig obskur – beide tauchen bei Lacan in nicht weniger verschlungener Weise wieder auf. Wenn es darum geht, kulturell konstituierte Begehrensprozesse zu analysieren, bleibt für Lacan zentral, dass diese sich nicht nur auf begehrenswerte Objekte (einschließlich Subjekte) beziehen, die das Subjekt ›haben‹ will, um von dort – illusionäre – Befriedigung zu beziehen. Sie nehmen vielmehr auch die Form von Identifizierungen an. Diese begreift Lacan primär auf der Ebene des Imaginären als die »beim Subjekt durch die Aufnahme eines Bildes ausgelöste Verwandlung« (1949: 64). Die primären Identifizierungen sind imaginäre Identifizierungen mit bestimmten in einer Kultur attraktiven Einheitsfiktionen von Subjekten: Diese Einheitsfiktionen lassen sich mit Lacan als kulturspezifische Ideal-Ichs lesen, als Formen imaginärer Projektion. Die kulturwissenschaftliche Subjektanalyse erhält damit die Aufgabe, den kulturellen Kontext nach solchen jeweils existierenden Ideal-Ichs abzusuchen, die kulturspezifische Identifikationsprozesse anleiten.

Im Verhältnis zur Freud'schen Subjekttheorie ergibt sich damit eine folgenreiche Verschiebung der analytischen Sonde: vom gesetzesförmigen Ich-Ideal zum bildhaft-attraktiven Ideal-Ich. Freud hatte beide Begriffe kaum systematisch voneinander unterschieden, aber keinen Zweifel daran gelassen, dass Identifizierungen primär als

Ideal-Ich

solche mit einem Ich-Ideal zu analysieren sind, mit dem Träger des normativ verbindlichen Gesetzes (paradigmatisch dem Vater) – Identifizierungen, die entsprechend im Kern des normativ-moralischen Über-Ich enthalten sind. Anders nun Lacan: Das Kollektive und Kulturelle lässt sich nicht auf das ›Gesetz‹, d. h. die normativen Strukturen und ihre Autoritätspersonen, reduzieren, vielmehr formiert die Kultur ja das Begehren selber in einem positiven (nicht nur einem negativen, restringierenden) Sinne über ihre ›Bilder‹. Ein kulturspezifisches Ideal-Ich meint genau ein solches Bild (wobei ›Bild‹ konkret auf der Ebene visueller Kultur präsent sein kann, aber nicht muss) eines attraktiven, begehrens- und erstrebenswerten Subjekts, in das sich der Einzelne verwandeln möchte, so wie es im »Spiegelstadium« (1949) beispielhaft geschildert wird. Geht man von der Begehrensdynamik des Subjekts aus, dann stellen sich mit Lacan die kulturwissenschaftlich eigentlich interessanten und wirkungsmächtigen Subjektfiguren als die imaginären, narzisstischen Figuren des Attraktiven heraus.

Metonymie

Wie sind nun jedoch die Prozesse auf der Ebene des Symbolischen zu analysieren, die schließlich die Voraussetzung aller temporären Identifizierungen liefern? Zur Rekonstruktion dieser Zeichensequenzen der Sprache im weitesten Sinne schlägt Lacan zwei heuristische Konzepte vor: Metonymie und Metapher. In der klassischen Literaturwissenschaft bezeichnen sie jeweils begriffliche Stellvertreterkonstellationen: ›etwas steht für etwas anderes‹ – entweder mit einem inneren, sachlichen Zusammenhang (Metonymie) oder ohne einen solchen sachlichen Zusammenhang (Metapher). Lacan lehnt sich jedoch eng an die sehr spezifische Interpretation von Metapher und Metonymie im Strukturalismus Roman Jakobsons (1956) an, die er wiederum psychoanalytisch umdeutet. Grundsätzlich metonymisch ist dann die Relation zwischen den Signifikanten auf der zeitlichen Achse der Signifikantenkette, das Verhältnis ›von Wort zu Wort‹, insgesamt das Gleiten des Signifikanten: Nie erlangt ein Signifikant einen stabilen End- und Ruhepunkt, immer folgen weitere, die den Stellenwert der vorhergehenden verändern – eine Konstellation, die für schriftliche Texte, für mündliche Kommunikation, schließlich aber auch für die kulturellen Sequenzen in größeren Einheiten wie Institutionen, soziale Gruppen oder die Kulturgeschichte insgesamt zu gelten scheint. Mit keinem Zeichen ist die Zeichensequenz beendet, es verweist immer schon auf ein nächstes Zeichen. Entscheidend ist nun, dass das Begehren sich an den Signifikanten orientieren muss und dass damit die Verschiebung der Signifikanten immer gleichbedeutend mit einer Verschiebung des Begehrens ist: In der Kultur verschieben sich beständig die Unterscheidungen, in denen sich Objekte des Begehrens bilden können. Die ›Verschiebung‹ – ein ebenso poststrukturalistischer wie Freud'scher Begriff – ist damit kulturell und psychisch zugleich.

Den Metonymien untergeordnet sind die Metaphern. Gemeint ist hier in Lacans an Jakobson geschulten Ansatz der Prozess der Substitution von Signifikanten durch andere Signifikanten, welcher einen Sinneffekt, eine Produktion von Signifikaten ermöglicht. Ausgangspunkt ist die Annahme, dass die differenziellen Zeichenformen einer Kultur häufig nicht unmittelbar Bedeutungen – und damit die Ebene des Imaginären – produzieren, sondern dies erst über den Umweg der Ersetzung von Signifikanten durch andere Signifikanten (zum Beispiel ›Frau‹ über ›Gefühl‹, ›Mann‹ über ›Stärke‹) vermögen. Ähnlich wie Freud es in seiner Traumanalyse unter der Überschrift der ›Verdichtung‹ aufgezeigt hat, verdichten sich hier die Zeichenformen, sie schieben sich ineinander, eine Verdichtung, in der die Spannung zwischen Substituiertem und Substitut gleichwohl erhalten bleibt. Die Frage lautet dann: Welche Signifikanten schieben sich in einer Kultur in dieser Weise ineinander, ersetzen sich partiell, um bestimmte Be- Metapher deutungseffekte und damit Subjektverständnisse zu erzielen? Metonymie und Metapher weisen bei Lacan auf Prozesse eines Verweisungszusammenhangs des Symbolischen hin, die das Symbolische, die Subjektidentifizierungen sowie Objektbesetzungen und damit die Richtung des subjektiven Begehrens instabil machen.

das Reale

Das dritte Register, welches das Subjekt in der Lacan'schen Psychoanalyse neben dem Symbolischen und dem Imaginären kreuzt, ist das Reale. Die Frage, was das Reale sei, verfängt den Fragenden in ein Paradox: Über das Reale lässt sich in der Sprache nichts Treffendes sagen, sonst wäre man bereits wieder im Symbolischen angelangt, würde das, über das man nichts sagen kann, erneut in ein verfehltes Klassifikationsraster zwängen. Das Reale ist für Lacan nicht etwa die ›Realität‹ – Realitäten im Sinne dessen, was für wahr gehalten wird, machen für Lacan nur Sinn in Relation zu spezifischen symbolischen Ordnungen. Gemeint ist vielmehr das psychophysisch Reale, das im Subjekt wirkt, ob dieses es will oder nicht: das Widerständige und Deplatzierte, sowohl in den Regungen des Körpers als auch in inneren, mentalen Vorgängen (wiederkehrende Träume, Halluzinationen etc.). Das Reale ist niemals unmittelbar zugänglich, sondern äußert sich in dem, was Freud die ›Symptome‹ nennt, die unter Umständen auch einen traumatischen Charakter erhalten können. Das Reale ist damit als jene psychophysische Struktur des Subjekts zu verstehen, die immer nur in ihren unerwünschten Äußerungen greifbar wird. Dieses Reale existiert jedoch gerade nicht ›vor‹ jeder symbolisch-imaginären Ordnung, sondern stellt sich als ein unintendiertes, verqueres Produkt derselben dar. Dadurch, dass sich das Subjekt in bestimmten symbolisch-imaginären Ordnungen modelliert, ergibt sich ein bestimmter Rest, ein Reales, das diese Ordnungen faktisch hervorbringen, aber nicht hervorbringen wollten: Das Ziel war das perfekt eingefügte Subjekt, das Ergebnis ist ein Subjekt mit einem spezifischen psychophysischen Realen. Dieses jeweilige Reale lässt sich für den Einzelnen herausarbeiten – die Ambition der psychoanalytischen Diagnose –, aber auch für die Subjektformen einer Kultur. Diese bringt gewissermaßen ihre kulturspezifischen Symptome (zum Beispiel ›Anorexia nervosa‹ oder anderes Suchtverhalten), ihre typischen psychophysischen Widerständigkeiten hervor. Nur auf den ersten Blick verblüffend ist, dass Lacan die Symptome des Realen auf der Ebene des Subjekts nicht an einfaches Leiden, sondern an eine spezifische Form des ›Genießens‹ (französisch: ›jouissance‹) koppelt. Symptome stellen sich als Bewältigungsformen des Realen dar und als solche sind sie regelmäßig mit einer ›Mehr-Lust‹ verbunden, einem Mehr an Lust, das mit Schmerz verbunden ist und das Lacan als ein transgressives Genießen umschreibt. Im Unterschied zum bloßen Lustempfinden, dem Vergnügen (französisch: ›plaisir‹), welches sich das Subjekt durch sein im Rahmen der symbolischen Ordnungen gelenktes Begehren verspricht und das daher immer moderiert bleibt, ist der starke Affekt der ›jouissance‹ nur im Überschreiten der symbolisch-imaginären Ordnungen, somit in den unerlaubten Symptomen des Realen zu haben.

Weiterentwicklungen

Jacques Lacans Psychoanalyse ist seit der zweiten Hälfte der 1970er Jahre wiederholt im weiteren kulturwissenschaftlichen Kontext angewandt und fortentwickelt worden. Die interessantesten Weiterentwicklungen finden sich bislang zum einen in den Arbeiten von Slavoj Žižek (geb. 1949), zum anderen in den insbesondere feministisch orientierten ›film studies‹. Žižek (vgl. 1989, 1999, 1999a), der zunächst vom Marxismus beeinflusst ist, greift auf Lacans psychoanalytisches Vokabular zurück, um die Widersprüchlichkeiten des psychisch-kulturellen Überbaus/Unterbaus der zeitgenössischen kapitalistischen Gesellschaft, vor allem auf der Ebene ihrer Populärkultur, herauszuarbeiten. In grundsätzlichen subjektphilosophischen

Überlegungen geht Žižek auf Distanz zu jener Version des Poststrukturalismus, wie er sich im Gefolge von Foucault und Derrida entwickelt hat: Er kritisiert, dass das Subjekt aus dieser Perspektive vollständig in seiner kulturellen Subjektivation aufgelöst wird.

Slavoj Žižek

Žižek macht dagegen mit Lacan geltend, dass diese Subjektivierungsprozesse niemals ohne ›Rest‹ verlaufen, jener Rest, der sich mit Lacan als das Reale umschreiben lässt. Das Subjekt in einem engeren, post-cartesianischen Sinne ist dann genau dieser Rest, der leere Punkt der Negativität, die ›reale‹ Opposition gegen das Symbolisch-Imaginäre und seine Subjektivationsverheißungen sowie -zumutungen. Žižeks Analysen zeitgenössischer Populärkultur – der Konsumtion, des Films, der Massenmedien, der Politik etc. – zielen darauf ab, die Funktionsweisen dieser symbolisch-imaginären Ordnungen, die er auch an den Begriff der ›Ideologien‹ koppelt, in der Produktion von ›Fantasmagorien‹ – der Selbstgenügsamkeit einer Geschlechterposition, des individualistischen Hedonismus, der rassistischen Abwertung des Anderen etc. – herauszuarbeiten und zugleich zu zeigen, wie die Befriedigungs- und Vollständigkeitsansprüche dieser Fantasmagorien scheitern.

Film Studies

Auch die kulturwissenschaftlichen ›film studies‹ sind seit den 1970er Jahren stark von Lacans Psychoanalyse beeinflusst (vgl. als Überblick Chaudhuri 2006) und interessieren sich im besonderen Maße für die Repräsentation von Geschlechterdifferenzen im Film. Lacan erscheint in diesem Kontext als eine wichtige Inspirationsquelle. Beispielhaft scheinen hier die Arbeiten von Laura Mulvey und Kaja Silverman: Mulvey schließt in ihrem sehr intensiv rezipierten Artikel »Visual Pleasure and Narrative Cinema« (1975) an Lacans Modell der Identifizierung aus dem »Spiegelstadium« an. Zentral scheint hier, dass für Lacan der Blick, die Betrachtung einer visuellen Repräsentation eine imaginäre Subjekt-Einheit produziert, die zum Objekt des Begehrens wird. Damit wird ein spezifischer Blickwinkel auf die zeitgenössische Kultur der Visualität, insbesondere im Film, möglich, die sich als Repräsentations- und Produktionsfläche populärkulturell relevanter Ideal-Ichs und begehrenswerter Objekte interpretieren lässt. Mulvey wendet diese Grundidee auf die dualistische Geschlechterdifferenz an: Für sie ist der zeitgenössische Film ein Trainingsfeld für das, was Freud ›Skopophilie‹, die Lust am Schauen, nennt. Aber die dominante Subjektposition des Betrachters ist durch das Genre des Hollywood-Films auf eine männliche festgelegt. Das männliche Subjekt kann sich narzisstisch in Form von Identifizierungen auf die Ideal-Ichs der visuell repräsentierten Männlichkeit, sein Begehren gleichzeitig auf weibliche Subjekte als Objekte richten. Durchgängig erscheinen Frauen hier im Status eines ›being looked at-ness‹, als Objekt des Blicks eines männlichen Betrachters. Die herrschende Ordnung der Visualität scheint damit eine asymmetrische Geschlechterdifferenz zu zementieren. Kaja Silvermans filmanalytische Arbeiten gehen über Mulvey hinaus. Auch sie lehnt sich an Lacan an, versucht jedoch herauszuarbeiten, wie der zeitgenössische Film zwar versucht, seine ›jubilatorischen Spiegelbilder‹ zu produzieren, wie ihm dies – gerade auch in Bezug auf männliche Subjektivität – zugleich aber regelmäßig misslingt. Große Teile des zeitgenössischen Kinos versuchen zwar das männliche Subjekt als mangellos und das weibliche als mangelhaft zu repräsentieren. Aber es handelt sich hier um mehr oder minder subtile Versuche, die – mit Lacan vorauszusetzende – Mangelhaftigkeit auch der männlichen Subjektposition zu überdecken, eine Mangelhaftigkeit maskuliner Identifizierungen und Objektbesetzungen, die – wie Silverman etwa in »Male Subjectivities at the Margins« (1992) herausarbeitet – immer wieder nach Ausdrucksformen sucht. Lacans Psychoanalyse wird damit in ein Sensorium für die Analyse der Verdeckung und des Ausdrucks von subjektiven Mangelhaftigkeiten überführt.

4. Ernesto Laclau: Kulturelle Hegemonien, Überdeterminationen und das konstitutive Außen

Marx und Derrida

Während Lacan der Subjektanalyse durch die Kombination von Psychoanalyse und (post-)strukturalistischer Sprachtheorie einen Impuls gibt, verknüpft Ernesto Laclau (1935–2014) die marxistische Hegemonietheorie mit der Derrida'schen Dekonstruktion.[11] Marx und Derrida scheinen zunächst ein ›odd couple‹ zu bilden und der Beitrag beider zu einer kulturwissenschaftlichen Subjektanalyse wirkt auf den ersten Blick begrenzt. Ernesto Laclau nimmt dies ganz anders wahr: Ihn interessiert nicht der ökonomistische Marx, vielmehr entnimmt er aus der Marx'schen Erbmasse das Konzept der kulturellen Hegemonie. Subjektpositionen werden dann als bevorzugte Gegenstände von kulturellen Hegemonien und von Konflikten um Hegemonien in modernen Gesellschaften sichtbar. Laclau kreuzt dieses Hegemoniekonzept mit dem poststrukturalistischen Begriffsarsenal Derridas: Dessen ›Dekonstruktion‹ wird von Laclau nicht als eine reine literaturwissenschaftliche Lektürestrategie verstanden, sondern als eine kulturtheoretische Grundbegrifflichkeit, welche die systematische Selbstdestabilisierung kultureller Gebilde unter die Lupe nimmt. Kulturmarxismus und Dekonstruktion können in Laclaus Vokabular einander gegenseitig befruchten: Der Kulturmarxismus der Hegemonien ›erdet‹ die Dekonstruktion, indem er sie auf gesellschaftliche Konflikte bezieht; die Dekonstruktion sensibilisiert die Hegemonieanalyse für die immanenten Widersprüche und Mehrdeutigkeiten kultureller Dominanzen.

Ernesto Laclaus Ausgangspunkt ist nicht die materiale Sozial- oder Kulturanalyse, sondern dezidiert die ›Theorie‹, wie er sie vor allem in der (gemeinsam mit Chantal Mouffe entstandenen) Monografie »Hegemonie und radikale Demokratie« (1985), aber auch in »New

Reflections on the Revolution of our Time« (1990) und »Emancipation(s)« (1996) betreibt. Er setzt zunächst an der innermarxistischen Debatte um Gesellschaftstheorie und Politische Philosophie an, um dann mit Hilfe von Derrida und anderen Poststrukturalisten (zunehmend auch von Lacan) Terrain für eine Theorie kultureller Konflikte und Hegemonien, schließlich auch für den Raum des Politischen innerhalb dieser zu gewinnen. Das Marx'sche Erbe bewahrt Laclau jedoch vor der reinen Theorie: Immer wieder geht es exemplarisch um reale gesellschaftlich-politische Konflikte der Vergangenheit und Gegenwart (ob aus der Sowjetunion der 1920er oder dem Argentinien der 1960er Jahre), die mit Hilfe dieses kulturwissenschaftlichen Vokabulars unter die Lupe genommen werden, und immer wieder wird der Übergang von der Kultur- und Gesellschaftsanalyse zu einer praxisorientierten Theorie politischen Handelns angedeutet.

Hegemonie

Die Grundelemente von Laclaus Theorie eröffnen eine in zweierlei Hinsicht spezifische Perspektive auf die kulturelle Modellierung von Subjektpositionen: Laclau ist zum einen misstrauisch gegenüber verbreiteten soziologischen Theorien der Pluralisierung. Gegen die liberale Annahme einer Pluralität unterschiedlicher Lebensformen und Subjektpositionen innerhalb der Moderne, die nebeneinander existieren, will er die kulturwissenschaftliche Analyse für Konstellationen der Hegemonie sensibilisieren. Hinter dem Anschein pluraler Lebensformen existieren auch unter modernen Bedingungen immer wieder dominante, gesamtgesellschaftlich verbindliche Festlegungen dessen, was eine legitime Identität sein kann. Diese Hegemonien arbeiten nicht nur mit Macht- und Zwangseffekten, sondern auch mit der Attraktivität der hegemonialen Positionen: Hegemonie ist, was einer Mehrheit als erstrebenswert suggeriert wird und damit den Status der kulturellen Alternativlosigkeit gewinnt. Anders als die klassische marxistische Tradition annimmt, verlaufen Macht und

Ungleichheit damit nicht nur und nicht primär auf der Ebene einer sozialen Ungleichheit im engeren Sinne, d. h. einer Ungleichheit in der Verteilung von Ressourcen, sondern bereits auf einer grundlegenderen Ebene diskursiver Hegemonien, die beeinflussen, welche Subjektpositionen und soziale Praktiken in einer Gesellschaft als erstrebenswert und alternativlos erscheinen.

Allerdings sind solche kulturellen Hegemonien grundsätzlich als instabile, in sich widersprüchliche Gebilde zu analysieren. Laclau wendet sich damit gegen Theorien hyperstabiler kultureller Dominanz, wie sie etwa in den Thesen zum ›Verblendungszusammenhang‹ in der frühen Frankfurter Schule angedeutet werden. Gerade die poststrukturalistischen Konzepte Derridas können nun – sozialtheoretisch verbreitert – ein Sensorium für die Selbstdestabilisierungen kultureller Hegemonien liefern. Die Leitfrage, zu der Laclau die Subjektanalyse motiviert, ist damit immer eine doppelte: Über welche Mittel werden Subjektpositionen in einer bestimmten historischen Phase in einem bestimmten kulturellen Kontext hegemonialisiert? Und über welche Wege werden diese Hegemonien wiederum unterwandert?

Antonio Gramsci

Es ist zunächst das Konzept der Hegemonie von Antonio Gramsci, das Laclau einen Aufbruch des ökonomistischen Marxismus ›von innen‹ ermöglicht. Laclau verabschiedet den Marx des Basis-Überbau-Schemas und einer teleologischen Geschichtsphilosophie. Stattdessen lehnt er sich an die Marx'sche Grundintuition eines basalen Konflikt- und Kampfcharakters der modernen Gesellschaft, der offenen, unabgeschlossenen Auseinandersetzung um eine Fundierung der Gesellschaftsordnung, die nur temporär und instabil stillgestellt werden kann, an. Auf diese Weise wird eine grundsätzliche Gemeinsamkeit des marxistischen und des poststrukturalistischen Denkens deutlich, die sich Laclau zunutze macht: Beide dechiffrieren die Moderne gegen die ›bürgerliche‹ Interpretation nicht als einen Prozess der gesteigerten Rationalität auf festem Fundament, sondern als einen latenten Herrschaftszusammenhang, der hochspezifische politisch-gesellschaftliche Festlegungen – der liberalen Marktgesellschaft oder des rationalen Subjekts – einer Universalisierung unterzieht. Beide machen zugleich systematisch die tatsächliche Fragilität und Widersprüchlichkeit dieser modernen Ordnung sichtbar, in der immer wieder ein Aufbruch der Schließungen erfolgt. Kulturelle Hegemonien werden von Laclau nun, Gramsci folgend, als eine solche treibende Kraft der Stabilisierung und Destabilisierung von Gesellschaftsordnungen interpretiert, die sich weder klassentheoretisch noch ökonomisch-technologisch ableiten lässt. Kulturelle Hegemonien sind nach Gramsci Bewegungen einer ›intellektuellen und moralischen Reform‹, die – verschiedene Klasseninteressen übergreifend – versuchen, eine als attraktiv und plausibel suggerierte Gesellschaftsordnung ›populistisch‹ als alternativlos zu propagieren und zu instituieren (wofür Gramsci der US-amerikanische Fordismus der 1930er Jahre als paradigmatisches zeitgenössisches Beispiel gilt). Sie befinden sich dabei immer in einer ergebnisoffenen Konfliktkonstellation, dringen auf Dominanz und werden in ihrem Dominanzstreben bedrängt.

Um Hegemonien zu begreifen, setzt Laclau jedoch grundbegrifflich mit Saussure, Derrida und Foucault neu an: Der Ausgangsbegriff ist der des Diskurses. Aus Laclaus Perspektive ist das, was die moderne Sozialtheorie das Soziale und die Gesellschaft nennt, nichts anderes als eine Agglomeration von Diskursen. Den Leitbegriff des Diskurses definiert Laclau in einer Kombination von Foucaults Diskursanalyse und Saussures – nun mit Derrida radikalisierter – Semiotik als ein differenzielles Ensemble von Bedeutungssequenzen. Als strukturelle Totalität stellt ein Diskurs ein spezifisches System von Differenzen dar, die eine diskursspezifische Ordnung der Dinge

Diskursbegriff

produzieren. In Laclaus Diskursbegriff – der sich hier von Foucaults asemiotischer, auf dem Begriff der Aussage aufbauender Diskurstheorie unterscheidet – gehen Differenzen den Identitäten voraus. Dies gilt auch und vor allem für die Identitäten von Subjekten.

Laclau fasst den Begriff des Diskurses bewusst weit und zielt darauf ab, die – von Foucault bekannte – Unterscheidung zwischen diskursiven und nicht-diskursiven Praktiken zu unterlaufen. Sämtliche sozial-kulturellen Praktiken lassen sich ausnahmslos als Bestandteile von Diskursen begreifen. Der Diskurs ist hier keine spezifische Weise des Redens und Schreibens, sondern bezeichnet den relationalen Sinnzusammenhang, der sich in mündlicher Kommunikation oder schriftlichen Texten genauso manifestiert wie in Praktiken des Umgangs mit Objekten – etwa der Industrie – oder in ›schweigsamen‹ institutionellen Komplexen. Die Aufhebung der kategorialen Unterscheidung zwischen ›Diskurs‹ und ›Praxis‹ ist für Laclau ein Mittel, um die Differenz von Basis und Überbau, von Struktur und Kultur zu dekonstruieren: Auch die scheinbar vorkulturelle gesellschaftliche Struktur, etwa von Produktionsverhältnissen und Produktivkräften, und auch die Ökonomie stellen sich damit als von Anfang an durch sinnhafte Differenzensysteme konstituiert dar, vor deren Hintergrund etwa Praktiken des Tausches, des Eigentums, der Arbeit oder der Technik erst Sinn machen.

Artikulation von Diskursen

Die Diskurse, aus denen sich das Soziale einer Gesellschaft zusammensetzt, sind nur auf den ersten Blick fixierte strukturelle Totalitäten, deren Systeme von Differenzen eindeutig sind. Nur wenn man sie aus der künstlichen synchronen Perspektive als ein praxis- und zeitenthobenes Tableau betrachtet, können sie als fixe Unterscheidungssysteme erscheinen, in denen einzelne Signifikanten und einzelne Signifikate eindeutig aneinander gekoppelt und die Relationen zwischen den Signifikanten und die zwischen den Signifikaten ebenso eindeutig sind. Diskurse existieren immer in dem, was Laclau ihre ›Artikulation‹ nennt, sie existieren in der Praxis ihrer Artikuliertheit: »[A]rticulation is a practice, and not the name of a *given* relational concept.« (1985: 93) Laclau schließt hier an die Verzeitlichung von Bedeutungssystemen als Signifikationssequenzen an, die Derrida (1967, 1972) in seiner poststrukturalistischen Kritik am Strukturalismus, insbesondere im Rahmen seiner Konzepte der ›différance‹ und der ›Schrift‹ betreibt. Statt eine zeitenthobene Existenz von Differenzen zu postulieren, wird deutlich, dass Differenzen fortwährend in der zeitlichen Sequenz produziert werden und dabei zumindest in gewissem Umfang ihren Sinn verschieben. Die Anwendung der Differenz in einem neuen Kontext lässt die Signifikate möglicherweise nicht unberührt, sie ist mehr als nur eine Anwendung, sie vermag Polysemien, d. h. Mehrdeutigkeiten, zu produzieren und die Differenzen selbst zu modifizieren: Es gibt keinen Kontext, der vollständig den möglichen Sinn eines Zeichens determiniert. Derrida fasst diesen Zusammenhang von Reproduktion und Neuproduktion von Sinn, der ein Element des Unkontrollierbaren in die Struktur des Sozialen transportiert, unter dem Begriff der ›Iterabilität‹ (von lateinisch ›iter‹: von Neuem) zusammen. Laclau schließt hier an: Einerseits findet immer eine gewisse Sedimentierung des Sozialen und des Sinns statt, eine Bedeutungsroutinisierung von Diskursen, andererseits an bestimmten Punkten ein Aufbrechen dieser Sinnordnungen, dem nicht der Charakter der dramatischen Abweichung, sondern der Normalität von Bedeutungsüberschüssen zukommt. Subjektpositionen besitzen damit keine natürliche Fixierung, sondern sind in ihrer im weitesten Sinne diskursiven (Re-)Produktion potenziell ständigen Bedeutungsverschiebungen unterworfen.

Ein heuristisches Konzept, das für Laclau diese Implantierung von Mehrdeutigkeiten als Kehrseite der kulturellen Stabilisierung

Überdetermination

von Subjektpositionen umschreibt, ist das der ›Überdetermination‹. Laclau entnimmt es den Arbeiten Althussers und greift am Ende auf jene Arbeiten Freuds zurück, in denen der Begriff der Überdetermination eingeführt wird (Freud 1999: 289, 575): In der Freud'schen Traumanalyse stellen sich Traumfiguren regelmäßig in dem Sinne als überdeterminiert dar, dass sich in ihnen Eigenschaften verschiedener realer Personen, die dem Träumenden bekannt sind, kombinieren. Die Traumfigur ist gewissermaßen das multikausale Produkt unterschiedlicher Einflussfaktoren, welche alle diese Figur in die gleiche Richtung treiben und in ihr in Form einer Kondensierung präsent sind. Gleichzeitig implantiert jedoch gerade diese Überdetermination in die Traumfigur eine Mehrdeutigkeit: Dadurch, dass sich verschiedene Bedeutungsträger in ihr kreuzen, ist sie selber polysemisch, in ihrer Bedeutung changierend – sie ist zugleich in ihrem Sinn *unter*determiniert. Von der Traum- auf die Diskurs- und Subjektanalyse übertragen, bedeutet eine Konstellation der Überdetermination damit, dass eine Subjektposition ihre Identität und Stabilität dadurch erhält, dass sich verschiedene Unterscheidungssequenzen oder Register in ihr kreuzen. Die Stabilität der Überdetermination ist aber zugleich eine potenzielle Instabilität der Unterdetermination. In der Überdetermination erfährt eine Subjektposition eine Stabilisierung ebenso wie eine Destabilisierung.

Laclau nutzt das Konzept der Überdetermination, um die Hegemonialisierung von Subjektpositionen fassbar zu machen, die damit zugleich bereits von Anfang an eine Brüchigkeit enthält. Keineswegs sei davon auszugehen, dass in sich abgeschlossene Differenzensysteme jeweils ihre eigene, autarke Subjektposition produzieren würden, Subjektpositionen, die dann säuberlich separiert und voneinander ungestört nebeneinander existierten. Vielmehr stellen sich die Identitätsmuster unter modernen Bedingungen regelmäßig als Überlagerungen mehrerer Signifikationssequenzen dar, die sich in ihr gegenseitig verstärken *und* jeden eindeutigen Sinn destabilisieren. Tatsächlich ist davon auszugehen, dass in der Gesellschaft auf einer ersten Ebene eine ›Dispersion‹, d.h. Ver- und Zerstreuung verschiedenster Subjektpositionen existiert; das heißt aber nicht, dass diese überschneidungsfrei nebeneinander existieren müssen. Vielmehr ist mit Laclau zu fragen: An welcher Stelle sind kulturelle Überdeterminationen der ›gleichen‹ (aber eben auch nicht völlig gleichen) Subjektform aus unterschiedlichen kulturellen Kontexten zu beobachten? Und welche Polysemien produzieren diese Überdeterminationen? Dann kann sich beispielsweise herausstellen, dass die Subjektposition ›Frau‹ im 19. Jahrhundert in sehr unterschiedlichen diskursiven Kontexten wie denen der Religion, der Medizin, der Politik etc. in ähnlicher Weise auf ein Element in einem Dualismus von Geschlechtscharakteren festgelegt wird. Zugleich aber sind diese diversen diskursiven Kontexte auch für die immanente Mehrdeutigkeit der zeitgenössischen weiblichen Subjektposition verantwortlich.

hegemoniale Projekte

Für Laclau muss die Kultur- und Subjektanalyse damit immer für die gleichzeitige Präsenz beider Momente sensibel bleiben: dafür, dass das Feld des Diskursiven und seiner Subjektpositionen in seiner Grundstruktur grundsätzlich instabil und polysemisch bleibt und dass zugleich diese kulturellen Instabilitäten regelmäßig versuchsweise in Schach gehalten werden. Genau hier setzt das Konzept der Hegemonie ein. Es sind die ›hegemonialen Projekte‹, die regelmäßig im Feld des Sozialen versuchen, Sinn – und vor allem die Identität von Subjektpositionen – stillzustellen, nur einen bestimmten Sinn als den einzig möglichen zu präsentieren. Diese Hegemonien erweisen sich in der Laclau'schen kulturwissenschaftlichen Analytik als stabil und als sich selbst destabilisierend zugleich: Sie beruhen notwendigerweise auf sozialen Antagonismen zu einem verworfenen Außen, das zugleich jedoch die Identität des ›universalen Horizonts‹ der Hegemonie beständig zu unterminieren droht. ›Hegemonie‹, ›universaler Horizont‹, ›Antagonismus‹ und ›konstitutives Außen‹ sind die wichtigsten heuristischen Kategorien, die sich in Laclaus Analysebaukasten finden:

ideologischer Charakter

Gramscis Konzept der Hegemonie wird von Laclau diskurs- und differenztheoretisch reformuliert. Eine kulturelle Hegemonie wird sichtbar, wenn es einem Diskurs gelingt, sich zumindest vorübergehend als universal und alternativlos zu präsentieren und zu instituieren. Kulturelle Hegemonien verarbeiten notwendigerweise partikulare, d. h. historisch-regional spezifische Differenzsysteme und Subjektpositionen, aber sie präsentieren diese über spezifische rhetorische Strategien als einen universalen Horizont, sie betreiben eine erfolgreiche Universalisierungsstrategie, indem sie das Besondere als das Allgemeingültige ausgeben, etwa eine historisch spezifische Definition der Frau als die Natur der Frau. Diese Universalisierung und Hegemonialisierung beruht nicht allein auf Zwang, sondern muss bestimmte Identitäten als erstrebenswert und attraktiv vermitteln, sie muss damit auch klassenübergreifend – gewissermaßen ›populistisch‹ – ausgerichtet sein, um sich installieren zu können. Hegemonien sind also keine Ideologien im klassischen marxistischen Sinne, in dem sie sich auf den Ausdruck von Klasseninteressen reduzieren ließen, sondern sie liefern selbst den Sinnhintergrund für die Definition von gesellschaftlich legitim erscheinenden Akteursinteressen. Gleichzeitig reserviert Laclau für die Hegemonien in einem neuen, erweiterten Sinne den Begriff des Ideologischen: Ihr ideologischer Charakter besteht darin, dass sie partikularen Ursprungs sind und sich gleichwohl als universal präsentieren, dass sie damit den offenen, unentscheidbaren kulturellen Horizont vorübergehend schließen. Die moderne Gesellschaft hat verschiedenste hegemoniale Projekte hervorgebracht, die versucht haben, gesamtgesellschaftlich bestimmte Subjektpositionen verbindlich und erstrebenswert zugleich zu machen: das Projekt einer bürgerlichen Gesellschaft und Kultur, das fordistische Projekt einer wohlfahrtsstaatlichen Massendemokratie, den Faschismus, den Staatssozialismus, schließlich die Vision des Neoliberalismus. Durchgängig arbeiten die Hegemonien mit dem, was Laclau als ›leere Signifikanten‹ umschreibt: Im Zentrum dieser Diskurse stehen Signifikanten wie Zivilisation, Freiheit, Gerechtigkeit, Nation, Selbstverantwortung etc., die chronisch unterbestimmt durch ein fixes Signifikat sind und denen es gerade dadurch gelingt, einen ›Knotenpunkt‹ für eine imaginäre Einheit des Diskurses zu liefern – und damit dem Diskurs den Schein einer Fundierung zu verleihen.

konstitutives Außen

Wie gelingt den hegemonialen Diskursen diese relative Stabilisierung? Zentral ist für Laclau hier die Struktur eines sozialen Antagonismus: Ein hegemonialer Diskurs gewinnt seine Identität erst über die Abgrenzung von einem Außen, über den Weg der Verwerfung eines radikal Anderen (insbesondere der Verwerfung einer radikal anderen Form von Subjektivität), der damit zum paradoxen ›konstitutiven Außen‹ avanciert. Dass Identitäten sich erst über Differenzen konstituieren, ist ein semiotischer Gemeinplatz und bezeichnet eine Konstellation, die bereits für die Binnenverhältnisse Laclau'scher Diskurse gilt. Im Falle des Außen, im Falle des verworfenen Anderen eines hegemonialen Diskurses handelt es sich jedoch für Laclau um mehr als eine weitere Differenz. Stattdessen gilt es, zwischen einer ›Logik der Differenz‹ und einer ›Logik der Äquivalenz‹ zu unterscheiden: Die Logik der Differenz charakterisiert jeglichen Diskurs – ein Diskurs besteht aus einer Vielzahl miteinander verwobener Unterscheidungen. Beispielhaft ist hier etwa das Feld von Interessensgruppen innerhalb einer liberalen Demokratie, in der verschiedenste Differenzen nebeneinander und gegeneinander existieren, sich überschneiden und dabei uneinheitliche Fraktionierungen ergeben (etwa die voneinander unabhängigen Differenzen zwischen Arbeitnehmern und Arbeitgebern, zwischen Frauen und Männern, zwischen Stadt- und Landbewohnern etc.). In dem Moment, in dem die Logik der Äquivalenz dominant wird, sieht sich diese Vielzahl von Unterscheidungen durch eine übergreifende, notwendig simplifizierende Identifizierung überformt: Diese Identifizierung kann nur durch die Konstruktion eines Außen, eines radikal Anderen gelingen, im Verhältnis, zu dem sich die Vielzahl einander überschneidender Differenzen zu einer übergreifenden Identität vereinheitlichen lässt, in der sie alle einander äquivalent erscheinen. So lassen sich beispielsweise die genannten Differenzen zwischen Arbeitnehmern/Arbeitgebern, Frauen/Männern etc. über eine Identifizierung einer ›Nation‹ oder ›Zivilisation‹ und durch eine Abgrenzung vom grundsätzlichen Außen des Barbarischen, des Fremden etc. aufheben.

Antagonismus-Begriff

Kulturelle Hegemonien von Subjektpositionen beruhen nun grundsätzlich auf einer Logik der Äquivalenz und auf der Institutierung eines sozialen Antagonismus zu einem verworfenen, im radikalen Sinne ›anderen‹ Außen. Mit dem Begriff des Antagonismus nimmt Laclau ein konflikttheoretisches, agonales Moment auf, wie es für die Marx'sche Tradition kennzeichnend ist. Bei Laclau wird der Antagonismus-Begriff jedoch nicht auf einen Machtkampf zwischen sozialen Gruppen oder Individuen bezogen und auch nicht als ein quasi-logischer Widerspruch innerhalb einer gesellschaftlichen Struktur gedacht, sondern einer diskurs- und differenztheoretischen Reformulierung unterzogen: Der Antagonismus ist sinnhaft konstituiert, in ihm wird eine Grenze markiert zwischen dem, was legitimerweise innerhalb der intelligiblen Sphäre der Gesellschaft und ihrer akzeptablen Identitäten verläuft, und dem, was als bedrohliches, inakzeptables und kaum begreifbares Anderes außerhalb der Grenzen der Gesellschaft, als »negation of a given order« (1985: 126) situiert wird. Eine solche Grenzziehung ist kein zufälliger Zustand, sondern den Universalisierungsprojekten der Hegemonien inhärent: Universalisierungen sind paradoxerweise auf ein Anderes jenseits der Universalität angewiesen, gegen das sie ankämpfen. In diesem Sinne handelt es sich beim genannten kulturellen Außen um ein ›konstitutives Außen‹ – wiederum ein Konzept aus dem Arsenal des Derrida'schen Denkens –, um ein Außen, das die Identität und Stabilität des Innen garantiert, es damit konstituiert.

Stabilisierung und Destabilisierung

Diese Garantie aber ist nur scheinbar und äußerst prekär. Indem die diskursive Hegemonie sich ein radikal Anderes – etwa die dominante Subjektposition ein radikal anderes, verworfenes Subjekt – in ihr Außen projiziert, unterminiert sie ihre eigene Universalität: Der hegemoniale Diskurs beansprucht Allgemeingültigkeit und demonstriert durch das sinnhafte Präsenthalten eines Außen, das sich nicht in die universale Ordnung fügt, seine eigene Kontingenz und Partikularität. Angesichts des grundsätzlichen Potenzials der Polysemie und des Bedeutungsüberschusses von Sinnelementen kann dieses sinnhaft präsent gehaltene Außen damit zu einer Quelle unberechenbarer Signifikationseffekte werden, welche die Grenze zwischen Innen und Außen instabil werden lassen. Im Extrem kann das verworfene Andere selbst zu einer Quelle von Faszination und Attraktivität werden, es kann in seiner Valenz ›umkippen‹. Die Sinngrenze zwischen der bürgerlichen Zivilisiertheit und dem ›Barbarischen‹ sowie dem ›Populären‹ etwa kann in eine Attraktivität des ›Exotischen‹ oder des ›Informellen‹ umkippen, die sozialistische Abgrenzung von ›asozialen‹, individualistischen Elementen kann diese selbst attraktiv erscheinen lassen, die Abgrenzung einer herrschenden heterosexuellen Maskulinität vom Anderen der latent bedrohlichen Weiblichkeit und von jenem der ›perversen‹ Homosexualität kann etwa im Feminismus oder in der Schwulenbewegung in eine positive Umwertung des Verworfenen verwandelt werden. Indem der Antagonismus, auf dem die Universalität von Hegemonien beruht, diese zugleich unterminiert, erlangt das Konzept des konstitutiven Außen eine zweite Bedeutung: Das Außen wirkt gegenüber dem Innen der dominanten kulturellen Ordnung sowohl positiv als auch negativ konstitutiv, es ist zugleich Bedingung der Möglichkeit der Hegemonie *und* Bedingung ihrer Unmöglichkeit als alternativloser, totalisierender Horizont. Es bewirkt in letzterer Hinsicht das, was Laclau als destabilisierende ›Dislokation‹ von Diskursen und Identitäten umschreibt: »[E]very identity is dislocated insofar as it depends on an outside which both denies that identity and provides the condition of possibility at the same time.« (Laclau 1990: 39) Die Gesellschaft als kulturell geschlossene, vollständig integrierte und konsensuale Entität mit fixen Identitäten ist damit für Laclau ein Ding der Unmöglichkeit. Die kulturwissenschaftliche Analysestrategie Laclaus versucht mit Konzepten wie dem des konstitutiven Außen oder der Überdetermination genau diese kulturelle Logik von Schließung und Öffnung von Subjektpositionen zu dechiffrieren.

Politisierung von Subjektpositionen

Paradoxerweise bricht damit gerade in jener Konstellation, in der versucht wird, den diskursiven Horizont zu schließen, regelmäßig das aus, was die Hegemonien zu verhindern versuchen: eine Politisierung von Subjektpositionen. Für Laclau ist ›Politik‹ ein zentraler Begriff der Gesellschafts- und Kulturtheorie, der jedoch nun etwas ganz anderes bezeichnet als gesellschaftliche Steuerung von Seiten eines institutionell abgrenzbaren politischen Systems. Das Politische ist vielmehr eine Konstellation, in der die Unentscheidbarkeit, die Kontingenz von Diskursen und damit von Lebensweisen sichtbar wird.

Für Laclau fällt damit Kultur- und Subjektanalyse am Ende mit Politischer Theorie zusammen: Wenn das Feld des Diskursiven jegliches Feld der Sinnkonstitution bildet, dann ist diese Agglomeration von Diskursen nicht mit jener Sphäre der scheinbar selbstverständlichen kulturellen Sedimentierungen identisch, die Laclau auch das ›Soziale‹ in einem engeren Sinne nennt. Vielmehr kippt an bestimmten Punkten diese scheinbar alternativlose Sedimentierung des Sozialen, des Konsensualen und kollektiv Geltenden in das um, was es eigentlich immer schon gewesen ist: das Politische. Die Festlegungen von Sinn und Identität, vor allem in hegemonialen Projekten, erweisen sich hier tatsächlich als Ergebnisse kontingenter Entscheidungen, die immer auch anders ausfallen könnten. Das Politische taucht damit in Prozessen der Politisierung von Subjektformen – etwa in kulturellen Gegenbewegungen – auf, in denen die Kontingenz gesellschaftlicher Sinnfixierungen von Identität aufgedeckt und mit Alternativen konfrontiert wird.

Laclau und Lacan

Die Konzeptualisierung dieses Subjekts erfährt in Laclaus späteren Arbeiten, vor allem in »New Reflections on the Revolution of our Time«, eine Präzisierung, die als Erweiterung und Revision zugleich gelesen werden kann. Diese Präzisierung erfolgt im Zuge einer Rezeption von Lacans psychoanalytischer Subjekttheorie, wie sie vor allem durch eine Kritik von Slavoj Žižek (1989) an Laclau vermittelt ist – eine Kritik, die Laclau positiv aufnimmt. So wie Lacan nimmt Laclau nun an, dass es subjektive Elemente ›jenseits‹ der kulturellen Subjektpositionen gibt. Diese Psyche ist von vornherein instabil: Sie besteht aus einem Mangel, einem Wunsch nach Komplettierung, der in der Unterwerfung unter symbolische Ordnungen – d. h. unter Laclau'sche Diskurse, insbesondere hegemoniale Projekte – nach Befriedigung sucht. Das Stillen des primordialen Mangels – dessen, was Lacan das Aufscheinen eines ›Realen‹ jenseits der imaginären oder symbolischen Ordnung nennt – kann jedoch grundsätzlich niemals gelingen. In der Währung des Symbolischen, der kulturellen Identitätsverheißungen, lässt sich die Erlösung von der psychischen Komplettierungshoffnung niemals bezahlen, es gibt kein Signifikant, das den psychischen Mangel aufzufüllen oder nur zu repräsentieren vermag.

Aus dieser Perspektive ergibt sich eine verschobene Sicht auf die hegemonialen Diskurse, die ihre Wirkung auf Psyche und Affektivität betont: Die Hegemonien stellen sich als kulturelle Versuche dar, die Identitätshoffnungen des Subjekts zu befriedigen, sie stülpen ihm nicht nur gesellschaftliche Subjektivationszumutungen über, sondern erweisen sich als attraktive, psychisch positiv aufgeladene, am Ende libidinös besetzte Projektionsflächen von Subjekten, als eine Serie ›ideologischer Fantasien‹ (Žižek), von Formen eines mythischen ›sozialen Imaginären‹. Umgekehrt wird nun deutlich, dass die antagonistische Abgrenzung von einem Anderen außerhalb der diskursiven Ordnung nicht affektiv neutral, sondern mit Ausschlussfantasien – bis hin zu Vernichtungsfantasien – verknüpft ist, da dieses Andere die Komplettierung der eigenen geschlossenen Identität zu bedrohen scheint.

notwendiges Scheitern

Nicht nur aufgrund der Mechanismen der Überdetermination und des konstitutiven Außen, sondern auch aufgrund der prinzipiellen Gespaltenheit des Subjekts zwischen Realem und Symbolischem (bzw. Imaginärem) stellen sich die hegemonialen Projekte aus Laclaus Perspektive als notwendig zum Scheitern verurteilt dar. Zugleich ergibt sich ein unaufhaltsamer, kulturwissenschaftlich im Detail zu analysierender Kreislauf der immer wieder neuen kulturellen Produktion von attraktiv und komplett erscheinenden Identitätsmustern, die einander ablösen und die nie ihr Ziel erreichen.

5. Judith Butler: Naturalisierungsdiskurse, Performativität und Subversion

Judith Butlers (geb. 1956) Arbeiten sind, einsetzend mit »Das Unbehagen der Geschlechter« (1990), im kulturwissenschaftlichen Diskurs häufig in erster Linie als neuer Schub der ›gender theory‹ rezipiert worden. Anders als der liberale oder psychoanalytische Feminismus der 1970er Jahre macht Butler Ernst mit einer Dekonstruktion fixer Geschlechteridentitäten. Dies betrifft auch die soziale Konstruktion der ›Frau‹ als feministischen Ankerpunkt. Tatsächlich reicht Judith Butlers Anliegen jedoch darüber hinaus: Bereits in »Das Unbehagen der Geschlechter«, mehr noch in späteren Arbeiten wie »Körper von Gewicht« (1993) und »Psyche der Macht« (1997), wird deutlich, dass ihr eigentliches Projekt das einer Reformulierung der philosophischen wie kulturwissenschaftlichen Perspektive auf das Subjekt insgesamt ist. Die ›gender‹-Frage liefert hier ein besonders aufschlussreiches Anwendungsfeld. Dieses grundsätzliche subjektanalytische Interesse deutet sich bereits in Butlers erster, wenig bekannter Monografie »Subjects of Desire« (1987) an, einer Interpretation der Rezeption der Hegel'schen Subjektphilosophie von Seiten der französischen Philosophie der 1940er bis 60er Jahre. Butler entwickelt in den folgenden Arbeiten schrittweise eine kritische Analytik der ›Subjektivation‹, die neben Foucault auch Elemente der Psychoanalyse, der Sprechakttheorie und der Derrida'schen Dekonstruktion verarbeitet. Insbesondere die Entwicklung eines aus der Sprechakttheorie entlehnten Konzepts der ›Performativität‹ gibt Butlers Perspektive ihr spezifisches Profil: Sie begnügt sich nicht damit, festzustellen, dass das Subjekt diskursiv konstituiert ist, sondern lenkt den Blick mikrologisch auf die performative kontinuierliche Selbstarbeit und Selbstpräsentation des Subjekts ›at work‹.

Erkenntnisinteresse

Das leitende Interesse von Butlers Perspektive lautet – hier Laclau ähnlich –, systematisch die Mechanismen kultureller *Destabilisierung* von Subjektidentitäten herauszuarbeiten: Wie funktioniert es, dass scheinbar hyperstabile Identitäten sich doch immer wieder transformieren, fragil werden und zusammenbrechen? In Anlehnung an die Terminologie der ästhetischen Avantgarde-Bewegungen spricht Butler von einer alltäglichen ›Subversion‹ von Subjektformen, deren Bedingungen freizulegen sind. Neben Elementen aus Derridas Dekonstruktion, die sie weiterführt, setzt Butler die Freud'sche und Lacan'sche Psychoanalyse ein. Sowohl die Stabilisierung als auch die Destabilisierung kultureller Identitäten hängen von psychisch-affektuellen Mechanismen ab: der ›leidenschaftlichen Verhaftetheit‹ gegenüber der Norm und der unberechenbaren ›melancholischen Identifizierung‹ entgegen der Norm. Durchgängig behält die Vergeschlechtlichung des westlichen Subjekts bei Butler den Status eines zentralen Anwendungsfeldes des subjekttheoretischen Vokabulars und die feministische Debatte ist ihr Ankerpunkt einer ›politics of subjectivity‹. Die Formung von Subjektivität ist in diesem Sinne nicht nur kulturwissenschaftliches Analyseobjekt, sondern Gegenstand einer fortwährenden politischen Auseinandersetzung um den Aufbruch identitärer Fixierungen, für den die feministischen und darüber hinaus die ›queer‹-Bewegungen seit den 1970er und 80er Jahren das beste Beispiel liefern (vgl. etwa Beemyn/Eliason 1996).

Geschlechterordnung als Angriffspunkt

Die Geschlechterordnung liefert Butler einen willkommenen Angriffspunkt für eine umfassende Subjektanalyse und -kritik. Innerhalb der Subjektordnung der westlichen Moderne ist die Identität eines Geschlechtssubjekts, von Männern und von Frauen, eine scheinbar natürliche und allgemeingültige Voraussetzung jeder Personalität. Dies gilt nicht nur für mittlerweile antiquiert wirkende Diskurse wie den bezüglich dualistischer ›Geschlechtscharaktere‹

im 19. Jahrhundert, sondern auch für die elaborierten feministischen Theorien von Simone de Beauvoir bis Luce Irigaray. Kennzeichnend selbst für den progressiven Geschlechterdiskurs der 1970er und 80er Jahre bleibt die enorm wirkungsmächtige Differenz von ›gender‹ und ›sex‹, wie sie von Gayle Rubin (1975) eingeführt wurde. Geschlecht ist demnach in eine kulturelle und eine natürlich-universale Seite zu dekomponieren: Das, was die Soziologie des ›homo sociologicus‹ geschlechtliche Rollenerwartungen nennt – etwa bezüglich einer Arbeitsteilung zwischen den Geschlechtern –, lässt sich in dieser Perspektive als Produkt sozial-kultureller Zuschreibungen (›gender‹) verstehen. Davon abzusetzen ist eine biologisch festgelegte Differenz von Geschlechtern (›sex‹), die sich aus bestimmten organischen, genetischen, hormonellen etc. Merkmalen des Körpers ergibt. Letztere scheinen vordiskursiv und sie anzuzweifeln absurd. Wer es trotzdem tut, wird – wie Butler selber es passiert ist – besorgt ›beiseite genommen‹: »[V]ielleicht hatte einfach jemand vergessen, mich über ›die Tatsachen des Lebens‹ aufzuklären?« (1993: 14) Selbst die kritische Geschlechterforschung setzt damit hinter dem Rücken ihrer scheinbar progressiven Demonstration kulturell variabler Rollenerwartungen die Fixiertheit eines körperlich-leiblichen Kerns des Geschlechtssubjekts voraus. Hinzu kommt, dass diese körperliche Voraussetzung in einem bestimmten feministischen Kontext – etwa bei Luce Irigaray (1974: 204 ff.) – als Ankerpunkt einer authentischen, unentfremdeten Weiblichkeit normativ aufgeladen wird (ein maskulines Pendant findet sich in der mythopoetischen Männerbewegung der 1980er Jahre).

Subjektivation statt Naturalisierung

Für Butler enthält die ›sex‹/›gender‹-Unterscheidung eine Naturalisierungsstrategie bezüglich der Form des Subjekts, wie dies in anderer Form für die humanistische Präjudizierung eines handlungsfähigen, in diesem Sinne autonom entscheidenden und sich selbst steuernden Selbst mit natürlicher ›agency‹ gilt. Gegen diese Voraussetzungen von Körperlichkeit und Handlungsfähigkeit schlägt Butler unter Berufung auf Foucault vor, das Subjekt von vornherein als Subjektivierung/Subjektivation zu denken, als die diskursiv-kulturelle Regulierung seiner selbst. Es ist paradox, diese Subjektivation zu begreifen. Sprachlich scheint es nötig, dass immer schon etwas in einem ersten Schritt bereits ›vorhanden‹ ist, ein basales Subjekt, welches dann in einem zweiten Schritt zum Objekt kultureller Subjektivierung werden kann: eine grundsätzliche Körperlichkeit, eine basale Handlungsfähigkeit, ein orientierungsloses Begehren etc. Dieser sprachlichen Verwicklung will Butler entgehen: Wenn man formuliert, dass ein Körper subjektiviert wird und damit vom bloßen Körper zum zurechenbaren Subjekt avanciert, ist immer mitzudenken, dass ein nicht-subjektivierter menschlicher Körper, der von kulturellen Klassifizierungen, die er sich einverleibt hat, ›rein‹ und schlichtweg vordiskursiv vorhanden ist, ein gedankenexperimentelles Ding der Unmöglichkeit darstellt. Im Innern des menschlichen Wesens ist kein Residuum ›natürlicher‹ Eigenschaften ›vor dem Gesetz‹, vor der kulturellen Modellierung abzugrenzen. Jede solche Abgrenzung kann vielmehr ihrerseits als eine spezifische kulturelle Naturalisierungsstrategie gelesen werden.

›gender‹, ›sex‹ und ›desire‹

Die westliche, hegemoniale Geschlechterordnung stellt sich nun jedoch im Besonderen als ein solcher Naturalisierungsdiskurs dar – wobei Butler nicht viel Mühe darauf verwendet, sich mit der exakten historischen Genese oder mit den kulturhistorischen Ambivalenzen dieser Ordnung zu beschäftigen. Diese Geschlechterordnung koppelt drei Ebenen aneinander, die jeweils dichotomisch organisiert sind und gemeinsam eine symmetrische ›Matrix‹ bilden: das kulturelle Geschlecht bzw. die Geschlechtsidentität (›gender‹), das natürliche, körperlich verankerte Geschlecht (›sex‹) sowie als drittes Element die

Orientierung des sexuellen Begehrens (›desire‹). Gegenüber der gebräuchlichen ›sex‹/›gender‹-Unterscheidung führt Butler damit das sexuelle Begehren als ein zusätzliches Element ein, dem für die Stabilisierung – dann aber auch die Destabilisierung – der Matrix eine entscheidende Rolle zukommt. In der hegemonialen Matrix folgen die drei Ebenen dem Muster einer eindeutigen Zuordnung: Es gibt genau zwei Geschlechteridentitäten, die jeweils an zwei natürliche Geschlechtskörper gekoppelt sind; diese beiden Geschlechter sind sexuell reziprok aneinander orientiert. Trotz aller scheinbaren gesellschaftlichen Liberalisierungen bezüglich der Geschlechteridentitäten bilden damit innerhalb der Matrix die Natürlichkeit zweier Geschlechter sowie ihre Heterosexualität ein der diskursiven Auseinandersetzung entzogenes Fundament. Beruhigt kann man hier von einem fixen, vorkulturellen Kern in der körperlich-psychischen Struktur des Menschen ausgehen, welcher sich in einem entsprechenden äußeren Verhalten manifestiert. Der innere Strukturkern erscheint in diesem gängigen Muster der Expressivität als Ursache, das äußere Verhalten als Effekt. Dass auf der Ebene der ›gender‹-Rollen durchaus kulturelle Variationen konzediert werden, stört die Matrix im Grunde nicht: Denn obwohl eigentlich eine Vielzahl von ›gender‹-Positionen denkbar wäre, bleiben diese zweigeschlechtlich organisiert.

Natürlichkeit als kulturelle Differenz

Der kulturtheoretisch entscheidende Schritt besteht für Butler darin, nicht nur die ›gender‹-Positionen, sondern die gesamte Matrix einschließlich ihrer ›sex‹- und ›desire‹-Ebene als einen diskursiven Regulierungsmechanismus zu durchschauen. Die Unterscheidung zwischen kulturellem und natürlichem Geschlecht ist *selber* eine kulturelle, eine diskursive Differenz – und die Annahmen bezüglich einer vordiskursiven körperlichen Natürlichkeit sind Annahmen in bestimmten, historisch kontingenten Naturalisierungsdiskursen, die den Körper und seine Eigenschaften (Formen, Körpersäfte, Organe, Gene, Hormone etc.) auf sehr spezifische Weise klassifizieren. Es ›gibt‹ keine vorgelagerte Ebene des Natürlichen. Der Geschlechterdiskurs grenzt vielmehr eine solche Ebene ab, um sich ein der Kontingenz entzogenes Fundament zu schaffen – so wird das ›Produkt‹ als ›Ursache‹ eingeführt. Die eigentliche kulturelle Motivation für die so vollzogene Zementierung der Zweigeschlechtlichkeit findet sich Butler zufolge auf der Ebene der sexuellen Orientierung, des ›desire‹: Die Matrix dekretiert Heterosexualität als einzig legitime erotische Orientierung, mit Adrienne Rich (1980) eine »compulsory heterosexuality«. Heterosexualität jedoch erfordert, um funktionieren zu können, die eindeutige Unterscheidbarkeit von genau zwei Geschlechtern. Sie liefert damit den eigentlichen Ankerpunkt innerhalb der westlichen Geschlechterordnung, die (mit Foucault) immer schon als eine Ordnung der Sexualität zu verstehen ist.

Butlers Programm der Subjektanalyse, wie sie es in ihren Geschlechterstudien exemplifiziert, ist damit zunächst ein Programm zur Analyse jener diskursiver Regulierungsformen, die in einer mehr oder minder subtilen Rhetorik Naturalisierungsstrategien einsetzen und das Subjekt damit auf bestimmte Eigenschaften festlegen, welche angeblich ›immer schon‹ in ihm vorhanden waren. Die Analysefrage lautet dann: Wie wird in Subjektdiskursen dem Subjekt ein bestimmter innerer Kern zugeschrieben, auf welche Weise wird dieser universalisiert und naturalisiert? Wie funktioniert es diskursiv, dass diese Eigenschaften dem Spiel der kulturellen Kontingenzen entzogen werden? Zentral für die diskursive Subjektivation ist die paradoxe Struktur einer Subjektivität, die universalisiert und normativiert *zugleich* wird. Einerseits wird sie als die natürliche, alternativlose Ordnung der Dinge präsentiert und dabei etwa biologisch, religiös, psychologisch oder philosophisch begründet. Ein Individuum jenseits dieser Subjektform erscheint im Extrem nicht mehr intelligibel, in jedem Fall aber pathologisch und veränderungsbedürftig. Andererseits wird diese Subjektivität regelmäßig als idealer Fluchtpunkt eines normativen Programms präsentiert, der in seiner Perfektion kaum erreichbar scheint. Als normatives Programm verstanden, ist die Subjektform gerade nicht schlichtweg gegeben, sondern vom Einzelnen durch entsprechende Bemühungen fortwährend asymptotisch hervorzubringen. Die Subjektform ist Ziel eines Subjektivationsprojekts und zugleich angeblich immer schon da gewesen.

Performativität

Nun existieren die kulturellen Regulierungsmechanismen bezüglich der Subjektivität jedoch nicht allein auf der Ebene von diskursiven Ordnungen im engeren Sinne. Zentral für Butlers Perspektive ist deren Verarbeitung in den körperlichen Verhaltensroutinen, in denen sie sich in den Körper ›einschreiben‹ (eine im Poststrukturalismus populäre Metapher, die sich an Franz Kafkas Erzählung »In der Strafkolonie« [1919] anlehnt). An dieser Stelle kommt Butlers Konzept der Performativität ins Spiel: Um Subjekte zu begreifen und zu rekonstruieren, muss man sich auf die Ebene ihrer Selbstproduktion in ihrem routinisierten körperlichen Verhalten begeben, in dem sie ihr eigenes spezifisches Subjektsein ›darstellen‹ und ›in die Welt setzen‹ (›to perform‹). Die diskursiven Regulierungen existieren nicht in einer reinen Sphäre intellektueller Thematisierungen – beispielsweise humanwissenschaftlicher Geschlechterdiskurse –, sondern in ihrer Aneignung und Produktion in der Performativität des Subjekts.

›performative turn‹

Das Konzept der Performativität als subjektanalytischer Schlüsselbegriff ist äußerst suggestiv und angreifbar. Neben Victor Turners Ritualtheorie hat gerade Butler mit seiner Profilierung erheblich zu einer Welle des ›performative turn‹ in den Kulturwissenschaften beigetragen. Der ›performative turn‹ versteht sich allgemein als ein Perspektivenwechsel auf die Kultur (vgl. Wirth 2002): Diese erscheint weder primär als etwas Geistig-Ideelles noch als Zeichenhaft-Textuelles, sondern als etwas, was beständig in Körpern und Dingen in der Aufführung und in der Ausführung, auch in der Inszenierung hervorgebracht wird. Der ›performative turn‹ bewirkt damit eine Blickverschiebung zum Körper als Aus- und Aufführungsort von Kultur und zum prozessualen, zeitlichen Charakter dieser Kulturproduktion. Er dechiffriert Kultur immer als ein ›doing … (things)‹. Statt Klassen, Rassen, Geschlechter, Organisationen etc. als Ordnungen vorauszusetzen, werden sie als ein ›doing class/race/gender/organization‹ analysierbar. Auch das Subjekt wird damit zerlegt in eine Analyse des ›doing subject‹. Hier existiert eine interessante Parallele zur soziologischen Ethnomethodologie und ihrer Transformation sozialer Strukturen in ›practical accomplishments‹ (vgl. Garfinkel 1967). Allerdings enthält das Konzept der Performativität auch Unklarheiten, die vor allem mit seiner Metaphorik des Theaters zusammenhängen. Butler wurde rasch mit einer entsprechenden Kritik konfrontiert: Performativität bewegt sich in der Nähe der ›performance‹ und der Inszenierung.[12] Man könnte den Verdacht hegen, dass das Subjekt damit als eine theatralische Aufführung verstanden wird, was alle Probleme der Unterscheidung zwischen einer ›Rolle‹ und einem Akteur ›hinter‹ der Rolle mit sich brächte.

Sprechakttheorie/performative Äußerung

Tatsächlich setzt Butlers Konzept der Performativität jedoch grundsätzlicher an und verarbeitet dabei vor allem die Sprechakttheorie John Austins und John Searles sowie die Kritik Derridas daran, um ein allgemeines Vokabular zur Analyse von Subjektivation zu erhalten. Austin führt in seiner sprachanalytischen Darstellung in »How to do Things with Words« (1962) den Begriff der ›performativen Äußerungen‹ ein: Gegenüber einer Reduktion von Sprache auf ›konstative Äußerungen‹, d. h. auf Aussagen über Gegebenheiten in der Welt, unternimmt er eine pragmatistische Wende und weist auf performative Äußerungen als eine spezifische Klasse von Sprechakten hin, in denen durch den Akt der Äußerung über die Beschreibungsfunktion hinaus soziale Tatsachen zuallererst in die Welt gesetzt werden. Der sprachliche Akt ist ein Akt des Handelns, der soziale Tatbestände produziert. So wird – Austins viel zitiertes Beispiel – durch den Satz »Ich erkläre Euch zu Mann und Frau«, gesprochen von einem Pfarrer, eine Ehe in die Welt gesetzt. Butler überträgt den sprechakttheoretischen Gedanken auf die Konstitution des Subjekts. Die Sequenz von Akten, die ein Körper im Rahmen einer bestimmten diskursiven Ordnung in jedem Moment und in einer Kette von Wiederholungen vollzieht, ist selber eine performative Äußerung im weitesten Sinne, indem sie das erst hervorbringt, was sie gewissermaßen benennt: ein Subjekt mit bestimmten Eigenschaften. In der Wiederholung spezifischer körperlicher Akte wird ein Subjekt bestimmter Form erst geschaffen. Schlagendstes Beispiel ist wiederum das Geschlechtssubjekt: Durch die Wiederholung von innerhalb einer diskursiven Ordnung als männlich oder weiblich zurechenbaren körperlichen Akten – der körperlichen Bewegungen, der Kleidung, der Sprache des sexuellen Interesses etc. – entsteht ein männliches oder weibliches Subjekt. Ex post wird dann regelmäßig eine vorgängige innere Identität für das äußere Verhalten verantwortlich gemacht. Tatsächlich stellt sich die Subjektivation jedoch genau umgekehrt dar: »[…] Identität [wird] gerade performativ durch diese ›Äußerungen‹ konstituiert, die angeblich ihr Resultat sind.« (1990: 49) Es gibt gewissermaßen ›keinen Täter vor der Tat‹ (eine Formulierung, die Butler von Nietzsche übernimmt), sondern eine Kette von Taten, die den Effekt eines vorgängigen Täters, eines Subjekts produzieren. Die Aufgabe einer von Butler inspirierten Subjektanalyse besteht dann darin, eine sorgfältige Analyse dieser »wiederholten Stilisierung des Körpers« (1990: 60) und der Art und Weise zu betreiben, in der damit und in der Verarbeitung einer diskursiven Ordnung ein Subjekt*effekt* erzielt wird. Das Subjekt ist seine eigene Inszenierung und diese ist nicht als ein strategisches Spiel misszuverstehen, sondern als die basale Existenzform von Subjektivität. Ein Verständnis des Subjekts als seine eigene, kulturell regulierte körperliche Performativität bedeutet dabei keine Leugnung der Materialität des Körpers oder dessen Auflösung in einer reinen Sphäre ›kultureller Konstruktion‹, so Butler. Stattdessen schlägt sie das Konzept der ›Materialisierung‹ vor: Performativität und diskursive Regulierung bauen nicht auf einer vorkonstituierten Materialität fixer Körper auf, vielmehr wird ein Körper im Prozess seiner Inauguration durch intelligible Handlungsakte fortwährend gebildet, er wird ›materialisiert‹ und kann in diesem Prozess eine handfeste Fixiertheit erreichen, die tatsächlich mehr als Diskurs ist – aber eben erst in einer bestimmten performativen Selbstbildung zu einer solchen geworden ist.

Das Subjekt als diskursiv regulierte Performativität zu verstehen, bedeutet, dass ein einfacher Ausbruch aus den kulturellen Regulierungen per definitionem nicht denkbar ist. Jeder subjekttheoretische oder -politische Appell an eine autonome Reflexions- und Aktionsinstanz jenseits der kulturellen Selbstkonstitution wird damit illusionär. Dies bedeutet aber nicht, dass die diskursiven Regulierungen durch die Performativität des Körpers hindurch sich ins Unendliche umsetzen müssten. Im Gegenteil gilt das besondere Interesse von Butlers Subjektanalyse den Labilitäten innerhalb der Subjektivation. Diese Instabilitäten finden aber – Butler folgt hier Foucault – mitten im Verlauf des Subjektivierungsprozesses statt, innerhalb jener Wiederholungen körperlicher und diskursiver Akte, in denen ein Subjekt fortwährend in die Welt gesetzt wird.

Zeitlichkeit und Wiederholung

Zentral ist hier die veränderungsanfällige Zeitlichkeit der Performativitätssequenz, ihr Charakter einer Wiederholung, die zugleich das Potenzial einer Verschiebung enthält. Butler begründet sie, indem sie auf Derridas kritische Diskussion der Sprechakttheorie Searles eingeht. Derrida (1972b) argumentiert gegen den sozialen Konventionalismus der Sprechakttheorie, der meint, eindeutig zwischen der ›richtigen‹, gelungenen Anwendung eines originalen Äußerungstypus und einer parasitären, misslungenen oder unernsten Verwendung, somit zwischen Norm und Abweichung unterscheiden zu können. Stattdessen erscheinen in Derridas Perspektive performative Akte wie alle Zeichenverwendungen in jedem Moment als ›Zitationen ohne Original‹, als die resignifizierende Einbettung in einen neuen Kontext, die das Zeichen möglicherweise nicht unverändert lässt. Gerade indem man den Blick von vorgeblich zeitlosen Zeichensystemen auf die Zeichenverwendung in der temporalen Sequenz umlenkt, bricht der Versuch, sozial-konventionalistische Sicherheitsinstanzen zu installieren, die eine identische Wiederholung der gleichen Struktur garantieren sollen, zusammen. Die Kette von scheinbar konventionellen Zeichenverwendungen hat die Struktur einer Wiederholung ohne Fundament, die immer das Potenzial der Neukontextualisierung und Verschiebung enthält, das Potenzial eines Neuen im Alten. Derrida (1967) stellt diese Konstellation als Charakteristikum der ›Schrift‹ im weitesten Sinne dar, einer Kultur, die nicht durch illusionäre ›Anwesenheiten‹ (der Zeit, des Ortes, der Personen, der Intentionen etc.), sondern durch Abwesenheiten – zeitlichen und räumlichen Distanzen, Differenzen zwischen Akt und Intention etc. – gekennzeichnet ist, welche absolute Repetition verhindern. Es findet hier ein fortwährender ›zitierender‹ Rückgriff auf zeitlich vorangegangene Elemente statt, in dem das Zitierte selber nicht mehr das Gleiche bleibt.

Zitation und Resignifizierung

Butler lehnt sich nun an Derridas Begriffe der Zitation und der Resignifizierung an, um die Performativität des Subjekts zu erfassen. Hier handelt es sich nicht um eine bloße Wiederholung von identischen leiblichen Akten, sondern ebenfalls um eine Zitation bisher geäußerter Exemplare, die in diesem Akt der Zitation und in einem neuen Kontext schleichend eine verschobene Bedeutung erlangen. Wie diese Resignifizierungen des Subjekts genau zu denken sind, erklärt Butler nicht eindeutig, sie verweist letztlich auf unterschiedliche Konstellationen, die auf eine ›Subversion‹ kultureller Subjektordnungen hinauslaufen, auf ihre Torpedierung ›von innen‹. Zum einen ergeben sich im praktischen Tun zwangsläufig immer wieder Verfehlungen, Inkohärenzen, Brüche und Risse einer Subjektform, die in ihrer Idiosynkrasie beispielsweise einer bisher institutionalisierten Geschlechterordnung nicht entsprechen. Interessant werden diese ›Verfehlungen‹, wenn sie selber nicht mehr als Abweichungen von der Norm erscheinen, sondern als eine Umschreibung der Norm (ein Prozess der kulturellen ›Selektion‹ von ›Variationen‹, den Butler selbst allerdings kaum unter die Lupe nimmt). Zum zweiten verweist Butler auf die »Koexistenz und Überschneidung dieser diskursiven Anweisungen« (1990: 213), d. h. darauf, dass realiter sich im einzelnen kulturell fabrizierten Körper häufig mehrere kulturelle Subjektcodes überlagern, die in dieser Überlagerung unberechenbare Subjektivierungseffekte zeitigen können. Die Subjekt-Performativität scheint häufig ›wie aus einem Guss‹, tatsächlich findet in ihr jedoch eine unkalkulierbare Kopplung unterschiedlicher Subjektivierungsweisen – zum Beispiel von ›gender‹, ›class‹ und ›race‹ – statt. Drittens schließlich weist Butler auf die ›Parodie‹ als elaborierteste Form der Subversion von Subjektivität hin. Mit der Parodie ist eine Inszenierung der Imitationsstruktur des Subjekts selber gemeint, in der deren scheinbare Natürlichkeit durch forcierte Artifizialisierung der Subjektaufführung demonstriert wird. ›Drag‹ (›Dressed as a girl/guy‹) ist ein plakatives Beispiel für diese Demonstration der artifiziellen Gemachtheit scheinbar natürlichen Verhaltens (ohne dass nun aber jede Parodie subversiv wirken müsste). Eine von Butler inspirierte

Subjektanalyse fragt genau nach diesen mehr oder minder auffälligen Subversionen innerhalb der performativen Subjektaufführung, nach den Punkten der Verfehlung, der Überschneidung und der Parodie.

psychische Subversion

Neben den Verfehlungen, Überschneidungen und Parodien innerhalb der zitierenden Anwendung von diskursiven Subjektanweisungen arbeitet Butler jedoch noch einen anderen Mechanismus der Selbstsubversion von Subjektordnungen heraus: die psychische Subversion, die sich durch einen ›psychischen Rest‹ ergibt. Er wird durch die kulturelle Subjektivierung erzeugt, aber fügt sich dieser nicht. Bis zu dieser Stelle hätte man den Eindruck gewinnen können, dass Judith Butlers Perspektive auf das Subjekt eine lupenrein ›sozialkonstruktivistische‹ ist, die versucht, auch noch Foucault dekonstruktiv zu überbieten. Tatsächlich hält Butler jedoch eine rein diskurs- und performativitätstheoretische Subjektanalyse für defizitär – sie rezipiert Elemente der Psychoanalyse Freuds und Lacans, um dieses Defizit zu beheben. Die psychoanalytische Sicht auf die Wirkung von Affekten, Begehren und dem Unbewussten erscheint Butler aus zwei komplementären Gründen notwendig: Nur so lässt sich nachvollziehen, warum vergleichsweise stabile Subjektordnungen möglich werden *und* warum diese sich doch immer wieder selbst aus den Angeln heben.

Interpellation und ›passionate attachment‹

Mit Louis Althusser (1970) stellt Butler zunächst fest, dass das Subjekt immer in einer Konstellation kultureller Interpellation, der ›Anrufung‹ innerhalb einer diskursiven Ordnung entsteht. Der Polizist – so Althussers vielzitiertes Beispiel – ruft den Passanten mit ›He, Sie da!‹, und ein Individuum schaut sich um – es sieht sich selber damit angerufen, es gliedert sich selber in die diskursive Ordnung ein. Die gesamte Subjektordnung verläuft über den Weg solcher Interpellationsszenen, etwa auch jener nach der Geburt, in der gilt: ›A girl is girled‹. Aber warum lässt sich ein Subjekt als ein solches anrufen? Was ist seine Motivation, was ›gewinnt‹ es gewissermaßen, wenn es sich bereitwillig subjektivieren lässt? Tatsächlich kann Butler zufolge Foucault diese Frage nicht beantworten. Und erst, indem man jene psychisch-affektuellen Mechanismen beleuchtet, die in der permanenten Unterwerfung unter Subjektregulierungen am Werke sind, kommt man einer Antwort auf die Frage nahe. Während Freud und Lacan Prozesse der Identifizierung von Individuen mit Subjektmodellen herausgearbeitet haben, verallgemeinert Butler, dass die Subjektivierung nur dadurch funktioniert, dass sie immer mit einem ›passionate attachment‹, einer libidinösen ›leidenschaftlichen Verhaftetheit‹ des Subjekts gegenüber seiner spezifischen Subjektivierung verknüpft ist. Subjektformen wie die der heterosexuellen Frau in ihrer bewussten Weiblichkeit könnten nicht derart langlebig sein, wenn es sich um reine Zwangssysteme ohne affektive Investitionen der Betroffenen handeln würde. Vielmehr sind die Subjektformen hier immer mit beruhigender Intelligibilität und Faszination gegenüber dem Ideal und einer Anerkennung vor sich selbst und anderen verknüpft; sie gewinnen damit die psychische Attraktivität von »Identitätsverlockungen« (Butler 1997: 122).

Subjektivation durch Abgrenzung

Die Stabilisierung der Subjektivation durch die Mechanismen des ›passionate attachment‹ ist jedoch nur die eine Seite. Gleichzeitig sind es nämlich ebenfalls spezifische psychisch-affektive Effekte, welche die Subjektordnungen anfällig für Selbsttorpedierungen machen. Butler lehnt sich – ähnlich wie es für Laclau galt – an Derridas Konzept des ›konstitutiven Außen‹ an und gibt ihm eine psychoanalytisch akzentuierte Wendung: Jede Subjektivation enthält immer auch die Abgrenzung von einem konstitutiven Außen, die radikale Verneinung einer verworfenen, sich zu verbietenden Identität. Die Subjektivierung enthält Ausschlussmechanismen eines ›Anderen‹, dem der

Subjektstatus abgesprochen wird. Diese Differenzmarkierung ist affektiv besetzt: Der leidenschaftlichen Verhaftetheit (mit dem Gesetz) entspricht hier als Kehrseite eine ebenso leidenschaftliche, libidinös-aggressive Verwerfung. Butler nimmt auf Julia Kristevas (1980) Begriff des ›Abjekts‹ Bezug: Als Abjektion bezeichnet Kristeva einen Prozess, in dem Identitätselemente oder auch Produkte des Körpers (zum Beispiel Kot) vom ›eigentlichen Ich‹ abgespalten werden und so zur Quelle von Ekel wie Faszination avancieren. Butler reformuliert nun die Konstellation des konstitutiven Außen der Subjektivierung mit Hilfe des an Freud angelehnten Konzepts der ›melancholischen Identifizierung‹. Freud (1915) unterscheidet Trauer von Melancholie: Trauer lässt sich als Reaktion auf einen realen Verlust verstehen, Melancholie als Reaktion auf einen imaginierten Verlust. Mit Freud erhält letztlich jede Subjektbildung innerhalb der Kultur eine solche melancholische Struktur, in der bestimmte Existenzformen, die für das Subjekt einmal möglich waren, undenkbar geworden sind und ihr imaginärer Verlust unbewusst betrauert wird. Die Konstellation des Ödipuskomplexes mit seinen zunächst gewünschten und dann verbotenen Beziehungen liefert die Blaupause für eine solche melancholische Subjektivierung. Mit Freud nimmt diese ›melancholische Identifizierung‹ eine spezifische Form der Verarbeitung an: Das melancholische Subjekt transformiert eine Objektbesetzung in eine Identifizierung, es inkorporiert gewissermaßen das verlorene Objekt, indem es sich mit ihm identifiziert. Zunächst hat das Subjekt ein Objekt begehrt, es hat dieses libidinös besetzt, aber nachdem ihm die Objektbesetzung untersagt wurde, behilft es sich damit, sich diese Objektbesetzung einzuverleiben, indem es sich mit dem ehemaligen Objekt der Begierde identifiziert, sich an dessen Stelle setzen will und es als ideales Subjekt anerkennt (so will beispielsweise ein Kind, das seinen Vater begehrt, wie der Vater sein).

melancholische Identifizierung

Butler zufolge ist diese melancholische Identifizierung zentral für jede Subjektivation und es ist nicht verwunderlich, dass das Training des westlichen Subjekts in einer heterosexuellen Ordnung hier wiederum als bestes Beispiel erscheint, als ›melancholische Heterosexualität‹: Das Subjekt gibt sein Begehren für Personen gleichen Geschlechts auf und ersetzt diese Objektbesetzung durch eine Identifizierung mit dem Subjekt ›seines‹ Geschlechts (einschließlich des Begehrens für das andere Geschlecht, das diesem zugehörig ist). Die Oberfläche des eigenen Körpers, seine ›performance‹, ist der Ort der Introjektion dieser Identifizierung: Statt den attraktiven Körper des Anderen zu begehren, formt er/sie sich selber als ein solcher attraktiver Körper des ehemals Begehrten. Der hypermaskuline Mann oder die hyperfeminine Frau bewahren in ihrer Stilisierung ihr ehemaliges, sich selbst verbotenes Objekt der Begierde. Entscheidend für die Struktur einer solchen melancholischen Identifizierung ist jedoch, dass sie ihr eigenes psychisches Unbewusstes aufbaut, dass sie als psychischer Rest Symptome bildet, welche die Subjektordnung immer wieder aufzubrechen drohen. Die Unterscheidung zwischen Körper und Psyche kann für Butler nicht vorausgesetzt werden, sie ist vielmehr selber Produkt einer spezifischen Subjektivierung. Indem die melancholische Identifizierung nach außen hin eine dem identifizierten Subjektmodell entsprechende körperliche Performativität aufbaut, wendet sie das sich selbst verbietende Begehren nach innen, in das Unbewusste einer ›Psyche‹. Das ›Außen‹ des Anderen wird gewissermaßen in ein unbewusstes ›Innen‹ verschoben, eine psychische Alterität, die sich als psychischer Rest – durchaus ähnlich dem Lacan'schen Realen – der Normalisierung entzieht und sich in unkalkulierbaren Reaktionen ausdrücken kann. In diesem Sinne haben psychisch-affektuelle Akte, die Ergebnis der melancholischen Identifizierung sind, das Potenzial, die diskursive Subjektordnung, die das Subjekt sich im sichtbaren Körper einverleibt hat, zu überschreiten, etwa in Form von Aggression gegen andere oder gegen sich selber oder in Form von Objektbesetzungen, die dem Bewusstsein unverständlich sind. Zentral ist dabei, dass der ›psychische Rest‹ in Butlers Konzept kein vordiskursives Widerstandsnest primordialen Mangels darstellt, sondern in seiner Form und seinem Inhalt als ein Produkt sehr spezifischer Subjektivierungsweisen, als deren »Verlustgeschichte« (1997: 158) zu verstehen ist. Insofern lässt sich Butlers Programm auch als Anregung für eine Analytik lesen, die danach fragt, welchen psychischen Rest, welche potenziell einmal vorhandenen, aber ins Nicht-Intelligible abgeschobene Existenzweisen, damit welche melancholischen Strukturen eine bestimmte Subjektkultur produziert.

6. Postkoloniale Theorien und Identitäten: Die kulturelle Konstitution des ›Anderen‹

Umkehr des analytischen Blicks

In der aktuellen kulturwissenschaftlichen Subjektanalyse lässt sich eine breite Tendenz beobachten, Subjektformen nicht allein ausgehend vom vorgeblichen kulturellen ›Zentrum‹, sondern auch und gerade von den – letztlich nur scheinbaren – kulturellen Peripherien zu verfolgen. Dies gilt bereits für Foucaults Interesse an der modernen Konstitution des ›Wahnsinnigen‹ und des ›Perversen‹ wie für das Interesse Butlers und der ›gender studies‹ an der Formierung der Frau als der ›Anderen‹ des Mannes sowie an der Bildung einer heterosexuellen Geschlechterordnung über die Definition des Homosexuellen. Die Bewegung der ›post-colonial theory‹ und der ›post-colonial studies‹, wie sie zunächst ausgehend von den Literaturwissenschaften seit dem Beginn der 1980er Jahre im gesamten Feld der Sozial- und Kulturwissenschaften Zulauf erhält, hat diese Umkehrung des analytischen Blicks vom Zentrum auf die Peripherie in besonderem Maße vorangetrieben. Autoren wie Edward Said, Homi Bhabha, Gayatri Spivak, Paul Gilroy und Stuart Hall spielen hier eine prominente Rolle; die angemessene Konzeptualisierung von Identität, Subjektivität, Alterität und Repräsentation steht im Mittelpunkt ihres Interesses (vgl. Moore-Gilbert 1997).

konstitutives Außen

Die Umkehrung des Blicks vom (westlichen, männlichen etc.) hegemonialen Zentrum auf die Peripherie – wobei letztere keineswegs immer Minderheiten, sondern teilweise quantitative Mehrheiten umfasst – erschöpft sich generell nicht darin, bisher marginalisierten Identitäten ›eine Stimme zu geben‹. Vielmehr kann man vor differenztheoretischem Hintergrund davon ausgehen, dass die Grenzmarkierung von einem ›Anderen‹, einem Außen für die fragile Stabilisierung des kulturellen Zentrums – hier: der westlichen, weißen Kultur – selber ein notwendiges Fundament darstellt. Genau dieser Zusammenhang ist mit Derridas Gedanken des konstitutiven Außen angedeutet. Daher stellt sich Foucaults Analyse der Repräsentation des Wahnsinnigen zugleich und primär als eine Analyse der Konstitution von Rationalität und Normalität heraus oder ist die Rekonstruktion der Formierung des Homosexuellen in den ›queer studies‹ auf die heterosexuelle Matrix gerichtet. In analoger Weise verfolgen auch die ›post-colonial studies‹ das Ziel, die Abhängigkeit der Selbstformung westlicher Subjektivität von ihrer Repräsentation eines nicht-westlichen – schwarzen, orientalischen, asiatischen etc. – Anderen herauszuarbeiten. Das weit reichende Ziel ist hier, die bisherige Theorie und Geschichte der Moderne mit einem neuen, ›dezentrierten‹ Blickwinkel zu konfrontieren, der nicht länger von einer scheinbar naturwüchsigen Modernisierung und Verwestlichung als ›master narrative‹ der Moderne ausgeht. Auch wenn viele der Autoren der ›post-colonial studies‹ sehr spezifische Fälle eines nicht-europäischen ›Anderen‹ behandeln, vor allem die Repräsentation von Schwarzen, von ›Orientalen‹ und von

Südasiaten, scheint der empirische Fokus weit darüber hinaus ausweitbar: Das ›othering‹ des katholischen Südeuropas des Mittelmeerraums durch das protestantisch-laizistische Westeuropa kann hier ebenso zum Thema werden wie die Darstellung eines osteuropäischen, ›slawischen‹ Subjekts durch den Westen oder die Repräsentation des Latinos im Rahmen des US-amerikanischen Diskurses.

Kontinuität des Kolonialen

Wie alle Konzepte aus der Gruppe der ›Post‹-Begriffe (Postmoderne, Poststrukturalismus etc.) bezeichnet auch Postkolonialismus kein einfaches Verhältnis des ›Danach‹. Die ›post-colonial theory‹ und die ›post-colonial studies‹ schreiben zwar einerseits aus der Situation einer im engeren Sinne nach-kolonialen Situation, d. h. nach der Auflösung der europäischen Imperien als rechtlich-politische Größe, deren letzter Schub nach dem Zweiten Weltkrieg stattfand. Der kulturwissenschaftlich bemerkenswerte Tatbestand scheint jedoch, dass die kulturell fundamentale Repräsentation des ›Anderen‹, die Stereotypisierung des Fremden und die damit vollzogene Stabilisierung des Eigenen, wie sie für i. e. S. koloniale Verhältnisse prägend war, auch nach dem offiziellen Ende der Imperien weiterwirken und noch an Komplexität und Widersprüchlichkeit gewonnen haben, und zwar innerhalb der ehemaligen Kolonialgesellschaften ebenso wie in den europäischen und nordamerikanischen ›Zentren‹. So wie der Postmoderne-Diskurs nicht meint, dass die Moderne verschwunden ist, sondern dass nun vielmehr erst deutlich wird, was die Moderne – gegen ihre bisher gängigen Selbstinterpretationen – eigentlich ausmacht, so geht die Bewegung des Postkolonialismus davon aus, dass erst jetzt, auf die Vergangenheit und Gegenwart bezogen sichtbar wird, dass die verwickelten Relationen der stereotypen Selbst- und Fremdrepräsentationen von Ethnizität, Religion, Nationalität etc. – die ein modernisierungstheoretischer Diskurs eher als vormodernen Restbestand zu marginalisieren neigte – für die moderne Konstellation bisdrei Einflussfaktoren

her grundlegend gewesen sind. Der Postkolonialismus hat einerseits einen materialen, empirischen Zweig, die ›post-colonial studies‹, andererseits einen theoretisch-konzeptuellen Zweig, die ›post-colonial theory‹. Für ihre Entstehung und Entwicklung relevant sind vor allem drei Einflussfaktoren: Die anti-kolonialen Bewegungen der Nachkriegszeit, vor allem im Umkreis der Entkolonialisierungskonflikte wie dem Algerienkrieg, schließlich auch der anti-rassistischen ›black power‹-Bewegung in den USA, bringen eine erste Politisierung ethnischer Differenzen und Identitäten hervor. In diesem Zusammenhang sind Vorläufer der postkolonialen Theoriebildung wie etwa Franz Fanon (1952) einzuordnen. Den eigentlichen Theoretisierungsschub des Postkolonialismus bewirkt zweitens die differenztheoretische Rezeption des Poststrukturalismus Foucaults und Derridas in den 1970er Jahren, schließlich auch der Postmoderne-Debatte, insofern diese beansprucht, ›die Moderne neu zu schreiben‹ (Lyotard). Said, Bhabha, Spivak und Hall betreiben hier alle eine postkoloniale Umschreibung poststrukturalistischer Subjekttheorien. Schließlich verleiht drittens die Erfahrung kultureller Globalisierung, die durch eine globale Kapitalisierung und Medialisierung sowie neue Migrationsbewegungen seit dem Ende der 1980er Jahre einen neuen Schub erhält, der postkolonialen Perspektive eine erneuerte Aktualität, in deren Kontext auch Konzepte wie die des ›Hybriden‹ eine besondere Relevanz erlangen können (vgl. Dürrschmidt 2002). Generell findet im Rahmen der Debatten um kulturelle Globalisierung eine verstärkte Soziologisierung der ›post-colonial studies‹ statt, die ihr anfängliches, literaturwissenschaftlich imprägniertes Interesse an der textuellen Repräsentation des Anderen zugunsten einer Analyse der sozialen Praktiken der Identitätskonstitution im globalen Raum ausweiten.

Repräsentationsverhältnisse

Im Rahmen des breit gefächerten Feldes der ›post-colonial theory‹ kommt dem Subjekt ein zentraler Stellenwert zu. Durchgängig richtet sich die Frage zunächst auf die Repräsentationsverhältnisse von Subjektivität: Wie wird der Andere, das fremde Subjekt und wie wird umgekehrt die ›eigene‹ Subjektform textuell dargestellt und in dieser Darstellung hergestellt? Welche asymmetrischen Differenzschemata werden verwendet, um welche Identitäten zu produzieren? Foucaults Konzept des Diskurses liefert hier einen wichtigen Hintergrund. Der grundsätzliche Gegner ist ein ›Essenzialismus‹ der Kulturen, der Identitäten als differenzlose primordiale Einheiten voraussetzt, wobei solche Essenzialismen sowohl im westlichen als auch im nichtwestlichen Kontext vorkommen. Die Initialzündung der ›post-colonial theory‹ bietet Edward Said mit seiner Analyse »Orientalism« (1978). Said ordnet sich selber in den Zusammenhang der Foucault'schen Perspektive, aber auch von Gramscis Hegemonietheorie ein und begründet das Analyseprogamm einer ›colonial discourse analysis‹. Den Orientalismus grenzt er als einen historisch-spezifischen westlichen Diskurs über den Orient und den Orientalen ab, der um 1800 vor allem in Großbritannien und Frankreich einsetzt. In einer sehr spezifischen asymmetrischen Repräsentation des Orients wird dieser als das ›Andere‹ des Westens konstituiert und damit dem ›Westen‹ eine entsprechende Selbstrepräsentation ermöglicht. Vor allem der Orientale als Subjekt wird zum Gegenstand eines ›othering‹, dem Prozess einer diskursiven ›Verfremdung‹. Diese diskursive Formation ist mit einer entsprechenden institutionalisierten kolonialen Praxis der Subjektivierung – in der Administration, der Justiz, der Erziehung etc. – verknüpft. Die Diskursformation des Orientalismus besteht nicht nur aus literarisch-ästhetischen und politischen Komplexen, sondern auch aus solchen der sich im 19. Jahrhundert neu konstituierenden Humanwissenschaften, die versuchen, kulturelle Differenzen zwischen West und Ost zu fixieren. Said analysiert den britischen Kolonialdiskurs um 1900 als Höhepunkt eines ausgereiften Orientalismus.

Edward Saids »Orientalism«

Grundlegend ist hier die Differenz zwischen dem Orientalen, dem eine Unfähigkeit zur Selbstregierung sowie eine charakterologische Disposition zur Irrationalität, zur Unwahrheit, zur Widersprüchlichkeit und zur Unberechenbarkeit zugeschrieben wird, und einer westlichen Zivilisation, deren Subjekt sich durch die Fähigkeit wissensgestützter Selbstregierung sowie durch Rationalität, Wahrhaftigkeit, Widerspruchsfreiheit und Berechenbarkeit auszeichnet.

Saids Analyse des ›othering‹ geht zunächst von der Existenz eines stabilen asymmetrischen Differenzmusters zwischen Eigenem und Fremden aus und er nimmt trotz aller kulturellen Variationen auf der Ebene dessen, was er ›manifesten Orientalismus‹ nennt, die hartnäckige Grundstruktur eines ›latenten‹ orientalistischen Sinnmusters an. Diese Analyseperspektive hat ihm die Kritik einer monolithischen Sichtweise eingebracht: Die diskursiven Unterscheidungen würden in strukturalistischer Weise reifiziert. Tatsächlich hat Said selber in »Orientalism« begonnen, diese Perspektive der Eindeutigkeit zu überschreiten: Zum einen arbeitet er für die romantisch-historistische Vorphase des Orientalismus eine spezifische Konstellation heraus, in der die Fixierung von kulturellen Differenzen mit einer Sympathielenkung für die Anregung durch das Fremde verknüpft ist. Zum anderen stellt sich auch für das 19. Jahrhundert eine durchaus widersprüchliche Konstellation der Repräsentation des orientalischen Anderen heraus, der als Objekt der Bedrohung wie der exotistischen Faszination zugleich erscheint.

Homi Bhabha

Diese polyseme und zugleich affektiv aufgeladene Repräsentation des Anderen steht im Mittelpunkt von Homi Bhabhas postkolonialem Analyseprogramm, das er insbesondere in »The Location of Culture« (1994) zusammenstellt. Bhabha motiviert der Leitgedanke, dass die kulturelle Repräsentation des Anderen wie auch umgekehrt der ›eigenen‹ Identität in kolonialen Diskursen und darüber hinaus durch eine grundsätzliche Mehrdeutigkeit geprägt sind. Das Ziel der postkolonialen Analyse muss entsprechend darin bestehen, diese polysemen Repräsentationsverhältnisse aufzudecken. Auf theoretischer Ebene ist dieser Leitgedanke einerseits von Derridas dekonstruktiver Strategie des Aufdeckens scheiternder Sinnlogiken beeinflusst. Die Konstellation des konstitutiven Außens bedeutet nicht nur, dass das angenommene Außen als negatives Abziehbild ein Fundament für das Eigene liefert, sondern dass dieses häufig genug vom negativen Rest in ein positives Vorbild ›umkippt‹. Gerade für die Repräsentation ethnischer Differenzen erweist sich eine solche Kippfigur als ein verbreitetes Phänomen, etwa ein Umschlagen von der Diskriminierung naturnaher Primitivität in die Faszination der Natürlichkeit des edlen Wilden. Zum anderen verarbeitet Bhabha in seiner Perspektive Elemente aus Lacans Psychoanalyse. Entscheidend ist hier die Annahme, dass das ›othering‹ keinen kognitiv neutralen Prozess der Markierung von Differenzen darstellt, der Andere als Objekt der Betrachtung vielmehr in enormem Umfang affektiv aufgeladen wird und dabei wiederum in widersprüchlicher Weise zwischen aggressiver und libidinöser Besetzung changiert. Die kulturellen Prozesse des ›othering‹ des Schwarzen, des Orientalen, des Asiaten etc. sind damit angemessen nur als die »mixed economy« (1994: 69) einer »economy of discourse« *und* einer »economy of pleasure and desire« (ebd.: 67) zu erfassen.

Stereotypisierung

Bhabhas postkolonialer Grundbegriff ist – ähnlich wie in den Arbeiten von Stuart Hall (1997) – jener des Stereotyps. Während die Typisierung von Objekten und Subjekten in der Welt, so wie sie etwa Alfred Schütz in seinen »Strukturen der Lebenswelt« (1975) analysiert hat, einen basalen, in seinem Inhalt kulturell höchst variablen Prozess der Klassifizierung darstellt, der in jede soziale Praxis eingebaut ist und häufig mit sehr flexiblen Grenzziehungen hantiert, bezeichnet die Stereotypisierung eine sehr spezifische Konstellation: eine

Typisierung von Subjekten, die mit eindeutigen, häufig überdeterminierten Unterscheidungsschemata arbeitet, welche zudem asymmetrisch aufgebaut sind und so eindeutige Auf- und Abwertungen zum Einsatz bringen. Für koloniale Diskurse im weitesten Sinne sind Stereotypisierungen dieser Art charakteristisch. Regelmäßig machen sie sich selber unsichtbar, indem sie mit einem ›Realismus-Effekt‹ im Sinne von Roland Barthes (1984) arbeiten, d. h. mit bestimmten rhetorischen Mitteln, die kontingente Sachverhalte als ›real‹ (der Beobachtung zugänglich, wissenschaftlichen Erkenntnissen entsprechend, den Gesetzen der Logik folgend etc.) präsentieren. Die Repräsentation des Anderen erfolgt dabei nicht allein im Medium des Textes, sondern, wie Bhabha betont, auch und gerade auf der Ebene visueller Repräsentationen. Koloniale Regime i. w. S. arbeiten nicht nur mit Beschreibungen, sondern auch mit Beobachtungen und Betrachtungen, mit bestimmten Sichtbarkeitsregimen, die sowohl den Charakter der Überwachung als auch eines voyeuristischen Blicks annehmen können. Charakteristischerweise setzt gerade die Repräsentation sogenannter ethnischer Differenzen an der Sichtbarkeit der Differenz in Eigenschaften des Körpers, klassisch der Hautfarbe, an, eine Sichtbarkeit, die gleichwohl eine interpretierte, auch eine inszenierte und fabrizierte ist. Es scheint deshalb nicht verwunderlich, in welchem Ausmaß gerade für ethnische Subjektpositionen (ähnlich wie im Übrigen für geschlechtliche) vom 19. Jahrhundert bis zur Gegenwart die Produktion und Zirkulation von Subjektformen über den Weg visueller Repräsentationen – vor allem technisch reproduzierter wie in der Fotografie und im Film – verläuft.

Konzept des Fetischismus

Die Stereotypisierung des Anderen ist für Bhabha nicht als ein von vornherein geschlossener textueller sowie visueller Diskurs zu untersuchen. Bhabhas poststrukturalistische Grundannahme lautet vielmehr, dass die Schließung dieser Diskurse immer wieder aufgebrochen wird, und zwar nicht zuletzt durch die instabile Kopplung von Bedeutungen und Affekten bei der Repräsentation von Fremdem und Eigenem, eine Repräsentation, in der sich die Stereotypen mit dem kombiniert sehen, was Bhabha als ›colonial fantasy‹ umschreibt. In einer recht freien Interpretation versucht Bhabha, den psychoanalytischen Terminus des Fetischismus nutzbar zu machen, um dieser ambivalenten Struktur des Anderen im kulturellen Imaginären des Westens habhaft zu werden. Ein Fetisch ist ursprünglich ein Ding, dem imaginäre Eigenschaften (vgl. das portugiesische ›feitico‹ – Zauber) jenseits seiner ›realen‹ Beschaffenheit zugeschrieben werden. Entsprechend ist der Fetischismus vermeintlich archaischer Kulturen ein beliebter Gegenstand der frühen Ethnologie. Marx überträgt ihn auf den Westen und macht einen kapitalistischen Warenfetischismus aus, eine Mystifizierung der Ware, die ihren eigentlich gesellschaftlichen Charakter verschleiert. Für Freud wird der Fetischismus zu einem voraussetzungsvollen Begriff, der eine bestimmte erotische Objektwahl bezeichnet: Der männliche Fetischist ›verleugnet‹ das weibliche Genital und damit die Differenz zwischen den Geschlechtern, er sucht sich stattdessen ein libidinöses Ersatzobjekt, einen Ersatzphallus, um sich vor der Kastrationsangst zu schützen und somit die Illusion einer jeder Kontingenz entzogenen, für alle geltenden Natur aufrechtzuerhalten. Der Fetisch hat damit die Struktur eines Ersatz-Objektes, dessen affektive Bedeutung zwischen Begehren und einer unbewussten Angst schwankt. Bhabha wendet das Konzept des Fetischismus nun postkolonial an: Das repräsentierte ›andere‹ Subjekt besitzt für den westlichen Betrachter regelmäßig den Status eines Fetischs. So wie der sexuelle Fetischist nach Freud aus Angst Geschlechterdifferenzen leugnet, die seine Identität untergraben könnten, so versucht der koloniale Beobachter das reine Spiel subjektiver und kultureller Differenzen unsichtbar zu machen, das seine Identität unterminieren könnte. Die Stereotypisierung des Anderen, die Normalisierung der Differenzen, die Aufladung des Anderen mit starken, fixen Bedeutungen, die aus der westlichen Imagination stammen, vor allem auch mit visuell interpretierbaren Bedeutungen, erscheinen hier als ein fetischisierender Ausweg, der eine Art ›ursprünglicher Präsenz‹, eine Essenz von Kultur und Natur jenseits des Differenzspiels suggeriert. Damit richtet sich auf den fetischisierten Anderen in Bhabhas Sinne die gleiche widersprüchliche affektive Orientierung, wie dies für das sexuelle Fetischobjekt im engeren Sinne gilt: die Sehnsucht nach einheitlichen Naturen/Kulturen und die Angst vor unberechenbaren Differenzen, die am Ende auch den Betrachter selber unterminieren könnten. Die aggressive Orientierung gegenüber dem Anderen, in der sich diese Differenzangst ausdrückt, wird kombiniert mit der libidinösen Aufladung des Anderen als begehrenswertes Bild, in dem sich ein Narzissmus der Vergewisserung der eigenen, ›einheitlichen‹ Identität spiegelt. Insbesondere das beständige Umkippen von aggressiver und libidinöser Haltung innerhalb der kulturellen Repräsentation des Anderen erscheint aus Bhabhas Perspektive als ein Phänomen, das zum Gegenstand der postkolonialen Analyse werden sollte.

analytisches Quadrat

Bhabha skizziert damit insgesamt ein analytisches Quadrat von vier Elementen, die für diese widersprüchliche Repräsentation des Anderen kennzeichnend scheinen: auf psychisch-affektueller Ebene die Elemente der Aggressivität und des Narzissmus, auf symbolischer Ebene die Elemente der Metapher und der Metonymie (wiederum Jakobsons Begriffe in der Lacan'schen Fassung). Dabei verwendet Bhabha den Begriff der Metapher stellvertretend für die kulturelle Suggestion von imaginären Einheiten (die Einheit der Rasse, der Kultur, der Natur etc.). Den Begriff der Metonymie benutzt er zur Umschreibung des kulturellen Prozesses der verunsichernden Verschiebung von Bedeutungen bezüglich der Eigenschaften des anderen Subjekts, beispielsweise jene Verschiebung in der Repräsentation des/der Schwarzen vom bedrohlichen Aggressor zum harmlosen Clown oder zum demütigen Christen bzw. von der sexualisierten ›femme fatale‹ zur fürsorglichen ›mummy‹ (vgl. Hall 1997).

Hybridität

Auch ein weiteres Konzept aus Bhabhas Begriffsarsenal hat die Absicht, für die immanent widersprüchliche Konstitution von Subjekten und ihren Identitäten im postkolonialen Kontext zu sensibilisieren: das des Hybriden und der Hybridität. Das Hybride bezieht sich nicht mehr auf die Repräsentation des Anderen/Fremden, sondern auf die Konstitution des Eigenen, vor allem die kulturelle Konstitution einer Identität im Rahmen einer postkolonialen Praxis – in den ehemaligen Kolonialgesellschaften, in westlichen Migrantenmilieus, schließlich selbst in den westlichen Mehrheitsgesellschaften. Hybridität ist als Gegenkonzept zu einem Essentialismus wie einem Multikulturalismus der Kulturen zu verstehen. Gegen die Selbstbeschreibungen der Einheitlichkeit eines kulturellen Sinnsystems, das dann nicht selten als Fundament einer ›kollektiven Identität‹ herhalten soll, und gegen die Annahme eindeutiger Grenzen zwischen pluralen Sinnsystemen verweist Bhabha auf den synkretistischen, kombinatorischen Charakter der kulturellen Praxis, die damit entsprechend hybride Identitäten produziert, in denen sich Elemente unterschiedlicher Zeiten, Räume und Milieus kreuzen. Kultur ist nicht als ein gemeinschaftlicher Konsensus von Werten zu verstehen, sondern als eine ›Äußerungspraxis‹ (›enunciative practice‹), eine diskursive Reartikulation, in der sich Spuren des zeitlich Vergangenen wie des räumlich Entfernten finden. Allgemein knüpft Bhabha hier an Bachtins Neuaneignung des ursprünglich biologistischen Hybriditätsbegriffs an: Bachtin (1981: 358) definiert Hybridität als die »Mischung zweier Soziolekte innerhalb einer einzigen Äußerung«. Bhabha temporalisiert den Hybriditätsbegriff und interpretiert diese unberechenbaren kulturellen Mischungsverhältnisse als Kombinationen kultureller Elemente aus unterschiedlichen Zeiten, einer Präsenz von ›Spuren‹ der Vergangenheiten in der Gegenwart. Während Bhabha selber den intellektuellen Dritte-Welt-Migranten in den westlichen Metropolen und ihren kulturellen Produkten eine besondere Hybridität zuschreibt, haben andere Autoren, etwa Jan Nederveen Pieterse (1995) in seinem Konzept der ›Hybridisierung‹, die Suche nach Hybriditätsverhältnissen empirisch ausgeweitet und dabei auch die Prozesse der Kreolisierung in Migrantenmilieus, die Hybridität innerhalb des sogenannten Westens sowie zwischen verschiedenen nicht-westlichen Kulturen hervorgehoben – bis hin zur Identifikation von spezifischen ›hybrid sites‹ (wie ›global cities‹ oder ›border zones‹).

Gayatri Spivak

Neben Said und Bhabha hat schließlich Gayatri Spivak der postkolonialen Subjektanalyse Impulse gegeben, nicht zuletzt in ihrem bereits klassischen Aufsatz »Can the subaltern speak?« (1988). Während die Bewegung von Said zu Bhabha eine Verschiebung des Interesses von den Subjektcodes des ›colonial discourse‹ zu den Widersprüchlichkeiten der Repräsentation des Anderen bewirkt hat, rückt mit Spivak die interpretative Selbstkonstitution der nicht-westlichen Identitäten in den Mittelpunkt. Zentral ist hier das Konzept des ›Subalternen‹, das zunächst Gramsci verwendet hat und das in den 1970er Jahren von den ›subaltern studies‹, einer Gruppe indischer Historiker, reaktiviert wurde. Spivak lenkt damit den Blick der postkolonialen Analyse von der Rekonstruktion der westlichen Repräsentation des Anderen auf die soziale Praxis dieses ›Anderen‹, d. h. der nicht-westlichen Kulturen selber, vor allem ihrer nicht-elitären Massen. Sie kritisiert hier eine doppelte Blindheit des westlichen Postkolonialismus: zum einen darin, dass er seine Analyse auf den westlichen Diskurs über den Anderen einschränkt; zum anderen darin, dass die nicht-westlichen Praktiken und Identitäten, wenn diese denn sichtbar werden, bevorzugt in ihrer dem Westen affinen Form, d.h. in den Mittel- und Oberschichten und in ihrer männlichen Hälfte in den Blick geraten. Charakteristisch ist dann die Projektion eines ›Widerstandspotenzials‹ in das nicht-westliche Subjekt, das letztlich ein Produkt westlicher Konzepte von politisch-kultureller Subversion darstellt.

Konzept des Subalternen

Gramsci hatte Spivak zufolge mit seinem Begriff des ›Subalternen‹ zu Recht auf jene großen Gruppen der Gesellschaft – in seinem Fall Italiens und der dortigen agrarischen Milieus – verwiesen, denen eine eigenständige kulturelle Artikulation fehlt und die daher leicht soziologisch übergangen werden oder denen kurzerhand eine imaginäre ›Stimme gegeben‹ wird. Wenn die indischen ›subaltern studies‹ sich in einer Art postkolonialer Alltags- und Sozialgeschichte diesen agrarischen Milieus ohne kulturelle Artikulation zugewandt haben (vgl. Ludden 2001), dann sind sie jedoch Spivak zufolge der Gefahr erlegen, nun diese Unterschichten ihrerseits zu homogenisieren und ihnen den Status potenzieller oder realer Selbstbefreiungsbewegungen zuzuschreiben. Spivaks Konzept des Subalternen lässt sich demgegenüber als Plädoyer verstehen, diese Praktiken, Kollektive und Identitäten in ihrer Heterogenität sowie in ihren implizitem Selbstverstehen zu rekonstruieren. Zum einen soll hier die gegenseitige Überlagerung der Differenzen von ›race‹ mit ›class‹ und schließlich mit ›gender‹ in der Formierung von Identitäten berücksichtigt werden. Zum anderen ist die paradoxe Aufgabe anzugehen, das Selbstverstehen des ›stummen subalternen Subjekts‹ zu rekonstruieren, ohne diesem eine Stimme zu geben, die sich nur als die des wohlmeinenden Interpreten herausstellt. Spivaks prominentes Beispiel bezieht sich auf das Problem, das weibliche subalterne Subjekt in Indien zu begreifen, wie es sich in der viel diskutierten Praxis der Witwenverbrennung äußert. Gegen die westliche, liberale Fehlrepräsentation der Witwenverbrennung wie gegen ihre hinduistische Instrumentalisierung bleibt die schwierige Aufgabe einer Rekonstruktion der ›self-interpretations‹ der Betroffenen zu leisten. Spivaks Programmatik richtet sich darauf, die postkoloniale Identitätsanalyse nicht allein als Rekonstruktion von Repräsentationsverhältnissen zu betreiben, sondern sie darüber hinaus als eine interpretative Analytik der impliziten Selbstwahrnehmung von Alltagsakteuren bereits ›vor‹ ihrer diskursiven Repräsentation zu begreifen (die allerdings paradoxerweise im wissenschaftlichen Diskurs immer zum Gegenstand einer Repräsentation werden muss). In dieser Problematisierung der Stellung des Interpreten bewegt sich die ›post-colonial theory‹ in der Nähe der kulturanthropologischen ›writing culture‹-Debatte der 1980er Jahre, in der die epistemologische und methodologische Frage der Darstellbarkeit des ›Anderen‹ breit diskutiert wurde (vgl. Clifford/Marcus 1986).

7. Kulturtheorien der Materialität: Das Subjekt als Korrelat von medialen Apparaturen und Artefakt-Netzwerken

Materialität des Sozialen

Seit den 1990er Jahren hat sich eine neue kulturwissenschaftliche Theoriebaustelle aufgetan, welche die Perspektive auf das Subjekt verschiebt: ein Feld von Ansätzen, die im weitesten Sinne von einer ›Materialität‹ des Sozialen ausgehen. Der Sammelbegriff der ›Materialität‹ verweist darauf, dass das Soziale und damit die Bedingung von Subjekthaftigkeit sich nicht auf ›Ideelles‹, d. h. auf symbolische Ordnungen, auf sprachliche und nicht-sprachliche Zeichensysteme und Wissensordnungen, reduzieren lässt. Nun hatten die meisten der neo- und poststrukturalistischen Ansätze der Subjektanalyse in *einer* Hinsicht bereits – gegen den klassischen Strukturalismus oder die Phänomenologie – die Materialität von Sozialität und Subjektivität betont, indem sie das Subjekt nicht als geistige Instanz, sondern Subjektivierung als Prozess einer (Selbst-)Formung von *Körpern* begriffen haben. Was die neue Runde der an Materialität orientierten Ansätze über die Körperlichkeit von Subjekten hinaus hervorhebt, ist die Abhängigkeit des Sozialen von einem eigendynamischen Arrangement von *Artefakten*, d. h. von organischen oder anorganischen, natürlichen oder technischen Dingen. Auch kulturelle Subjektformen erscheinen dann in ihrer Spezifität erst nachvollziehbar, wenn man sie als eingebettet in historisch-spezifische materielle Ensembles von Artefakten erkennt.

Medien- und Akteur-Netzwerk-Theorie

Vor allem in zwei Kontexten sind solche Theorien der Materialität innerhalb der Sozial- und Kulturwissenschaften aufgetaucht. Zum einen sind die Medientheorien zu nennen, die sich zu großen Teilen als Theorien der Medientechnologien darstellen und – insbesondere in Deutschland – das Feld einer neuen Medienwissenschaft formiert haben. Mehr oder minder geheimer ›spiritus rector‹ einer solchen Perspektive auf technische Medien, als historische Bedingung der Transformation von Wahrnehmungsstrukturen verstanden, ist letztlich Walter Benjamin mit seinem medientheoretisch lesbaren Schlüsselaufsatz »Das Kunstwerk im Zeitalter seiner technischen Reproduzierbarkeit« (1936). Eine zweite Theoriebewegung, die unmittelbar darauf abzielt, die Analyse von Artefakten in jene des Sozialen zu integrieren, bieten die im Umkreis der ›science studies‹ entstandenen Ansätze, die jedoch in Form einer allgemeinen Akteur-Netzwerk-Theorie (ANT) deutlich ausgebaut wurden, am prominentesten die ›symmetrische Anthropologie‹ von Bruno Latour.[13]

Transformation der Kulturtheorien

Das sehr heterogene Feld von Theorien der Materialität kann zunächst insofern irritierend wirken, als klassischerweise Materielles und Kulturelles als Gegensätze zueinander verstanden wurden. Dass im kulturtheoretischen Kontext Programme zur Analyse von Materialität formuliert werden, mag damit auf den ersten Blick als ein paradoxes Unterfangen erscheinen. Tatsächlich bringen die an Materialität orientierten Ansätze jedoch eine Transformation der Kulturtheorien und der kulturwissenschaftlichen Fragestellung insgesamt auf den Weg. Zugleich bilden sie dadurch, dass sie das Konzept des Materiellen als Artefaktförmiges (und Körperliches) reformulieren und die Opposition zwischen Kultur und Natur/Technik selber zu dekonstruieren versuchen, keine Antipoden zur kulturwissenschaftlichen Perspektive, vielmehr ein Produkt ihrer eigenen Selbstreflexion. Zu unterscheiden sind hier die gegensätzlichen Vorstellungen bezüglich des ›Materiellen‹ im klassischen Materialismus, im klassischen Kulturalismus und in den neuen sozial- und kulturwissenschaftlichen Perspektiven auf die Materialität.[14] Letztere gehen auf deutliche Distanz zum klassischen Materialismus wie auch zu einem Kultur-Idealismus.

klassischer Materialismus

Der klassische Materialismus war insbesondere für die traditionellen Sozialwissenschaften alles andere als untypisch und findet in Marx' Basis-Überbau-Schema seinen paradigmatischen Ausdruck. Er unterscheidet eindeutig eine Ebene des Materiellen im Sinne von nicht-sinnhaften, eigendynamischen Strukturen, die schon ›vor‹ jeder sinnhaften Erfassung existieren – wahlweise als Technik, Produktionsverhältnisse, Bevölkerungsentwicklung, quantitative Größe sozialer Einheiten oder Natur verstanden – und eine Ebene des Ideellen und Kulturellen, verstanden als sich selber im Medium von Sinn und Bedeutung konstituierende Phänomene. Eindeutig wird eine Abhängigkeit des Kulturellen vom Materiellen angenommen, die letztlich auf der Erklärungsebene das Spiel der kulturellen Kontingenzen eindämmt.

klassischer Kulturalismus

Es ist nicht verwunderlich, dass sich geistes- und sozialwissenschaftliche Kulturtheorien durchgängig in Opposition zum klassischen Materialismus befunden und über diese Differenz häufig auch ihre Identität gewonnen haben. Im klassischen Kulturalismus wird der Spieß gewissermaßen umgedreht: Auch hier geht man von der Differenz zwischen Kulturellem und Materiellem aus, demonstriert aber, wie alles vermeintlich Materielle – die Technik, die Natur, die ökonomischen Produktionsverhältnisse – immer schon abhängt von seiner sozial-kulturellen Repräsentation. Die scheinbar harte Realität des Ökonomischen, Technischen oder Natürlichen wird zu einer solchen erst im Ergebnis der sinnhaften sozialen Praxis. Man kann hier von einem Symbolismus des Materiellen sprechen. Die vermeintlich vorhandenen Dinge, Techniken und Naturphänomene erscheinen aus dieser Perspektive als spezifisch *definierte* Elemente innerhalb bestimmter symbolischer Ordnungen, welche die symbolische Qualität von Fetischen, technischen Dingen und Konsumobjekten ebenso wie die Konstitution einer Natur in biologischen Diskursen umfassen.

neuer Materialismus

Man kann die neueren Theorien der Materialität innerhalb der Kulturwissenschaften als Kritik an diesem Symbolismus des Materiellen im Kulturalismus verstehen, ohne dass diese in den alten Materialismus zurückfällt. Der klassische Kulturalismus war im Grunde selber noch dem Basis-Überbau-Dualismus verhaftet und argumentierte dafür, dass der Überbau die eigentliche Basis darstellt. Die neuen Theorien der Materialität lassen sich so interpretieren, dass sie – am offensivsten ist dies bei Bruno Latour der Fall – gerade die strikte Unterscheidung zwischen Materiellem und Kulturellem als hinderlich wahrnehmen. Diese Differenz ist in einem sehr spezifischen, klassisch ›modernen‹ Kontext entstanden und hindert nun die Theorie wie die Wissenschaften daran, das komplexe, ko-evolutive Geflecht von vermeintlich Kulturellem und vermeintlich Materiellem, von Diskursen, Praktiken, Subjekten, Technologien, organischen und anorganischen Naturen in den Blick zu nehmen. Es ist offensichtlich, dass eine solche Blickerweiterung von den Praktiken und Diskursen auf die materiellen Arrangements, in denen sie stattfinden, die sie selber konstituieren und die eine Sphäre neuer Zusammenhänge und Abhängigkeiten sichtbar machen, auch die Perspektive auf Subjektivität und Subjektivation verändert. Die (post-)strukturalistische Dezentrierung des Subjekts wird gewissermaßen noch eine Windung weiter gedreht: Nicht nur wird das Subjekt im Rahmen bestimmter symbolischer und diskursiver Ordnungen subjektiviert, auch mit diesen verflochtene Arrangements der Materialität – technologische Netzwerke, die in die Alltagskultur integriert sind, räumliche Arrangements, klimatische Bedingungen etc. – wirken sich auf die Form aus, in denen sich in einem bestimmten historischen und lokalen Kontext Subjekte bilden. Die Frage ist allerdings, wie diese Subjekt-Effekte genau zu konzeptualisieren sind, ohne erneut in einen Basis-Überbau-Dualismus zurückzufallen. Medientheorien und Artefakttheorien weisen hier unterschiedliche Wege.

Walter Benjamin

Walter Benjamins Skizzen, die sich mit der Entstehung der zeitgenössisch neuen – audiovisuellen – Medien beschäftigen, insbesondere sein inspirierender Aufriss »Das Kunstwerk im Zeitalter seiner technischen Reproduzierbarkeit« (1936), sind seit den 1980er Jahren als Initialzündung einer genuin medientheoretischen Fragestellung gelesen worden.[15] Tatsächlich findet sich in Benjamins kulturhistorischem Entwurf in nuce eine medientheoretische Perspektive. Diese ist zentriert auf den Zusammenhang zwischen der historischen Materialität technischer Apparate der Medienentwicklung und der durch sie jeweils neu geformten Wahrnehmungsstrukturen des Subjekts. Ausgangspunkt ist damit die Geschichtlichkeit der subjektiven Perzeptionsformen: »Innerhalb großer geschichtlicher Zeiträume verändert sich mit der gesamten Daseinsweise der menschlichen Kollektiva auch die Art und Weise ihrer Sinneswahrnehmung.« (1936: 14) Die subjekthistorische Frage der Transformation von Wahrnehmungsstrukturen weist damit in die Richtung einer historischen ›Ästhetik‹ im weitesten und eigentlichen Sinne, eine Analyse des Wandels von ›aisthesis‹, der Formen sinnlicher Wahrnehmung. Diese Historizität der ›psychischen Apparatur‹ des Menschen, der kulturellen Sensibilisierung und Desensibilisierung seiner Sinne ist in Benjamins Darstellung eng gekoppelt an die Transformation jener technischen, medialen Apparate, mit denen historische Subjekte im alltäglichen Umgang ihre Wahrnehmung schulen. Benjamins Interesse gilt hier vor allem der Entstehung der audiovisuellen Medien, welche seit der zweiten Hälfte des 19. Jahrhunderts eine technische Reproduzierbarkeit von Bildern (und sekundär auch von Tönen) ermöglichen, insbesondere der Fotografie und dem Film. Er stellt sie – in einer recht groben Opposition – den Arrangements der traditionellen Kunst gegenüber, die mit räumlich anwesenden Objekten und Subjekten (Gemälde, Skulpturen, Dramen etc.) hantierten. Diesen beiden technologisch-medialen Arrangements lassen sich zwei unterschiedliche Wahrnehmungstypen zuordnen:

Training der Reflexivität

Die klassische Kunst der räumlich präsenten Objekte und Subjekte – prototypisch im religiös-ritualisierten wie im bürgerlichen Kontext – trainiert das Subjekt in Konzentration und Kontemplation, es zieht in ihm einen Sinn für das Individuelle, Einzigartige des Gegenstands wie des Menschen heran: einen Sinn für das Einmalige des Objekts und Subjekts, das nur im ›Hier und Jetzt‹ erlebbar ist, eine Authentizitätserfahrung, die sich im Eindruck einer ›Aura‹ des Objekts/Subjekts niederschlägt. Jene Medientechnologien, die eine technische Reproduktion von Bildern ermöglichen, insbesondere die Kinematografie seit 1900, züchten sich dagegen – so Benjamin – eine veränderte Wahrnehmungsstruktur heran. Benjamin geht hier auf eine Reihe von Veränderungen der psychischen Apparatur des modernen ›Massenmenschen‹ ein, sobald dieser mit den audiovisuellen Medien hantiert: Die Wiederholbarkeit des Films durch einen Apparat bewirkt im betrachtenden Subjekt eine Distanzierung gegenüber den ästhetischen Objekten und den dargestellten Subjekten zugleich. An die Stelle eines Gefühls des Auratischen und Individuellen tritt eine Schulung in ›Gleichförmigkeit‹. Entscheidend ist damit, dass auch der Mensch als technisch herstellbare Bildoberfläche – nicht als empathisch nachvollziehbares Individuum, sondern als ein gleichförmiges, typenartiges Objekt der Beobachtung – erlebbar wird. Das betrachtende Subjekt lernt dann, den dargestellten Subjekten mit der Haltung eines kritischen ›Testens‹ der Qualität ihrer sichtbaren ›performance‹ zu begegnen. Diese Haltung kann man am Ende auf sich selbst übertragen, insofern Zuschauer und Darsteller im Prinzip austauschbar werden.

Schulung einer Haltung der Zerstreuung

Neben dieser Schulung einer reflexiven Haltung macht Benjamin in der Kinematografie einen weiteren subjektivierenden Effekt aus: Die technische Apparatur vermag eine Ausweitung, Beschleunigung und Verfremdung der alltäglichen Wahrnehmungsweisen, vor allem des Sehsinns, zu bewirken, eine »Vertiefung der Apperzeption« (1936: 34). Über technische Mittel wie Zooming, Zeitlupe oder Schnitt ergibt sich eine neue Sichtbarkeit der Dinge, auch ein neuer Sinn für Beschleunigung, Action und visuelle Imagination. Auf das Subjekt bezogen, bedeutet dies nicht Kontemplation und Konzentration, sondern das Heranziehen einer Haltung der ›Zerstreuung‹. Das Subjekt vermag sich in seine Sequenz von Wahrnehmungsakten zu zerstreuen und sucht in diesem Sinne beständig nach neuen Reizen. Insgesamt ergibt sich damit in Benjamins Interpretation der in audiovisuellen Medien formierten Persönlichkeit eine charakteristische Doppelstruktur von Zerstreuung und Reflexivität: Sie ist »ein Examinator, doch ein zerstreuter« (1936: 41).

Kritik an Benjamin

Die Einzelheiten von Benjamins medienhistorischer Skizze wurden häufig kritisiert. So ist die Triftigkeit der – teilweise von medienutopischen Hoffnungen motivierten – Diagnose des nach-bürgerlichen Subjekts als einer Symbiose von kritischer Reflexivität und ich-dezentrierender Zerstreuung wiederholt in Zweifel gezogen worden. Vor allem scheint Benjamins Diagnose nicht für ›die‹ Technologie des Films in ihrer Gesamtheit zuzutreffen, sondern stillschweigend von der formal-inhaltlichen Gestaltung der medialen Repräsentationen, d. h. der Filme, sowie von der Rezeptionshaltung des Zuschauers abzuhängen. Benjamins Ideal sind hier offenkundig der kontinentale Avantgarde-Film der 1920er und 30er Jahre und ein dazu passender, an ästhetischer Grenzüberschreitung interessierter Zuschauer. Damit deutet sich ein grundsätzliches Problem der Medientheorien an: Inwiefern vermögen Medientechnologien als eine technische Struktur jenseits ihrer jeweiligen inhaltlichen Ausfüllung einen korrespondierenden Subjekttypus mit entsprechenden allgemeinen Dispositionen ›hervorzubringen‹? Inwiefern hängt die Subjektivation dagegen auch von der inhaltlichen Gestaltung der medial vermittelten Repräsentationen ab (dem Inhalt und der Form der Texte innerhalb einer Schriftkultur, der Filme und Fernsehsendungen innerhalb der audiovisuellen Kultur etc.), inwiefern schließlich auch von den sozialen Praktiken, in denen sich Subjekte die Medienprodukte aneignen?

Anschluss an Benjamin

Unabhängig von diesen Kritikpunkten im Detail liefert Benjamins Skizze die Initialzündung einer heuristisch fruchtbaren Forschungsperspektive, welche es ermöglicht, Subjektivierungsprozesse in den Kontext der historischen Transformation von medialen Technologien und damit eines für die Subjektivierung besonders bedeutsamen Segments technischer Materialität zu stellen. Damit erhält die sozial- und geisteswissenschaftliche Medienanalyse seit den 1980er Jahren eine subjekt- wie materialitätshistorische Ausrichtung. Ein traditionelles soziologisches Modell der Medien hatte diese in erster Linie als Kommunikationsmedien verstanden, d. h. als Mittler, welche die Übertragung von Informationen vom Sender zum Empfänger erleichtern. In einer konstruktivistischen oder diskurstheoretischen Fassung können dann diese Informationen als kulturelle Repräsentationen eigener Qualität gelesen werden. Dadurch werden auch mediale Subjektrepräsentationen – die Darstellung des Subjekts im bürgerlichen Roman, im Hollywood-Film, auf einer Social media-Plattform etc. – analysierbar. Was jedoch sowohl im kommunikationstheoretischen als auch im diskursanalytischen Modell der Medien ausgeblendet blieb, ist die Technizität der medialen Apparate und die Art und Weise, in der sie sich auf soziale Praktiken sowie auf die psychische Struktur des Subjekts auswirkt. Genau dieser Zusammenhang gerät nun durch die Medientheorien im neueren kulturwissenschaftlichen Sinne im Gefolge von Benjamin in den Blick.

subjektivierende Effekte der Schriftlichkeit

Eine Reihe von Autoren hat diese medientheoretische Forschungsperspektive vorangebracht. Ein Schwerpunkt lag bisher in der Aufgabe, in die klassisch hochkulturellen wie in die bürgerlich-modernen Gesellschaften *vor* der audiovisuellen Revolution zurückzugehen und zu fragen, welche Subjektdispositionen diese primär produziert haben. Als zentral für die bürgerlich-moderne wie auch in anderer Weise für die klassisch hochkulturellen Gesellschaften sind bei Autoren wie Marshall McLuhan, Walter J. Ong und Friedrich A. Kittler immer wieder die subjektivierenden Effekte der Schriftlichkeit herausgestellt worden. Die Kultur/Technik der Schriftlichkeit lässt sich dabei einerseits mit jener der Mündlichkeit archaischer Gesellschaften, andererseits mit jener der Audiovisualität und schließlich auch der Digitalität der modernen und postmodernen Gesellschaften nach 1900 bzw. 1980 kontrastieren. So arbeitet McLuhan (1962) heraus, wie die Kultur/Technik der Schriftlichkeit, insbesondere nach der neuzeitlichen Erfindung des Buchdrucks, das Subjekt in seinen auditiven und taktilen Sinnen desensibilisiert und eindeutig auf einen die Objektewelt ›distanzierenden‹ Sehsinn ausrichtet. Ong (1982) rekonstruiert im Detail, wie der Übergang von der Mündlichkeits- zur Schriftlichkeitspraxis die kognitiven Strukturen des Subjekts umbaut: von der Additivität zur logischen Ordnung und Subordination, von der Wiederholung zur Produktion von Neuem, vom dialogischen zum monologisch-analytischen Denken.

Friedrich Kittler

Friedrich Kittler, der die Medientheorien am vehementesten in die Richtung einer Theorie der Medientechnologien treibt, interessiert in »Aufschreibesysteme 1800/1900« (1985) die Differenz zwischen der klassisch-bürgerlichen Schriftlichkeitskultur und der neuen Kultur der audiovisuellen Medien. Hintergrund ist hier eine medientheoretische Umformung von Foucaults historischer Diskursanalyse, in deren Zentrum das Konzept der Aufschreibesysteme steht. Als ein Aufschreibesystem versteht Kittler ein ganzes »Netzwerk von Techniken und Institutionen, die einer gegebenen Kultur die Adressierung, Speicherung und Verarbeitung relevanter Daten erlauben« (1985: 501), gewissermaßen die gesamte ›Datenverarbeitungsmaschinerie‹ einer Kultur. Kennzeichnend für die Subjektivierungsweise der Schriftkultur – vor allem an seinem Kulminationspunkt im deutschen Bildungsbürgertum um 1800 – ist die Implementierung eines hermeneutischen und affektiv aufgeladenen Sprachverständnisses, das Training in einer Sprache mit Kontinuitäten, mit gleitenden Übergängen zwischen Mündlichkeit, Schriftlichkeit, Zeichen, Bedeutungen, Seele und Affekten. Die Kultur der audiovisuellen Medien nach 1900 bedeutet dann eine einschneidende Ablösung dieser Schriftkultur, die alles ›durch den Engpass des Signifikanten‹ zwängte, durch Technologien, welche physikalische Effekte des ›Realen‹, vor allem Licht- und Schallwellen, aufzeichnen, und durch Medien, in denen sich die Gegenstände gewissermaßen selber wieder finden. Das Subjekt scheint sich entsprechend von der Instanz einer inneren Seele in eine ›Informationsmaschine‹ der Registrierung sinnlicher Wahrnehmung zu verwandeln (was einer entsprechenden Ablösung der idealistischen Subjektphilosophie durch die kognitivistische Psychologie entspricht).

Bruno Latour

Neben den Medientheorien haben in der neueren sozial- und kulturwissenschaftlichen Diskussion die Artefakttheorien dem Interesse an der Materialität einen besonderen Schub gegeben. Hier ragt Bruno Latour mit »Wir sind nie modern gewesen. Entwurf einer symmetrischen Anthropologie« (1991), »Eine neue Soziologie für eine neue Gesellschaft« (2007) und anderen Arbeiten heraus. Latour ist nicht unmittelbar an einer Reformulierung der Subjektanalyse gelegen, man kann aber seine konzeptuelle Revision des Verhältnisses zwischen Menschen und nicht-menschlichen ›Aktanten‹ als Hintergrund eines Forschungsprogramms verstehen, das die Perspektive auf die Bedingungen der Subjektivierung erheblich verändert, indem diese als eingebettet in historisch wandelbare Netzwerke mit nicht-menschlichen, sozial relevanten Aktanten interpretiert werden. Latours Ausgangspunkt ist eine aus seiner Sicht paradoxe Konstellation, welche den Stellenwert von Objekten in der Moderne betrifft: Einerseits ist die Moderne seit der Frühen Neuzeit durch eine historisch beispiellose Explosion von Artefakten gekennzeichnet, von materiellen Dingen, die von den Menschen einerseits gemacht, erfunden, manipuliert oder entdeckt worden sind, die zugleich, einmal produziert oder in die Welt gesetzt – ob intendiert oder unintendiert –, ihre eigene materiale Mächtigkeit gewinnen. Dies gilt für die verschiedenen Schübe der Industrialisierung, für die Verkehrs- und Medientechnologien, die Elektrifizierung und Digitalisierung, die Entdeckung und Manipulation biologischer Tatbestände (Genetik, Organtransplantation etc.), die Veränderungen der Medizin, die Konsumrevolution, die städtebauliche Entwicklung, die gesellschaftlich induzierten klimatischen Veränderungen etc.

Zwei-Kammern-System

Andererseits hat sich die Moderne in ihrem Selbstverständnis als ›Gesellschaft‹ regelmäßig entmaterialisiert, in besonderem Maße in den modernen Kultur- und Sozialwissenschaften. Grundlage für diese Entmaterialisierung der Gesellschaft ist der Dualismus zwischen Gesellschaft/Kultur und Natur/Technik, wie er sich seit dem 16. Jahrhundert etabliert hat. Leitend für das moderne Denken stellt sich eine nur scheinbar selbstverständliche strikte Trennung zwischen dem heraus, was Latour zwei ontologische ›Kammern‹ nennt. Diese sind das Ergebnis einer Purifizierung des Gesellschaftlich-Kulturellen vom Natürlich-Technischen und umgekehrt. Das ontologische Zwei-Kammern-System bringt eine Bifurkation mit sich, die eine beruhigende Doppelordnung zu etablieren versucht. Vor diesem Hintergrund erscheint die Sphäre des Gesellschaftlich-Kulturellen einer politischen, menschlichen Gestaltung scheinbar unbegrenzt zugänglich. Demgegenüber dekretiert das Zwei-Kammern-Denken, dass die Sphäre der Natur sich aus objektiven Tatbeständen zusammensetzt, aus fixen Naturgesetzen, die vorgeblich unabhängig von der Kultur existieren und von den Naturwissenschaften lediglich ›entdeckt‹ werden müssten. Politische und kulturelle Repräsentation einerseits und (natur-)wissenschaftliche Repräsentation andererseits sind dann grundsätzlich voneinander getrennt. Im Rahmen dieses modernen Zwei-Kammern-Systems muss jede Vermengung beider Sphären – wie etwa im archaischen Fetischismus oder in der Politisierung von Naturerkenntnis – als vormodern oder anti-modern erscheinen.

Die absolute Separierung von Gesellschaft/Kultur und Natur/Technik hat nun Latour zufolge in der Moderne lange Zeit die parallel existierende Vermengung der beiden Sphären, die sich im Zusammenhang mit der Explosion der Artefakte in der Moderne ergibt, verschleiert. Diese Verschleierung funktioniert jedoch mittlerweile nicht mehr, sie ist für das zeitgenössische Selbstverständnis selber hinderlich geworden. Mehr und mehr wird deutlich, dass ›wir nie modern gewesen sind‹, d. h., dass die für die Moderne charakteristische Trennung von Kultur und Natur so nie existiert hat. Gefragt ist damit gewissermaßen ein bewusst nicht-modernes Denken, das hinter den aufklärerischen Rationalismus und sein fundamentales Zwei-Kammern-System, seinen Doppelhorizont von politischer Emanzipation und naturwissenschaftlichem Erkenntnisideal, zurückgeht. Der Sozialkonstruktivismus in den ›science studies‹ der 1970er Jahre, eine Bewegung, die Latour selber vorangetrieben hat, hatte zu Recht die Praxis der Naturwissenschaft kulturalisiert, d. h. demonstriert, wie die ›Fabrikation der Erkenntnis‹ (Knorr Cetina 1984) statt ein Auffinden einer objektiven Natur, ein Ensemble sozial-kultureller Praktiken darstellt (vgl. Biagioli 1999). Der Sozialkonstruktivismus der ›science studies‹ war aber für Latour nur ein erster Schritt, um die begriffliche Mauer zwischen Materiellem und Kulturellem einzureißen. Die eigentliche Herausforderung besteht darin, ein Vokabular zu entwickeln, das die hybriden Symbiosen von kulturellen und materiellen Elementen in den Assoziationen des Sozialen analysierbar macht und damit die systematische Ausblendung des Reichs der Objekte aus der sozialwissenschaftlichen Analyse revidiert. Es kann dabei nicht darum gehen, diese materiellen Objekte lediglich als einen relevanten Gegenstand neben anderen – etwa als Gegenstand einer Techniksoziologie – anzuerkennen und bisherigen Analysen hinzuzufügen, vielmehr geht es Latour um die stärkere These, dass die Artefaktwelt *konstitutiv* ist für das Soziale.

Interobjektivität

Latour bietet nun keine systematische Großtheorie, um diese Symbiose von Materiellem und Kulturellem zu denken, sondern eher eine analytische Strategie und damit eine Reihe heuristischer Kategorien, vor allem die der Interobjektivität, des Quasi-Objekts, des Hybriden, des Netzes und der Aktanten sowie der ›Natur/Kultur‹. Ein zentrales Konzept ist das der Interobjektivität: Mit ihm versucht Latour, Subjekt-Objekt-Beziehungen ins Zentrum der sozialwissenschaftlichen Analyse zu rücken. Es zählt zu den Gründungsmythen der Soziologie, dass das Soziale sich grundsätzlich in einer Konstellation der ›Intersubjektivität‹ bilde, in einem Zusammenhang der Interaktion und Kommunikation zwischen Menschen, in denen Zeichen, Sprache und Kultur zum Einsatz kommen. Für Latour ist dieser soziologische Mythos der Intersubjektivität jedoch ein Produkt des modernen Zwei-Kammern-Denkens: Die materiellen Artefakte kommen nicht vor und so ist keine befriedigende Erklärung sozialer Ordnungen möglich. Wenn die Existenz sozialer Ordnungen in der menschlichen Welt bedeutet, dass Verhaltensroutinen verhältnismäßig stabil über räumliche und zeitliche Grenzen hinweg existieren, dann lässt sich dies Latour zufolge nicht über die bloßen zwischenmenschlichen Interaktionen erklären. Eine lediglich interaktionistisch strukturierte Ordnung scheint Latour eher typisch für nicht-menschliche Gesellschaften, etwa jene von Menschenaffen, und sie ist entsprechend instabil und wenig entwicklungsfähig. Soziale Ordnungen werden in ihrer Repetitivität und Komplexität erst erfassbar, wenn man sie als eine Konstellation der ›Interobjektivität‹ begreift, in welche die Intersubjektivität eingebunden ist. Interobjektivität meint die regelmäßigen Beziehungen zwischen menschlichen Akteuren und dem, was Latour nicht-menschliche ›Aktanten‹ nennt, d. h. Artefakte als Quasi-Akteure, welche ebenso eine Voraussetzung für soziale Verhaltensroutinen darstellen wie menschliche Träger. Gebäude, Werkzeuge, Maschinen, Bücher, Kleidung, Aktenregistraturen usw. sind kein bloßes Anhängsel menschlicher Handlungen; ohne diese materialen

Objekte in ihrer relativen Stabilität, wie sie in die sozialen Praktiken eingebunden sind, wäre die relative Stabilität sozialer Ordnungen nicht denkbar: »Any time an interaction has temporal and spatial extension, it is because one has shared it with non-humans.« (Latour 1996a: 239) Damit ergibt sich ein weites Feld für eine erweiterte sozialwissenschaftliche Analyse, die in Bezug auf jedes Feld sozialer Praktiken – seien diese ökonomisch oder staatlich-politisch, privat-familiär oder künstlerisch-ästhetisch – die Frage nach den interobjektiven Beziehungen stellen kann, nach der Geschichte der Artefakte, die untrennbar mit der Geschichte der Praktiken und ihren menschlichen Akteuren/Subjekten verknüpft ist. Die sozialwissenschaftliche Analyse bricht dann ihre Fixierung auf Subjekt-Subjekt-Beziehungen auf und entdeckt die für die soziale Praxis konstitutive Kraft der Subjekt-Objekt-Relationen.

Quasi-Objekt

Dabei ist Interobjektivität weder kurzerhand in eine primär-kulturelle Beziehung des Umgangs von Menschen mit Dingen zu verwandeln, die in der menschlichen Praxis gewissermaßen an Materialität verlieren (genauso gut handelt es sich nämlich um einen Umgang der Dinge mit Menschen), noch ist im Sinne eines Technikdeterminismus (oder eines analogen Naturdeterminismus) von einem vorsozialen Substrat ›der Technologie‹ auszugehen, das die Menschheitsgeschichte umgewälzt habe. Die ›symmetrische Anthropologie‹ Latours versucht dagegen, eine Denk- und Analyseweise zu etablieren, die Menschen und Dinge, Natur und Kultur als gleichberechtigte Elemente eines übergreifenden ontischen ›Netzes‹ in den Blick nimmt, dessen primäres Kennzeichen seine Geschichtlichkeit ist. Zu bestimmten historischen Zeitpunkten in der Kultur-, Natur- und Technikgeschichte existieren bestimmte Netze von miteinander verknüpften technischen Artefakten, Formen der Naturbearbeitung, Praktiken und Diskursen – und diese Netze müssen Gegenstand einer neuen Analyseform sein. Die kleinsten Einheiten dieser Analysen sind also nicht Kulturen, sondern ›Kollektive‹, die Latour nicht als rein menschliche Kollektive fasst, sondern als ›Naturen/Kulturen‹, d. h. Geflechte von materiellen und kulturellen Elementen. Naturen/Kulturen sind als historische Kollektive zu rekonstruieren – damit ist auch jegliches statisches Naturdenken, welches eine unwandelbare Natur voraussetzt, ausgeschlossen. Die sogenannte Natur ist wie die Technik nie ohne die menschliche Gestaltung, die Fabrikation, Züchtung oder Kultivierung denkbar, ebenso wie die Kulturen nie ohne die ihnen zugehörigen materiellen Artefakte denkbar wären. Latour schlägt das Konzept des ›Quasi-Objektes‹ oder ›Hybriden‹ vor, um diesen chronischen Doppelstatus von Artefakten auf den Begriff zu bringen: Die Objekte sind Mischwesen von Kulturellem und Materiellem, sie sind sozial-kulturell fabriziert, aber auch mit einer Materialität ausgestattet, die nicht jede arbiträre Nutzung zulässt.

Prozessualität des Sozialen

Die symmetrische Anthropologie basiert insgesamt auf einem prozesshaften, dynamisierten Verständnis des Sozialen, das menschliche wie nicht-menschliche Elemente in ihrer Verknüpfung umfasst. Latour grenzt sich von einer Sozialtheorie ab, die von stabilen, fest umgrenzten sozialen Strukturen ausgeht, von fixen Gruppen, Klassen, Institutionen, Regeln und Rollen, aber auch von fixen Subjekten und Objekten. Diesem statischen Verständnis des Sozialen, das Latour vor allem in der einflussreichen Tradition Émile Durkheims ausmacht, setzt er ein Modell des Sozialen entgegen, welches dieses als Dynamik des Verknüpfens und Vernetzens, als Prozess der Bildung von Assoziationen versteht. Soziale Einheiten sind nicht vorhanden, sie versammeln sich in unberechenbarer Weise. Diesen Weisen des sich Versammelns gilt es zu folgen: *Reassembling the social*. Latour sieht sich hier in der Tradition des Durkheim-Rivalens Gabriel Tarde, aber auch Parallelen zur poststrukturalistischen Ontologie von

Gilles Deleuze (vgl. Deleuze/Guattari 1992) lassen sich bei ihm ausmachen. Das prozesshafte Verständnis des Sozialen will sowohl den Dualismus zwischen Struktur und Handeln wie auch jenen zwischen Globalem und Lokalem hinter sich lassen. Zentral ist vielmehr, jenseits der Dualismen von einer »flachen Ontologie« auszugehen: Es gibt nichts anderes als den permanenten Prozess des Verknüpfens und Zirkulierens. Aber dieses Verknüpfen ist nicht auf die lokale Interaktion beschränkt, sondern zieht immer auch Elemente aus anderen Kontexten heran bzw. wirkt sich auf solche aus – möglicherweise auch auf räumlich weit entfernte Kontexte. Im Lokalen wirkt damit immer schon das Globale, und gerade diese globalen Vernetzungen gilt es nachzuvollziehen. Natürlich sind auch nach Latour diese Assoziationen zwischen den Kontexten nicht voraussetzungslos, aber es liegen ihnen keine Strukturen zugrunde, vielmehr werden im laufenden Prozess Strukturformate ›herangezogen‹: Formen, Schablonen, Standardisierungen, Formalisierungen etc.

Subjektivierung bei Latour

Bruno Latours symmetrische Anthropologie kann für die kulturwissenschaftliche Subjektanalyse auf den ersten Blick eher abschreckend wirken. Interessieren die Subjekte und Subjektivierungsweisen innerhalb der Akteur-Netzwerk-Theorie überhaupt oder werden sie von vornherein in den Netzen des Sozialen aufgelöst? In »Eine neue Soziologie für eine neue Gesellschaft« (2007: 352–377) führt Latour aus, wie sich in dieser Perspektive Subjektivierung verstehen und untersuchen lässt. Er greift dazu auf den aus den Computertechnologien bekannten Begriff des ›plug in‹ zurück. Plug ins, das heißt: um bestimmte Anwendungen auf dem Computer betreiben zu können, benötigt man kleine Softwarekomponenten, die man sich herunterlädt. Die Subjekte lassen sich Latour zufolge letztlich als ein Ensemble von solchen plug ins im weiteren Sinne verstehen, das heißt, als ein Ensemble verschiedener, von außen angeeigneter Kompetenzen. Interessanterweise verwendet Latour an dieser Stelle ausdrücklich den Habitusbegriff, den man von Bourdieu kennt, der aber zuvor auch schon bei Marcel Mauss prominent verwendet wurde. Anders als Bourdieu (generell einer der Lieblingsgegner Latours) geht Latour aber nicht von der Primärsozialisation eines in sich einheitlichen, abgeschlossenen Habitus aus. Vielmehr zirkulieren in der Gesellschaft einzelne spezifische Habituselemente, gewissermaßen Kompetenzportionen – z. B. geschlechtliches Verhalten, technologisches Wissen, Kommunikationskompetenz, ästhetische Sensibilitäten etc. Diese »Ausrüstungen« (Laurent Thévenot) eignen sich Subjekte nun je nach Bedarf und Notwendigkeit an und bringen sie zum Einsatz, wenn die Praktiken es erfordern. Die kognitiven Fähigkeiten bilden somit kein »Innen«, sie sind immer schon im »Außen« des Sozialen, in den Praktiken verteilt. Das soziale Außen zwingt somit nicht das Innen des Subjekts zu irgendetwas, es liefert vielmehr ein positives Angebot der Subjektivierung. Umgekehrt hat das einzelne Subjekt keine homogene Struktur, es ist »nicht unumstrittener Ausgangspunkt, sondern die provisorische Realisierung einer buntscheckigen Assemblage« (Latour 2007: 359), ein Patchwork vielfältiger Kompetenzen. Im Subjekt selbst versammelt sich so das Soziale – und erst auf diese Weise, eingebunden in die Netzwerke des Sozialen, wird es zu einem Akteur, und damit zum Handlungsträger. Je mehr Assoziationen, je vielfältiger die plug ins, umso ausgeprägter ist im Übrigen die Individualität des Subjekts, so Latour in einem Argument, das an Georg Simmels Theorem des Zusammenhangs zwischen der Kreuzung sozialer Kreise und der Ausdifferenzierung von Individualität erinnert (vgl. Simmel 1890: 100–116).

Eine von Latour inspirierte Analyse von Subjektivierungsweisen wird damit zweierlei betonen: die prozesshafte Aneignung von Kompetenzen durch Subjekte in Netzwerken und die enge Verknüpfung von Subjekten und Objekten/Artefakten. Die Artefakttheorie legt nahe, Subjektivierung nicht als eine Inkorporierung symbolisch-kultureller Ordnungen zu verstehen, sondern die Transformation von Subjekten im Zuge ihrer historisch-spezifischen Vernetzung mit Artefakten und ganzen Artefakt-Systemen in den Blick zu nehmen. Das, was die Medientheorien für die medialen Artefakte annehmen, gilt für sämtliche Dinge: Wenn soziale Praktiken in der Regel Praktiken mit und in Dingen sind, Praktiken, an denen eine bestimmte Architektur und Raumgestaltung ebenso partizipiert wie eine auf bestimmte Weise bearbeitete organische Natur (Ernährung, Klima, Körpermanipulation etc.), Kommunikationsmedien wie Buch oder Mobiltelefon ebenso wie Verkehrsmittel oder Bekleidungs-Dinge, dann wirken diese Artefakte durch die Praktiken ihrer Verwendung oder ihrer stillschweigenden Inanspruchnahme hindurch subjektivierend. Sie verhelfen bestimmten Subjektformen, ihrer Form der sinnlichen Wahrnehmung – ihrer Visualität, Auditivität, Taktilität –, ihrer Art und Weise der Körperbewegung und ihrer körperlichen Gestalt, ihren Vorstellungen von räumlicher und zeitlicher Situiertheit etc. zur Existenz.

Donna Haraway

In diesem Zusammenhang sollte Donna Haraway erwähnt werden. Haraway verwendet in ihrem einflussreichen »Cyborg Manifesto« (1985) den suggestiven heuristischen Begriff des ›Cyborg‹, um diese Verschränkung von kulturellen und materiellen Elementen in der Struktur eines Subjekts zu erfassen. Ähnlich Latour geht sie von dem Problem aus, dass die strikte Grenzziehung zwischen Natur und Kultur – oder besser: zwischen dem, was für uns als Natur und was als Kultur zählt – künstlich ist. Sie entwickelt stattdessen den Begriff der ›Naturkulturen‹, verstanden als ›material-semiotic entities‹. Auf das Subjekt bezogen, wird dieses gewissermaßen als ›Cyborg‹ (›cybernetic organism‹) analysierbar, als eine Kombination von Organischem und

Maschinenhaften: ›the machine is us‹. Die fragmentierten Identitäten, die manche Theoretiker der Postmoderne entdeckt haben, greifen damit Haraway zufolge deutlich tiefer: Fragmentiert ist die Identität des modernen Subjekts immer schon gewesen, indem es sich nicht in einer homogenen geistig-kulturellen Sphäre jenseits des Technischen bewegt hat, sondern seine Existenz und seinen Habitus durch den Einfluss von und das Hantieren mit Artefakten (bis hin zu deren sehr konkreten Implantierung in den Körper, über medikamentöse oder chirurgische Eingriffe, Organtransplantation und Prothetik) ausgebildet hat. Damit kann auch der Begriff des Hybriden, wie er aus den ›post-colonial studies‹ vertraut ist, eine weitere Umwendung erfahren: Nicht nur in der Kombination von kulturellen Codes verschiedener räumlicher und zeitlicher Herkunft lassen sich Subjektformen als hybride dechiffrieren; in der Verzahnung des Organismus mit den Dingen, der Partizipation an den symbolischen Ordnungen *und* der materiellen Welt der Dinge, die beide miteinander verschränkt sind, ist das Subjekt vielmehr auf einer weiteren Ebene hybride organisiert.

8. Theorien moderner und postmoderner Subjektivitäten I

Die kulturwissenschaftliche Subjektanalyse – von Foucault, Bourdieu, Lacan, Laclau, Butler, dem Postkolonialismus sowie den Medien- und Materialitätstheorien – ist das Produkt einer bestimmten historischen Phase in der Geschichte der Moderne. Im Kontext des Poststrukturalismus setzt sie im Wesentlichen am Ende der 1960er Jahre ein und fällt damit zusammen mit der Entstehung einer gesellschaftlich-kulturellen ›Postmoderne‹. Das heißt jedoch nicht, dass es nicht zuvor in der Soziologie bereits Ansätze einer Subjektanalyse gegeben hätte. Vielmehr rückt ein sozial- und kulturwissenschaftliches Interesse an den Strukturen sozial-kultureller legitimer Subjektivität in verschiedenen Schüben seit dem Verlust der Allgemeingültigkeit und Selbstverständlichkeit des klassisch bürgerlichen Menschen und damit bereits am Ende des 19. Jahrhunderts immer wieder in den Vordergrund.

bürgerliches Subjekt

Der erste kultursoziologische Schub des Interesses am Subjekt richtet sich zu Beginn des 20. Jahrhunderts auf die spezifische Persönlichkeitsstruktur, welche die klassische bürgerliche Moderne seit dem 18. Jahrhundert voraussetzte, eine bürgerliche Persönlichkeitsstruktur, die am Ende des 19. Jahrhunderts in die Defensive gerät und in den 1920er Jahren schließlich rapide ihre westliche Hegemonie verliert. Das bürgerliche Subjekt avanciert in dem Moment zum kultursoziologisch relevanten Thema, in dem es realhistorisch fragil geworden ist. Eine Reihe von Autoren treiben um 1900 eine solche ›Archäologie‹ bürgerlicher Subjektivität und Lebensform voran. Am wichtigsten ist hier Max Weber (1920) mit seiner kulturvergleichenden Religionssoziologie, die mit der Rekonstruktion eines Persönlichkeitstypus der aktivistischen Weltbearbeitung und der moralisch-beruflichen Askese, vor allem innerhalb seiner Protestantismus-Studie, eine äußerst einflussreiche Interpretation des bürgerlich-modernen Habitus liefert. Nietzsches »Genealogie der Moral« (1887) als eine kritische Kulturgeschichte der Genese bürgerlich-moderner Moralität, Georg Simmels (1901) Skizzen zur Doppelstruktur von quantitativem und qualitativem Individualismus, d.h. einer doppelten Orientierung der Persönlichkeit an ›Freiheit‹ und an ›Entfaltung‹, sowie die Arbeiten von Werner Sombart, vor allem »Der Bourgeois« (1913), in dem der ›klassische Bourgeois‹ als moralisch integrierter Typus und der ›moderne Wirtschaftsmensch‹ als interessenorientierter ›homo oeconomicus‹ voneinander differenziert werden, liefern zur Jahrhundertwende weitere Beiträge zu einer Sezierung des klassisch-modernen, bürgerlichen Subjekts. Charakteristisch ist in dieser Phase darüber hinaus ein historisch-soziologischer Rückgriff auf den aristokratischen Persönlichkeitstypus als Kontrastfolie zur Bürgerlichkeit oder als ihr ebenso modernes Komplement. Dies gilt für Nietzsches Interesse am Typus eines gegenüber der Moralität indifferenten Aristokraten ebenso wie für Sombarts Analyse des aristokratischen Konsumismus als Voraussetzung der Moderne, schließlich in den 1930er Jahren für Norbert Elias' (1939) detaillierte Interpretation der höfischen Zivilisierung der Affekte als Fundament moderner Subjektivation.

Jedoch bleibt das Interesse an der Frage, was die spezifische bürgerliche Subjektivierung tatsächlich ausmacht und welcher Stellenwert ihr im Rahmen einer Kulturgeschichte der Moderne zukommt, nicht auf die Soziologie der Jahrhundertwende beschränkt. Vielmehr hat sich seit den 1980er Jahren die kultursoziologische und -historische Aufmerksamkeit für das Problem der weiterhin offenbar nicht vollständig begriffenen Form dieser für die Moderne wirkungsmächtigen bürgerlichen Subjektkultur des 18. und 19. Jahrhunderts intensiviert. Es sind dabei eine Reihe von Neuinterpretationen vorgelegt worden, welche das gängige Post-Weber'sche Modell des aktivistisch-moralischen Charakters als Kern des bürgerlichen Menschen revidieren. Die Rezeption von Foucault'scher Archäologie/Genealogie und Bourdieu'scher Habitusanalyse – in die beide implizit oder explizit Theorien des bürgerlichen Subjekts eingelassen sind – liefert hier einen wichtigen Hintergrund.

Die von Philippe Ariès (1986; auch Perrot 1987) und anderen verfasste opulente »Geschichte des privaten Lebens« ist – obwohl sie historisch bis in die Antike zurückgeht – zu großen Teilen eine Analyse von Alltagspraktiken bürgerlicher Subjekte und richtet ihren Blick insbesondere auf bürgerliche Technologien des Selbst. In ihrer von der strukturalistischen Annales-Schule beeinflussten kulturhistorischen Perspektive werden Kontinuitäten und Diskontinuitäten zwischen Bürgerlichkeit und aristokratischen sowie vormodernen Praktiken deutlicher. Von der ›gender theory‹ beeinflusste Autoren und Autorinnen haben die fragile, widersprüchliche Geschlechterordnung bürgerlicher Subjektivität ebenso herausgearbeitet wie postkoloniale Autoren den Zusammenhang zwischen bürgerlicher Identitätskonstitution und einem nicht-westlichen sowie proletarischen ›Anderen‹ (vgl. beispielhaft Davidoff/Hall 1987; Laqueur 1990; McClintock 1995). Schließlich sind jene Elemente in der bürgerlichen Kultur hervorgehoben worden, die gängigen Rationalitätsannnahmen bezüglich eines bürgerlichen Selbst zuwiderlaufen: die spielerische Ambivalenz der bürgerlich-aristokratischen Identitätskonstruktion des 18. Jahrhunderts in Dror Wahrmans »The Making of the Modern Self« (2004), konstitutive Elemente von Ehre und Gewalt in der männlichen Subjektivität in Robert Nyes »Masculinity and Male Code of Honour in Modern France« (1993), das affektive Element der Risikoneigung des ›homo oeconomicus‹ in Joseph Vogls »Kalkül und Leidenschaft. Poetik des ökonomischen Menschen« (2004), schließlich in Colin Campbells »The Romantic Ethics and the Spirit of Modern Consumerism« (1987) die ästhetisierte Subjektivität der anti-bürgerlichen und zugleich bürgerlichen Romantik, die einen postmodernen Konsumismus vorbereitet.

nach-bürgerliches Subjekt

Einen zweiten Schub erhält die Analyse von Subjektformen, als in Nordamerika und Westeuropa während der 1940er und 50er Jahre der Nachfolgetypus zum klassischen bürgerlichen Modell an Konturen gewinnt. Während um die Jahrhundertwende das soziologische Interesse am Zusammenhang von Subjekt und Moderne häufig in der Form einer Historischen Soziologie auftrat, ist das gesteigerte Interesse am nach-bürgerlichen Subjekt in der Nachkriegszeit meist zeitdiagnostisch orientiert. Insbesondere in den US-amerikanischen

Sozialwissenschaften wird diese Perspektive von der kulturanthropologischen ›culture and personality‹-Schule beeinflusst, während in Deutschland (bzw. von Seiten der deutschen Emigranten) die Kritische Theorie mit ihrer Kombination von Elementen des Marxismus und der Psychoanalyse eine Rolle spielt. In den USA bahnbrechend ist David Riesmans »The Lonely Crowd« (1949), das hinter seinem etwas reißerischen Titel eine detaillierte Analyse der Entwicklung eines ›other-directed character‹, einer außenorientierten Persönlichkeit, liefert, in der die bürgerliche Innerlichkeit in eine nach-bürgerliche Orientierung am Sozialen und Kollektiven umgeschlagen ist. In eine ähnliche Richtung zielt William H. Whytes »The Organization Man« (1956). Die Subjektanalysen der Autoren der Frankfurter Schule, etwa Herbert Marcuse oder Erich Fromm, kommen zu ähnlichen Diagnosen, sehr plastisch Marcuse in »Der eindimensionale Mensch« (1964), und verstärken den kulturkritischen Impuls.

organisierte Moderne

Dass der nach-bürgerliche Sozialcharakter der 1920er bis 70er Jahre, wie er sich im Kontext dessen herausbildet, was Peter Wagner (1994) als die Gesellschaftsformation einer ›organisierten Moderne‹ umschreibt, sich als wesentlich komplexer und widersprüchlicher herausstellt, wird seit den 1990er Jahren im Zuge eines verstärkten kulturwissenschaftlichen Interesses an dieser Entstehungsphase moderner Massenkultur deutlich. Dies gilt für den Amerikanismus der Vereinigten Staaten wie für Deutschland, sowohl in der Weimarer Republik als auch im widersprüchlichen Nationalsozialismus. Eine Reihe von Arbeiten, etwa Janet Wards »Weimar Surfaces. Urban Visual Culture in the 1920s« (2001) oder Michael Makropoulos' »Modernität und Kontingenz« (1997), lenken die Aufmerksamkeit auf Elemente einer Ästhetisierung des nach-bürgerlichen Subjekts, seine Ausrichtung an den attraktiven visuellen Oberflächen im Rahmen der Kultur des Massenkonsums. Im Umkreis der ›gender theory‹ ist die ambivalente Umstrukturierung sowohl des weiblichen als auch des männlichen Subjekts in der organisierten Moderne fokussiert worden (vgl. beispielhaft Pendergast 2000; Ryan 1976; White 1993). Schließlich ist der für diese kulturelle Formation zentrale ›neusachliche‹ Transfer eines Modells der Technik auf das Subjekt und dessen entsprechende Entemotionalisierung etwa in Helmut Lethens »Verhaltenslehren der Kälte« (1994), Stefan Riegers »Die Ästhetik des Menschen. Über das Technische in Leben und Kunst« (2002) und Peter N. Stearns »American Cool. Constructing a 20th Century Emotional Style« (1994) thematisiert worden.

Postmoderne/ Spätmoderne

Nach der Fin de siècle-Kultursoziologie der bürgerlichen Persönlichkeit und der Soziologie des ›other-directed character‹ in der Nachkriegszeit liefert die Wahrnehmung einer weiteren Verschiebung zeitgenössischer Subjektivitäten seit den 1980er Jahren den Hintergrund für eine erneuerte, die gesamten Sozial- und Kulturwissenschaften erfassende subjektanalytische Sensibilität. Das Interesse am Subjekt ist an der Wende vom 20. zum 21. Jahrhundert gewissermaßen doppelt motiviert: Zum einen bilden die vor allem von der poststrukturalistischen Bewegung begrifflich munitionierten Heuristiken von Foucault bis zu den Medientheorien den konzeptuellen Hintergrund einer kulturwissenschaftlichen Analyse von Subjektivierungsweisen. Zum anderen ist es die verbreitete Hypothese einer charakteristisch postmodernen (oder spätmodernen) Transformation des Selbst, welche die Aktualität von Subjektanalysen seit den 1980er Jahren befördert. Die vielschichtige Diskussion um die Postmoderne hat dabei jedoch für die Sozial- und Kulturwissenschaften durchgängig einen zweifachen Fokus:

Der eine ist dezidiert zeitgenössisch und versucht, die Spezifika einer seit den letzten beiden Jahrzehnten des 20. Jahrhunderts sich entwickelnden relativ oder absolut neuartigen gesellschaftlich-kulturellen Konstellation herauszuarbeiten. Der andere Fokus ist historisch: Das postmoderne Denken ist nicht auf die Gegenwart fixiert, sondern bemüht – wie Jean-Francois Lyotard es formuliert hat –, ›die Moderne zu redigieren‹. Gemeint ist damit, die gesamte Moderne – als eine Gesellschaftsformation, die im 17. und 18. Jahrhundert begann – in einem anderen Interpretationsrahmen zu analysieren, der nicht mehr dem Muster der für das moderne Selbstverständnis fundamentalen liberalen Geschichtsphilosophie folgt, wie sie in der Soziologie häufig in der Form der sogenannten Modernisierungstheorien auftritt.[16] Das ausgeprägte Interesse der sich neu konstituierenden Kulturwissenschaften an der Kulturgeschichte der Moderne – sowohl an der klassischen bürgerlichen Moderne des 18. und 19. Jahrhunderts (einschließlich ihrer aristokratischen und ›populären‹ Elemente) als auch mittlerweile an der organisierten Moderne und ihrer Massenkultur in den ersten drei Vierteln des 20. Jahrhunderts – ist in diesen Kontext der postmodernen Sensibilität für ein Andersschreiben der Geschichte der Moderne einzuordnen, für ihre Kulturkonflikte, ihre Gleichzeitigkeit des Ungleichzeitigen, ihre Diskontinuitäten und ihre Elemente, die sich nicht in Rationalisierungsgeschichten fügen.

Multiplizitätsthese

Prinzipiell sind alle behandelten Vokabulare der Subjektanalyse dazu in der Lage, ihre spezifischen Perspektiven für eine Analyse der postmodernen Gegenwart zu liefern. Allerdings haben sich neben diesen umfassenden und allgemeinen, in diesem Sinne flexibel auf verschiedene Zeiten und Räume anwendbaren Ansätzen auch einige enger umgrenzte Forschungsparadigmen ausgebildet, die sich um die Kultur der Postmoderne kümmern. Eine mittlerweile bereits klassische Diagnose postmoderner Subjektivität liefert die These einer ›Fragmentierung‹ des Subjekts, etwa bei Kenneth Gergen (1991) oder Douglas Kellner (1992). Als postmodern erscheint das Gegenwartssubjekt hier insofern, als es sich – im Unterschied zum ›zentrierten‹

Subjekt der bürgerlichen und der organisierten Moderne – aus einer Multiplizität unterschiedlicher Teilidentitäten zusammensetzt, die nicht mehr in ein kohärentes Selbst eingefügt werden müssen. Das entsprechende Schlagwort der ›Patchwork‹-Identitäten, in denen sich diverse kulturelle Stile in der gleichen Person kombinieren, ist mittlerweile bereits in die alltäglichen Selbstthematisierungen postmoderner Akteure eingesickert. Die Multiplizitätsthese harmonierte gut mit der normativen Ausrichtung vieler der Theorien der Postmoderne in den 1970er und 80er Jahren, in denen die Vielfalt, das alogische Spiel und die Unberechenbarkeit kultureller Elemente zelebriert wurden.

Tatsächlich scheint es einige empirische Belege für die Multiplizitätsthese zu geben, zumindest was die Fähigkeit des postmodernen Subjekts angeht, unterschiedliche kulturelle Stile miteinander zu kombinieren. So demonstriert Bernard Lahire in »La culture de l'individu« (2004) mit Blick auf die französische Gesellschaft seit den 1990er Jahren, wie dort – ganz anders als Bourdieu es noch in den 1970er Jahren vorfand – an die Stelle relativ kohärenter und differenter Habitusstrukturen zwischen den unterschiedlichen Lebensstilen nun eine neue Subjektivierungsweise getreten ist, die eine Kompetenz zur Kombination unterschiedlicher ästhetischer ›Geschmäcker‹, etwa hoch- *und* populärkultureller Orientierungen, enthält.

zwei Leithypothesen

Über diese bereits klassische postmoderne Sensibilität hinaus, die von einer Ablösung von Kohärenz durch Kombination und von Zentriertheit durch Multiplizität auf der Subjektebene ausgeht, haben sich seit den 1980er und 90er Jahren vor allem zwei inhaltlich spezifischere Leithypothesen in den Vordergrund geschoben, welche die Erforschung postmoderner Subjektivierungsweisen bis zur Gegenwart entscheidend beeinflussen: Theorien der Ästhetisierung des postmodernen Subjekts sowie solche seiner Ökonomisierung. Fredric

Jameson hat in »Postmodernism, or, the Cultural Logic of Late Capitalism« (1984) die doppelte Leithypothese einer Analyse der Postmoderne als einer umfassenden gesellschaftlich-kulturellen Konstellation bereits zu Beginn der 1980er Jahre plakativ formuliert: dass in der Postmoderne einerseits eine Expansion von Prinzipien des Ästhetischen, andererseits eine Expansion von Prinzipien des Ökonomischen in die gesamte Lebenspraxis stattfindet und sich zudem beide Komplexe überlagern und einander gegenseitig verstärken. Jameson selber wendet sich im Besonderen der Expansion des Ästhetischen in der Postmoderne zu.

Ästhetisierung des postmodernen Subjekts

Generell wird hier (wie auch in der gesamten zeitgenössischen Diskussion) der Begriff des Ästhetischen in einem abstrakten, weiten Sinne verstanden und statt auf den engen Bezirk des Schönen, der Kunst oder des Geschmacks auf das gesamte Feld der ›aisthesis‹, d. h. der Sensibilisierung der sinnlichen Wahrnehmung bezogen.[17] Ästhetische Subjektivation lässt sich dann von einer nicht-ästhetischen auf mehreren Ebenen unterscheiden: Während eine nicht-ästhetische Haltung alltagsrealistisch orientiert ist und Dinge und Personen als objektiv gegebene Gegenstände des Handelns und der Kommunikation annimmt, betreibt die ästhetische Haltung eine Semiotisierung der Wirklichkeit und nimmt die Dinge als Zeichen, als Träger von Bedeutungen wahr. Hier wird ein Kontingenzbewusstsein entwickelt, das von einer Variabilität der Bedeutungen ausgeht. Während eine nicht-ästhetische Haltung auf das aktive, zielgerichtete oder intersubjektive Handeln ausgerichtet ist, welches auf kognitiven Prozessen aufbaut, emotional neutral ist und den Körper als bloßes Instrument behandelt, ist die ästhetische Haltung an einer Sensibilisierung von Perzeption, Sinnlichkeit und Erleben orientiert. Diese Kultivierung der Sinne wird regelmäßig mit einer Sensibilisierung der Affekte und zudem mit einer Transformation des Modells des

Handelns von der Zweck-Mittel-Aktivität in ein kreatives Gestalten, auch in eine symbolkreierende und expressive Aktivität verknüpft. Während eine nicht-ästhetische Haltung schließlich mit impliziten Ordnungs- und Rationalitätsannahmen hantiert, entwickelt die ästhetische Disposition einen primären Sinn für Spiel und Experiment. Wenn das Universum der nicht-ästhetischen Subjektkulturen von paradigmatischen Figuren wie dem Bürger, dem Angestellten oder dem Arbeiter bevölkert ist, dann avanciert konsequenterweise der Künstler zu einem generalisierten ästhetischen Subjektmodell (vgl. dazu allgemein auch Reckwitz 2015).

Merkmale ästhetischer Orientierung

Vor dem Hintergrund eines solchen verallgemeinerten Begriffs des Ästhetischen entwickeln Jameson und andere Autoren ihre Hypothesen bezüglich einer weit reichenden Ästhetisierung von Praxis und Subjektivität unter postmodernen Bedingungen. Der eingeschränkte Status des Ästhetischen auf die Sphäre der Kunst im Sinne eines funktional differenzierten Bereichs – oder eine Opposition zwischen einer Welt des Ästhetischen und einer nicht-ästhetischen dominanten Kultur – erscheint damit für die Postmoderne überholt. Jameson (1984) weist auf eine Reihe von Merkmalen der generalisierten ästhetischen Orientierung des postmodernen Subjekts hin: Dieses betrachtet seine Welt, d. h. andere Subjekte sowie Objekte, zum einen vor dem Hintergrund einer basalen Annahme ihrer ›depthlessness‹, d. h. ihrer reinen Äußerlichkeit. Die Welt wird auf der Ebene einer Sequenz von Bildern, von visuellen Darstellungen, wahrgenommen, ohne dass dabei eine Verknüpfung von Repräsentation und Referent oder von Subjektdarstellung und Innerlichkeit vorausgesetzt würde.

Das postmoderne Subjekt nach Jameson strebt zweitens nicht nach einem Originalstil, in dem es seine Einzigartigkeit, Einheit und Kohärenz findet, sondern versucht sich in einer Kombination verschiedener Stile. Individualität manifestiert sich gerade in einer solchen spezifischen Kombinatorik jener kulturellen ›Optionen‹, die bisher kulturhistorisch geboten wurden. Diese Kombination von historischen Zitaten der subjektiven Existenz, ihre ›Imitation‹ eines illusionären Originals bildet nach Jameson eine Struktur des ›Pastiche‹. Dem postmodernen Subjekt kommt drittens eine spezifische Zeiterfahrung zu. Es handelt sich um ein im metaphorischen Sinne ›schizophrenes‹ Subjekt (im Sinne Lacans), das primär nicht mehr in einem kontinuierlichen Zeiterleben existiert, in dem Vergangenheit, Gegenwart und Zukunft logisch oder narrativ miteinander verknüpft sind, sondern dazu tendiert, in einer ›reinen Gegenwart‹ zu leben. Dieses Subjekt ist am Erleben im einzelnen, diskontinuierlichen Moment orientiert, die Signifikantenkette wird gewissermaßen immer wieder unterbrochen. Die Momentorientierung macht ein ›Umschalten‹ des Fokus vom langfristigen Handeln zum kurzfristigen Erleben möglich. Das momentanistische Zeitbewusstsein ermöglicht dem Subjekt, sich in der ›heightened intensity‹ des Augenblicks zu üben. Diese ›Intensitäten‹ scheinen Jameson kennzeichnend für die – unintendierten oder bewusst gesuchten – postmodernen ästhetischen Erfahrungen von beliebigen Objekten.

Erlebnisorientierung

Jamesons Hypothesen bezüglich der ästhetischen Orientierung einer genuin postmodernen Subjektivität sind zunächst vor einem kunst- und literaturwissenschaftlichen Hintergrund entstanden, korrespondieren jedoch mit stärker kultursoziologisch ausgerichteten Analysen der Transformation von Subjektivierungsweisen in der Postmoderne. Charakteristisch für ein breites Feld sind hier etwa Gerhard Schulze, Michel Maffesoli und Mike Featherstone. Schulze entwickelt in »Die Erlebnisgesellschaft« (1992) anhand umfangreichen empirischen Materials die These einer grundlegenden Umstrukturierung des Subjekts seit den 1970er und 80er Jahren von einer außenorientierten, d. h. vor allem status- oder pflichtenorientierten, zu einer innenorientierten, einer erlebnisorientierten Subjektstruktur. Diese formt sich vor dem Hintergrund einer ›psychophysischen Semantik‹, d. h. von kulturellen Mustern, die auf die positive Beeinflussung und Kultivierung der psychisch-affektiven und leiblichen Realität abzielen. Das, was Christopher Lasch unter Rückgriff auf ein psychoanalytisches Vokabular in den 1970er Jahren abschätzig als drohende »Culture of Narcissism« (1979) diagnostizierte, erscheint in Schulzes Perspektive als eine sämtliche Milieus der spätmodernen westlichen Gesellschaft umfassende, ganz grundsätzliche kulturelle Transformation des Mensch-Welt-Verhältnisses, in der Objekte und Subjekte primär unter dem Aspekt ihres spezifischen Erlebniswertes interpretiert und Alltagspraktiken – auch über den Konsum hinaus – zu semiotischen Projektionsflächen des Erlebens werden. ›Erleben‹ ist dabei eine semantisch nahezu entleerte allgemeine Chiffre, die in unterschiedlichen sozial-kulturellen Milieus wie auch in Subkulturen und Szenen auf sehr unterschiedliche, teilweise konträre Weise inhaltlich ausgefüllt wird. Charakteristisch erscheint dabei eine Haltung der nur scheinbar paradoxen Erlebnisrationalisierung: Die Produktion oder Wiederholung gelungener psychophysischer Momente des Erlebens wird zum Gegenstand systematischer und raffinierter sozialer Taktiken und Kalküle.

›Neue Stämme‹ und Lebensstile

In eine verwandte Richtung gehen die Analysen der Postmoderne des französischen Soziologen Michel Maffesoli, etwa in »Au creux des apparences. Pour une éthique de l'esthétique« (1990). Maffesoli beobachtet seit den 1980er Jahren eine Umcodierung der gesellschaftlichen Moralität im Sinne der Verdrängung einer Sollens- und Pflichtenethik durch eine Ethik der Ästhetik. Kennzeichnend für das entsprechende ästhetisch orientierte Subjekt ist neben einer Sensibilisierung der sinnlichen Wahrnehmung eine Aufwertung des Körpers als Ort vielfältiger Erfahrungen und das Modell eines ›Vitalismus‹ des

Subjekts, das die Semantiken der Kultur und der Natur miteinander verwebt und sich im Leitbegriff der Kreativität manifestiert. Stärker als für Schulze ist für Maffesoli diese Ästhetisierung ein kollektivistisches Phänomen: Es findet in ›neuen Stämmen‹ statt, in denen sich ästhetische Lebensstile ballen und die sich in gemeinsamen ästhetisch aufgeladenen Begegnungen, den ›events‹, ausdrücken. Hier ist ein Ort kollektiver ästhetischer Emotionen, in denen sich postmoderne ›Gefühlskulturen‹ aktualisieren. Der britische Soziologe Mike Featherstone (1991) gibt seiner Diagnose einer postmodernen Ästhetisierung des Subjekts eine – durch Bourdieu angeregte – klassentheoretische Wende: Es sind drei Gruppen – das ›neue Kleinbürgertum‹, d. h. eine akademische Mittelschicht, die mit der Produktion und Verteilung kultureller Güter beschäftigt ist, die ›neuen Intellektuellen‹, die statt im Bildungsbürgertum in der Medien- und Kunstszene verankert sind, und die ›neue Bourgeoisie‹, d. h. eine globale Geld- und Starelite, – die miteinander kombiniert das Modell eines ästhetischen Lebensstil-Subjekts transportieren. In der Stilorientierung dieses postmodernen Subjekts kombinieren sich expressive und instrumentelle Elemente, der Wunsch, sich als ein Individuum zu erleben und nach außen hin einen entsprechenden Effekt zu erzielen. Die postmoderne Stadt, die kulturorientierte Metropole, ist nach Featherstone der herausgehobene Ort, an dem sich die Praktiken dieses Lebensstil-Subjekts verbreiten.

Ökonomisierung des postmodernen Subjekts

Den Theorien des postmodernen Selbst als einem Subjekt der ästhetischen Erfahrung und der Ästhetisierung stehen die seit den 1990er Jahren verbreiteten Forschungsprogramme gegenüber, welche die Subjektivierungsweise der Gegenwartsgesellschaft primär als eine im weitesten Sinne ökonomische, vom Modell des Marktes geprägte sehen. Forciert wird diese Perspektive auf die Postmoderne von den ›governmentality studies‹ (vgl. Bröckling u. a. 2000). Diese schließen an einige Arbeiten Michel Foucaults (2004a, b) vom Ende der 1970er Jahre an, in denen Foucault nicht nur den Gouvernementalitätsbegriff entwickelt, sondern ihn auch auf ein zeitgenössisches Dispositiv anwendet, das sich Anfang der 1970er Jahre in den Vereinigten Staaten herausschält und das er unter dem Begriff des Neoliberalismus – lange bevor dieser populäre Karriere macht – zusammenfasst. Foucault beschreibt den Neoliberalismus als einen Diskurs und ein beginnendes Dispositiv, in denen – anders als im klassischen Liberalismus – die Konstellation des Marktes nicht als eine quasi-natürliche und damit zu respektierende Gegebenheit vorausgesetzt wird, vielmehr der Markt als eine soziale Form erscheint, die konsequent und aktiv durch eine bestimmte Regierungsweise in immer neuen sozialen Feldern zu installieren ist. Der Neoliberalismus beschreibt dann sämtliche soziale Beziehungen als ökonomische im erweiterten Sinne und betreibt zugleich aktiv deren Ökonomisierung. Das ›Ökonomische‹ ist hier keine vorkulturelle Basis, sondern selbst Ergebnis eines sehr spezifischen Definitionsprozesses. Im neoliberalen Kontext wird es nicht auf der Ebene von Tauschprozessen festgemacht, sondern noch allgemeiner in den Konstellationen zweckrationaler Entscheidungen unter Bedingungen knapper Ressourcen. Damit avanciert das Subjekt insgesamt – auch etwa der Arbeiter oder die Ehefrau – zu einem Wirtschaftssubjekt im weitesten Sinne: Es versucht, mit Hilfe seiner Ressourcen – auch seinen Kompetenzen – bestimmte Zwecke – Einkommen, Status, Liebe etc. – zu erreichen. Entscheidend für das Subjekt im Kontext des Neoliberalismus wird damit Foucault zufolge die Entwicklung seines ›Humankapitals‹, des Kapitals, das in seinen eigenen Fähigkeiten und Eigenschaften steckt, so dass auch der Arbeitnehmer zu »ein[em] Unternehmer seiner selbst« (2004b: 314) avanciert.

unternehmerisches Subjekt

Die ›governmentality studies‹ knüpfen an Foucaults suggestive Skizze des spätmodernen Subjekts als neoliberaler ›Unternehmer seiner selbst‹ an. Autoren wie Nikolas Rose (1990, 1996b) oder Paul du Gay (1996), in Deutschland auch Ulrich Bröckling (2007), machen sowohl auf der Ebene der – politischen, psychologischen, medialen etc. – Diskurse als auch auf jener der sozial regulierten Praktiken – etwa im Bereich von Arbeit und Organisation – seit den 1980er Jahren die Generalisierung eines marktförmigen Subjekts in Gestalt des ›enterprising self‹ aus. Die postmoderne Regierung der Selbstregierung geht in die Richtung eines Subjekts, das sich im unternehmerischen Aktivismus formt. Eine ökonomische Haltung ist nun eine unternehmerische Haltung, und das Unternehmerische bezieht sich nicht allein auf den Aufbau und die Reproduktion eines Wirtschaftsunternehmens und die Schaffung eines Absatzmarktes für dessen Produkte. Vielmehr lernt das Subjekt unter postmodernen Bedingungen, sich *selbst*, seine Biografie und Kompetenzen als Gegenstände zu begreifen, die auf unterschiedlichen Märkten erfolgreich zu positionieren sind, auf dem Arbeitsmarkt ebenso wie auf dem Partnerschafts- und Freundschaftsmarkt. Entscheidend für die Technologien des Selbst dieses unternehmerischen Subjekts sind Kompetenzen der rationalen Selbstoptimierung einerseits, emotional-affektive Fähigkeiten wie Enthusiasmus oder Durchhaltevermögen, eine Fähigkeit, sich selber als individuelle ›Marke‹ zu entwickeln und damit der ›obligation to dissent‹ zu folgen, andererseits die Entwicklung einer ›Findigkeit‹ für das Ausspähen und Ausnutzen von Marktchancen. In diesem Sinne sind die ökonomischen Dispositionen, die sich das postmoderne Subjekt anzüchtet, nicht allein und nicht durchgängig ›rationale‹ Kompetenzen, sondern enthalten Elemente eines nicht-rationalen Sinns der Risikobereitschaft, des Spielsinns für Marktkonstellationen etc.

ästhetisch-ökonomische Doppelstruktur

In welchem Maße und Sinne sich das postmoderne Subjekt ästhetisiert und ökonomisiert, ist weiterhin eine empirisch offene Frage. Der scheinbare Gegensatz zwischen der Ästhetisierungs- und der Ökonomisierungsthese – von dem etwa Daniel Bell in »The Cultural Contradictions of Capitalism« (1976) ausgeht – hat sich dabei zu großen Teilen (wenn auch nicht vollständig) aufgelöst. Man kann die Theorie vertreten, dass die Expansion des Ästhetischen und des Ökonomischen in der Postmoderne teilweise komplementäre, einander verstärkende Prozesse bildet und dass es eine zentrale Aufgabe einer Analyse zeitgenössischer Subjektivationsformen darstellt, die ästhetisch-ökonomische Doppelstruktur des postmodernen Subjekts zu begreifen (vgl. hierzu ausführlicher Reckwitz 2006/2020, Kap. 4). Manche Theoretiker der Postmoderne haben begonnen, in diese Richtung zu denken: Luc Boltanski und Ève Chiapello stellen in ihrer groß angelegten, im Wesentlichen diskursanalytisch vorgehenden wirtschaftssoziologischen Studie »Der neue Geist des Kapitalismus« (1999) dar, in welchem Maße in der postmodernen Arbeitsorganisation seit den 1980er Jahren die Kultur der Ökonomie durch Modelle beeinflusst ist, die ursprünglich aus dem stammen, was sie ›Künstlerkritik‹ nennen, d. h. aus den ästhetischen Gegenbewegungen zum Kapitalismus (wie etwa die 68er Bewegung). So nimmt die Projektorientierung der postmodernen Ökonomie bewusst oder unbewusst zentrale Anforderungen ästhetischer Subjektivierung (wie die Prämierung der permanenten Selbstveränderung, der Enthusiasmus des individuellen und kollektiven Schaffensprozesses, die Aufhebung der Grenzen zwischen Kunst, Arbeit und Leben, das Vertrauen auf Intuition und Spontaneität etc.) auf.

Alain Ehrenberg schließlich vertritt in »Le culte de la performance« (1991) die These, dass die Gegenwartskultur sich von der Verknüpfung dreier Subjektfiguren nährt: dem Modell des Unternehmers, dem des aktiven Konsumenten und dem des Sportlers. Ursprünglich erscheinen diese drei Modelle in ihrer kultur-historischen Genese konträr, in der Postmoderne verstärken sie sich jedoch auf vertrackte Weise gegenseitig, indem sie eine neue Struktur des Sozialen normalisieren. Hier stehen sich Individuen gegenüber, die sich jeweils ›selbst zu entfalten‹ versuchen – und zugleich auf einem sozialen Markt miteinander um Aufmerksamkeit konkurrieren. Die Subjektfigur des Konsumenten wird unter postmodernen Bedingungen entsprechend aktivistisch, als nach Erlebnissen und Stil strebend, modelliert. Der postmoderne Sportler wird – ganz anders als der bürgerliche Gentleman-Sportler oder der proletarische Mannschaftssportler – als heroischer Sieger, als öffentlicher Star geformt, der sich erfolgreich im ›Wettbewerb‹ bewährt hat. Die Figur des Unternehmers schließlich scheint als geschickter Risikoträger und Selbstoptimierer dem Sportlermodell verwandt. Die Subjektfiguren des Sportlers, des aktiven Konsumenten und des Unternehmers transportieren in Ehrenbergs Interpretation einen kulturellen Code, der individuelle Differenz und die ›abenteuerliche‹ Herausforderung des Einzelnen befördert.

kognitiv-kultureller Kapitalismus

Seit 2000 ist die Überschneidungszone zwischen Ökonomisierungs- und Ästhetisierungsprozessen in einer Reihe von Arbeiten für die postfordistische Ökonomie untersucht worden. Diese nimmt in ihrem expansiven Kern die Form eines kognitiven und kulturellen Kapitalismus an (vgl. dazu Moulier-Boutang 2007). Es ist nicht verwunderlich, dass die sogenannten *creative industries*, das heißt, das Feld der kreativen Wissensarbeit, das im engeren Sinne Branchen wie Digitalökonomie, Medien, Musik und Kunst, Design, Games, Marketing und Architektur umfasst und in einem weiteren Sinne auch in Branchen wie jene der Forschung und Entwicklung, des Tourismus und des Sports hineinreicht, in diesem Zusammenhang besondere Beachtung gefunden haben. Generell gilt: Das unternehmerische Selbst des kognitiv-kulturellen Kapitalismus nimmt die Form eines sowohl ästhetisch als auch ökonomisch ausgerichteten Kreativsubjekts an und dieses stellt sich in mancher Hinsicht als ein Knotenpunkt spätmoderner Subjektivität insgesamt dar.

immaterielle Arbeit

Einen wichtigen Hintergrund für die Untersuchungen der Subjektformen des spätmodernen ökonomischen Feldes liefern die vom italienischen Post-Operaismus beeinflussten Arbeiten von Maurizo Lazzarato zur ›immateriellen Arbeit‹ (1998). Die immaterielle Arbeit, die für den Postfordismus typisch ist, unterscheidet sich grundsätzlich von der manuellen oder administrativen Routinetätigkeit des industriellen Fordismus. Sie erfordert im Kern intellektuelle, kommunikative und unternehmerische Fähigkeiten. Der Arbeitnehmer ähnelt hier weniger dem Fabrikarbeiter als dem Autor – allerdings nun meist in der Form eines ›kollektiven Autors‹: Die Arbeit dreht sich um die innovative Verfertigung eines neuen Kommunikationsangebots und muss den Rezipienten bzw. die Konsumentin im Auge haben. Für diese Kreation greift die immaterielle Arbeit auf die persönlichen und privaten Erfahrungen und Fähigkeiten des Arbeitnehmers zurück: Arbeit und Leben lassen sich so nicht länger voneinander trennen, es findet eine Entgrenzung des Arbeits- wie des Konsumsubjekts statt.

creative industries

Angela McRobbie beschäftigt sich in »Be Creative. Making a living in the new creative industries« (2016) im Detail mit den widersprüchlichen Anforderungen an die spätmodernen Kreativarbeiter und Kulturunternehmerinnen. Die *creative industries* im engeren Sinne lassen sich als ein ›Jugendkulturkapitalismus‹ interpretieren, der häufig ein subkulturelles Kapital aus den Jugendszenen der Popkultur voraussetzt. Essenziell für den eigenen Erfolg ist hier das Knüpfen und Pflegen sozialer Kontakte, das ›networking‹, das wiederum die Grenze zwischen Arbeit und Privatsphäre überschreitet. Auch die ästhetische Arbeit an der Inszenierung des Selbst vor einem engeren oder weiteren Publikum spielt eine wichtige Rolle. Insgesamt verlangt die Kreativarbeit nach einer systematischen Akkumulation von kulturellem und sozialem Kapital. Nur im günstigsten Fall setzt sich dies in ökonomischen Erfolg um. In deutlichem Gegensatz zum Normalarbeitsverhältnis lassen sich die Arbeitssubjekte in großen Teilen der *creative industries* mit ihrer Start-up-Kultur vielmehr vom kulturellen Muster des »Durchbruchs« anleiten, wie man es aus dem Star- und Prominenzsystem kennt. Es ergibt sich in diesem Feld damit eine drastische Asymmetrie zwischen jenen, die ›es geschafft haben‹ und dem Rest, der auf prekären Jobs verharrt. McRobbie betont auch den Geschlechteraspekt der *creative economy*. Das Kreativsubjekt ist häufig weiblich: im Gegensatz zur Frau aus der traditionellen Mittelklasse sucht es seine Erfüllung weniger in Privatleben und Familie als im Beruf (»romance with being creative«).

Doppelstruktur der Kunst

Es ist nicht überraschend, dass für die postfordistische Subjektivierung das Feld der Kunst (Bildende Kunst, Musik, Literatur, darstellende Kunst) mit seinem Künstlersubjekt häufig eine Blaupause darstellt. Dies ist das Thema von Pierre-Michel Menger, etwa in »Kunst und Brot. Die Metamorphosen des Arbeitnehmers« (2006; auch 2014). Menger arbeitet heraus, wie das Kunstfeld von einer Doppelstruktur geprägt ist, die in der postfordistischen Ökonomie insgesamt wirkt: Einerseits zieht das Künstlersubjekt aus seiner Tätigkeit intrinsische Motivation und sucht in ihr nach einem Ausdruck für seine individuelle Selbstentfaltung. Andererseits muss es sich in der Konstellation eines Wettbewerbs positionieren, der Anerkennung nach Art eines Winner-take-all-Marktes im extremem Maße ungleich verteilt: Die Asymmetrie zwischen Reputationsakkumulation und Ruhm einerseits, Frustration und Neid andererseits ist hierfür kennzeichnend.

Kreativitätskomplex

Folgt man der Analyse in »Die Erfindung der Kreativität. Zum Prozess gesellschaftlicher Ästhetisierung« (Andreas Reckwitz, 2012) erweist sich das Kreativsubjekt, das sich am Kreuzungspunkt von Prozessen der Ökonomisierung und der Ästhetisierung herausbildet, für die gesamte spätmoderne Kultur weit über das Feld von Arbeit und Beruf hinaus als wirkungsmächtig. Kreativität als die Fähigkeit,

Neues hervorzubringen, sich selbst, seinen Alltag und seine Umwelt zu transformieren und darin subjektive Befriedigung zu finden, scheint für die Wunschstruktur des spätmodernen Subjekts prägend, und zugleich ist sie der Fixpunkt eines Systems normativer Erwartungen, die sich von außen an seine Lebensführung richten – jedenfalls gilt dies für die hegemoniale Kultur der Spätmoderne. Ein solches Kreativsubjekt wird nicht nur in der Arbeitswelt und im Konsum herangezogen, sondern auch über die mediale Repräsentation von Kreativstars (vom Sport bis zum Influencer), durch die Thematisierung des kreativen Selbstverwirklichers als erstrebenswerte Form des Subjekts im psychologischen Beratungs- und Therapiediskurs sowie durch eine neoliberale Politik, die auf die Förderung von Innovation und Kreation setzt, etwa in den *creative cities*. Das Kreativsubjekt kristallisiert sich so im Rahmen eines vielgliedrigen ›Kreativitätsdispositivs‹ oder ›Kreativitätskomplexes‹ (vgl. auch Beyes/Metelmann 2018) heraus, ein Komplex, der die Verheißung eines gelungenen Lebens ebenso wie das Potenzial einer Überforderung durch Optimierungs- und Marktimperative enthält.

9. Theorien post- und spätmoderner Subjektivitäten II

Neben der Untersuchung der Strukturprinzipien von Ästhetisierung und Ökonomisierung und mit ihnen verknüpft, finden sich in der Analyse zeitgenössischer Subjektformen weitere Schwerpunkte. Drei sind besonders herzuheben: die Analyse der Emotionalisierung und Psychologisierung des Subjekts; Subjektivierungsprozesse im Raum digitaler Medien; schließlich die ›Wiederentdeckung‹ des Klassenaspekts der Lebensstile und damit auch der Subjektivierungsformen. Nach dem Begriff der ›Postmoderne‹ wird dabei zunehmend der neutraler scheinende Begriff der ›Spätmoderne‹ leitend, um die

Subjektformen einer Gesellschaft seit den 1980er und 90er Jahren zu untersuchen, die durch Liberalisierung, Postindustrialisierung, Ökonomisierung des Sozialen, verschärfte soziale Ungleichheiten, Digitalisierung und Globalisierung gleichermaßen geprägt ist.

Emotionalisierung des Subjekts

Emotionsgeschichte und -soziologie sind expansive Felder der Kultur- und Sozialwissenschaften (vgl. Plamper 2012). In Bezug auf die Spätmoderne wird darauf hingewiesen, dass hier eine im historischen Vergleich ungewöhnlich starke positive Prämierung von Emotionen wirkt: die Subjektivierung in Richtung eines »emotional self« (Deborah Lupton, 1998). Nicht die disziplinierte Emotionskontrolle – wie sie Norbert Elias in »Der Prozess der Zivilisation« (1939) untersuchte – ist nun das gesellschaftliche Ziel, sondern die Kultivierung und Sensibilisierung der Emotionen. Emotionalität erscheint als Signum von Authentizität und ›Lebendigkeit‹. Die Arbeiten von Eva Illouz – beispielhaft »Warum Liebe weht tut« (2011, auch »Die Errettung der modernen Seele«, 2009) – behandeln die Vielschichtigkeit und Widersprüchlichkeit dieser Emotionalisierung des Subjekts, insbesondere in spätmodernen Paarbeziehungen. Diese Beziehungen greifen einerseits auf das Modell der romantischen Liebe zurück, auf die Vorstellung, dass ein glückliches Leben der emotionalen Intensität mit einem geliebten Anderen bedürfe. Die Rezeption der Romantik geht dabei andererseits Hand in Hand mit dem Einfluss psychologischer Diskurse, die im Sinne einer ›positiven Psychologie‹ das Subjekt auf die Ideale der Selbstverwirklichung, des individuellen Glückstrebens, der emotionalen Balance und der offenen und authentischen Kommunikation festlegen. Die Emotionalisierung des Subjekts ist so mit seiner Psychologisierung aufs Engste verknüpft: man lernt, sich selbst und seine Gefühlswelt mit den Kategorien der Psychologie zu begreifen.

spätmoderne Partnerschaft

Für die spätmodernen Partnerschaften ergibt sich Illouz zufolge damit eine in mehrfacher Hinsicht spannungsreiche Kombination:

Grundsätzlich nehmen die Partnerschaftsmärkte mehr und mehr die Form von Konsumentenmärkten an. Teilweise unterstützt durch die systematischen Vergleichsinstrumente digitaler Plattformen, findet hier eine Partnerwahl als Auswahl zwischen unzähligen Optionen mit Optimierungsanspruch statt. Die spätmoderne Liebe ist insofern rationalisiert und auf ihre Weise ›ökonomisiert‹ (was, wie nun deutlich wird, weit über eine Kommerzialisierung im engeren Sinne hinausgeht). Dies setzt sie in Spannung zu den Ansprüchen emotionaler Intensität. Auch der psychologische Diskurs emotionalisiert und rationalisiert die Partnerschaft zugleich: Einerseits soll diese einen Raum intensiver Gefühle bieten, andererseits wird die Beziehung einem nüchternen Vertrags- und Aushandlungsdenken unterworfen, in dem permanent praktische Details des partnerschaftlichen Alltags zur Debatte stehen. Aus feministischer Perspektive argumentiert Illouz, dass im Zuge der Verwandlung der Partnerschaftswahl in einen Konsumentenmarkt die weiblichen Subjekte systematisch benachteiligt werden, da sie im Rahmen der herrschenden Geschlechterordnung in ihrer Identität stärker von einer erfüllenden Beziehung abhängen und die Sexualisierung ihnen mehr Nach- als Vorteile verschafft, ihre sexuelle Autonomie zudem im Vergleich zu jener der Männer eingeschränkt sei.

Psychologisierung des Subjekts

Die Psychologisierung des spätmodernen Subjekts ist in anderer Weise Thema des bereits erwähnten Alain Ehrenberg, unter anderen in seinem einflussreichen Buch »Das erschöpfte Selbst« (1998). Ehrenberg geht davon aus, dass das moderne Subjekt seit dem Beginn des 20. Jahrhunderts und mit der Entwicklung der Psychoanalyse ins Visier der Psychologie geraten ist. Mit der Spätmoderne wandelt sich jedoch einschneidend, was die Psychologie als psychische Pathologie wahrnimmt. Während sich in der klassischen Moderne die therapiebedürftigen ›Krankheiten‹ aus einer Überregulierung von Moral und Normativität ergaben und das Ergebnis innerpsychische Konflikte und Neurosen waren – der bevorzugte Gegenstand der Psychoanalyse –, ist das für die Spätmoderne charakteristische Krankheitsbild das der Depression. Vom spätmodernen Subjekt wird nicht die Unterwerfung unter das Über-Ich verlangt, man erwartet vielmehr von ihm, seine inneren Antriebe zu mobilisieren, Aktivität und Initiative zu entfalten sowie für sich selbst verantwortlich zu sein. Die Depression erweist sich dann als eine ›Unzulänglichkeitserkrankung‹, als eine ›Müdigkeit, man selbst zu sein‹, eine Krankheit der Passivität und Antriebslosigkeit.

Biologisierung des Subjekts

Für die spätmoderne Depression erweist sich als charakteristisch, dass der Zustand des Normalen und der Gesundheit sich nicht mehr präzise bestimmen lässt, so dass auch die Grenze des Therapiebedürftigen porös wird. Während die Psychoanalyse davon ausging, dass das subjektive Leiden häufig nicht vollständig zum Verschwinden gebracht werden kann, vielmehr im Rahmen des subjektiven Reifungsprozesses der Reflexion ›lebbarer‹ wird, suggeriert die spätmoderne Psychologie, dass sich die Antriebsschwäche tatsächlich beheben lässt, und zwar nicht zuletzt durch die biologische Manipulation durch Antidepressiva. Nicht der reflektierte Umgang mit Widersprüchen ist das Ziel der Therapie, sondern die Selbstoptimierung in all ihrer ›Machbarkeit‹. Die Psychologisierung kann sich so mit jener für die Spätmoderne ebenso charakteristischen Biologisierung des Subjekts verschwistern, wie sie etwa Nikolas Rose in »The Politics of Life Itself« (2006) unter die Lupe nimmt und wie sie Alain Ehrenberg selbst in »Die Mechanik der Leidenschaften« (2019) in Bezug auf die Prominenz der Neurowissenschaften analysiert. Die Biologie des Subjekts erscheint aus dieser Perspektive nicht mehr im Sinne eines biologischen Determinismus vorgegeben und damit als unumstößlich zu akzeptieren, sondern selbst durch die Medizin gestaltbar und auf der Ebene von Genen, Hormonen oder neuronalen Prozessen optimierbar.

Resilienz

Neueste Arbeiten weisen darauf hin, dass als Reaktion auf die Risiken und Nebenfolgen, die sich aus einem schrankenlosen Imperativ der aktivistischen Selbstentfaltung ergeben, auch die Psychologisierung des Subjekts neue Wege geht. So arbeitet Stefanie Graefe (2019) beispielhaft heraus, wie die Eigenschaft der ›Resilienz‹ zunehmend zu einem psychologischen Subjektideal der Spätmoderne geworden ist, das auf das wahrgenommene Risiko der Erschöpfung antwortet. Resiliente Subjekte zeichnen sich in diesem Verständnis durch Fähigkeiten der Selbstregulation und Erfahrungen der Selbstwirksamkeit aus. Selbstregulation heißt, dass das Subjekt sich nicht zum Opfer der eigenen Emotionen macht, sondern diese distanziert zu betrachten und – wenn nötig – in eine für das eigene Wohlbefinden weniger schädliche Richtung umzumodellieren vermag. Selbstwirksamkeit heißt, eine Einstellung und Praxis zu entwickeln, in der man in schwierigen Situationen nicht in Passivität verharrt, sondern selbst die Dinge aktiv beeinflussen und mitgestalten kann. Selbst die Erfahrung von Traumata könne mit Hilfe einer resilienten Haltung überwunden werden. Es ist nicht verwunderlich, dass das Subjektivierungsprogramm der Resilienz auch und gerade mit Blick auf Kinder und Jugendliche und in der Erziehungswissenschaft weiterentwickelt worden ist.

Digitalisierung

Die Verbreitung von Computertechnologien und dem Internet seit den 1990er Jahren und somit der Prozess, der häufig zusammenfassend als Digitalisierung umschrieben wird, hat auf seine Weise die Subjektivierung in der Spätmoderne umgeformt. Schon in Bezug auf die historisch früheren Medientechnologien – Lesen, Schreiben und Buchdruck einerseits, audiovisuelle Medien wie Film und Fernsehen andererseits – bildete die Frage nach deren Subjektivierungseffekten einen Schwerpunkt kulturwissenschaftlicher Forschung. Es ist nicht verwunderlich, dass dies mittlerweile auch für die digitalen Medientechnologien gilt, zumal die digitalen Praktiken die spätmoderne Lebensweise in ihrer ganzen Breite – von der Arbeit bis zu den persönlichen Beziehungen – prägen oder zumindest beeinflussen.

Ästhetisierungs- und Ökonomisierungseffekte des Digitalen

Seit den 1990er Jahren haben mediensoziologische und medienwissenschaftliche Arbeiten darauf hingewiesen, dass auch die Digitalisierung Ästhetisierungs- wie Ökonomisierungseffekte enthält. So hebt Sherry Turkle (1995) die Entwicklung eines spezifischen ästhetischen Sinns hervor, der sich im Umgang mit digitalen Welten ausbildet. Beim Hantieren mit visuellen Oberflächen entwickelt sich eine ludische Haltung, und es finden spielerische Experimente mit personalen Identitäten statt, etwa im Sinne eines ›Second Life‹. Zugleich trainiert das Computermedium das Subjekt in der Verallgemeinerung einer quasi-ökonomischen Haltung der Wahl, einer Haltung des Auswählens und Entscheidens im Rahmen einer generalisierten Markt- und Konkurrenzsituation. In Anlehnung an Anne Everett (2003) kann man von einem ›click fetishism‹ sprechen, ein Begriff, der sich aus der Technik des ›Klickens‹ auf Items des Computerbildschirms mit Hilfe einer ›Maus‹ ergibt, wie er für die frühe Computerpraxis der 1990er und 2000er Jahre typisch war. Gleichgültig, ob mit der Maus geklickt oder – wie für die Touchscreens der Smartphones mittlerweile typisch – auf dem Bildschirm berührt wird: Immer geht es darum, zwischen visuell dargebotenen ›Optionen‹ auszuwählen, die um die Aufmerksamkeit des Subjekts konkurrieren. Die digitale Welt trainiert das Subjekt somit in einer verallgemeinerten Haltung des Konsums (vgl. hierzu Reckwitz 2006, Kap. 4.2.3).

Internet: die Aktivierung des Subjekts

Neben der Ästhetisierung und Ökonomisierung bewirken die digitalen Technologien eine grundsätzliche Aktivierung des Subjekts. Mark Poster (1996) weist früh auf die grundsätzliche Transformation hin, welche die Digitalisierung für die Struktur von Medialität bedeutet: Während die Massenmedien auf einem ›Broadcast‹-Modell beruhen – das heißt: wenige Sender stehen vielen Empfängern gegenüber – beruht das Internet auf einem dezentralen Netzwerk-Modell, in dem die Empfänger selbst auch zu Sendern werden können. An die Stelle passiver Nutzer tritt somit eine Konstellation der Interaktivität und jene Subjektform, die Axel Bruns (2007) wirkungsmächtig als ›produser‹ bezeichnet, ein Hybridgebilde von Nutzer (user) und Produzenten (producer).

Social Media: das dramaturgische Selbst

Mit der Verbreitung der sozialen Medien und der Entwicklung des Smartphones im Laufe der 2010er Jahre, welche die digitalen Technologien im Alltag zu ständigen Begleitern machen, haben sich in der mediensoziologischen Forschung neue Schwerpunkte ergeben. In Howard Gardners und Katie Davies »The App Generation« (2013) wird auf der Grundlage von qualitativen Interviews mit jungen Nutzerinnen und Nutzern von Social Media-Plattformen herausgearbeitet, wie stark diese von der Selbstinszenierung vor einem Publikum als Erwartung und Wunsch geprägt sind. Das Subjekt wird hier zu einem dramaturgischen Selbst, das permanent an der attraktiven, möglichst perfekten Darstellung seiner eigenen Person arbeitet. Die rastlose Lebensaktivität mit immer neuen Ereignissen wird so zur Norm, Scheitern und Leerlauf hingegen müssen verborgen werden. Im Internet im Allgemeinen und den sozialen Medien im Besonderen befinden sich die Individuen untereinander somit in einem fast ununterbrochenen Wettbewerb um Aufmerksamkeit und Anerkennung, und Popularitätsindizes wie Seitenaufrufe oder Likes spiegeln ihnen ihren sozialen (Nicht-)Wert. Vor diesem Hintergrund scheint die Aktivität im Netz eher Gefühle eines minderen Werts der eigenen Person im Vergleich zu vermeintlich interessanteren und erfolgreicheren Anderen zu fördern: Das Netz macht soziokulturelle Ungleichheiten und Attraktivitätsunterschiede der Individuen unerbittlich transparent. Die Mobilisierung negativer Affekte durch das Netz – Enttäuschung über sich selbst und den eigenen Mangel, Neid gegenüber den Erfolgreichen und Häme gegenüber den Gestrauchelten – wird somit erklärbar.

Authentizität und Ko-Kreativität

Ramón Reichert betrachtet in »Die Macht der Vielen. Über den neuen Kult der digitalen Vernetzung« (2013) den Peformativitätsimperativ des digitalen Netzes in einer durch die Cultural Studies und ihr Interesse an unberechenbaren Alltagspraktiken geprägten Perspektive. Als zentral für das spätmoderne digitale Subjekt in den sozialen Medien und ihren »Ego-Clips« stellt sich nun weniger Perfektion als Authentizität dar. Von anderen Subjekten erwartet man Authentizität, und man selbst versucht, paradoxerweise als authentisches Selbst zu performen: Improvisation, Spontaneität, ›kleine Fehler‹, Ungezwungenheit und Amateurhaftigkeit erscheinen als Zeichen eines solchen authentischen Subjekts und werden teilweise absichtsvoll in Szene gesetzt. Einen anderen Aspekt des digitalen Subjekts arbeitet Reichert anhand der »Machinima Kultur« heraus, einer Szene, die sich um selbstproduzierte Animationsfilme im Rahmen bestimmter Computerspiele herum gebildet hat. Diese Spiele werden von den Nutzern nicht nur regelkonform angewandt, vielmehr nutzen sie diese häufig zu einer experimentellen Ko-Kreation, die den ursprünglichen Intentionen der Spiele zuwiderlaufen. Die digitalen Technologien erweisen sich hier als Spielfeld einer Do-it-yourself-Kultur, die Selbstoptimierungsimperative zugunsten eines ambivalenten *digital storytelling* unterläuft, das alternative, wenig glamouröse und auch verstörende Geschichten erzählt.

quantified self

Dass die digitalen Technologien häufig in den Dienst der spätmodernen Selbstoptimierung gestellt werden, arbeitet Stefan Selke anhand des »Lifelogging« (2014) heraus. Im Lifelogging werden Aspekte des eigenen Lebens und Körpers mit Hilfe von Geräten am Körper protokolliert, am Prominentesten in der Form einer digitalen Körpervermessung zur Steigerung von Gesundheit und Fitness. Das Subjekt wird hier zu einem ›quantified self‹, dessen körperliche Daten anhand von Norm- und Idealwerten abgetragen werden. Das Lifelogging ermöglicht jedoch zugleich ein individuell passgenaues Training. Das Subjekt lässt sich nun durch die digitalen Technologien gewissermaßen ›beobachten‹. Die digitale Subjektivierung ist auf dieser Ebene also keine Selbstinszenierung vor anderen, sondern eine artifizielle Fabrikation des Subjekts durch digitale Messungen. Während im Life Logging allerdings das Subjekt selbst bewusst auf die digitale Fremdbeobachtung zurückgreift, um sich zu optimieren, verläuft die sogenannte »Personalisierung« des Internet hinter dessen Rücken (vgl. dazu Stalder/Mayer 2009). Plattformen wie Google oder Amazon ›beobachten‹ die Netzaktivitäten des einzelnen Users, verfertigen ein entsprechendes Profil und schneiden vor diesem Hintergrund ihren Internet-Aufritt individuell auf den einzelnen User zu. Die Personalisierung des Internet lässt sich so als eine Ausprägung des digitalen »Überwachungskapitalismus« interpretieren (vgl. Zuboff 2018).

zeitgenössische Klassenanalyse

Als weiterer Schwerpunkt neuer Subjektivierungsforschung hat sich insbesondere seit den 2010er Jahren die Neuentdeckung des Phänomens der sozial-kulturellen Klassen herauskristallisiert. Vor allem Pierre Bourdieus Analysen zu Lebensstilen und deren Habitusformen erweisen sich dabei als eine Inspirationsquelle. Ohne in den Ökonomismus des Marx‘schen Klassenbegriff zu verfallen, werden Klassen hier als Lebensstilkollektive gedacht, welche die Individuen auf bestimmte Weise subjektivieren, das heißt, ihnen klassenspezifische Fähigkeiten, Wünsche und Affektstrukturen und damit zugleich spezifische Unfähigkeiten und Abneigungen vermitteln. Klassen haben dabei – selbst wenn sie sich nicht notwendigerweise in einem Klassenbewusstsein ausdrücken – immer einen politischen Charakter, insofern sie sich in eine gesellschaftliche Konstellation ungleichen

Status und Prestiges und damit von gesellschaftlicher Macht, Hegemonie und Herrschaft einfügen.

In Deutschland hat Didier Eribons »Rückkehr nach Reims« (2016; ursprünglich 2009) als eine Initialzündung für eine intensivierte Beschäftigung mit Klassenfragen gewirkt. Eribons Buch ist ein ungewöhnlicher Hybrid von Autobiografie und soziologischer Analyse, der im intellektuellen Feld Frankreichs mit vergleichbaren Genre-Kombinationen von Seiten der Literatur, etwa in den autobiografisch geprägten Texten von Édouard Louis (»Das Ende von Eddy«, 2015) und Annie Ernaux (»Erinnerung eines Mädchens«, 2018), vernetzt ist. Ähnliche Genre-Mixe sind auch in den USA und Deutschland entstanden, so in J. D. Vances »Hillbilly Ellegy« (2016) oder in Christian Barons »Ein Mann seiner Klasse« (2020). Didier Eribon

Eribon zeichnet in suggestiver Weise seinen eigenen sozialen Aufstieg aus der Arbeiterklasse der Provinz in die akademische Mittelklasse von Paris nach. Im Hintergrund dieses individuellen Pfades wälzt sich in den 1960er bis 1990er Jahren die französische Sozialstruktur insgesamt um: Im Zuge der Deindustrialisierung und Neoliberalisierung büßt die Arbeiterschaft ihren Ort als kulturell und politisch zwar untergeordnete, aber selbstbewusste Klasse ein. Eribon, dessen sozialer Aufstieg zusammenfällt mit seiner sexuellen Emanzipation, die erst in der gegenüber Homosexualität toleranten akademischen Mittelklasse möglich ist, analysiert seinen Klassenwechsel als einen Prozess, der durch »soziale Scham« charakterisiert ist. Aus dem Herkunftsmilieu, dessen Habitus von Aggressivität, Sprachlosigkeit und Sexismus geprägt ist, scheint die Flucht qua Bildung der einzige Ausweg. Aber nachdem die entsprechenden kulturellen Kompetenzen mühevoll angeeignet worden sind und man in der akademischen Mittelklasse angekommen ist, herrscht dort eine anti-primitive, bürgerliche Distinktion ›nach unten‹, so dass das Herkunftsmilieu zu einem zu verbergenden Makel wird. Inzwischen hat sich auch die Gesamtgesellschaft gewandelt: Während die akademische Mittelklasse auf der politischen linken Mitte tonangebend geworden ist, haben sich die Reste der Arbeiterklasse längst auf den Marsch nach rechts begeben, ins Lager der Rechtspopulisten, die beanspruchen, die ›classe populaire‹ zu vertreten – dem liberalen Neobürgertum erscheint sie damit erst recht verdächtig.

Die neueren Klassenanalyen zeichnen sich generell dadurch aus, dass sie häufig den Zusammenhang zwischen Kulturalisierung und einer neuen Politisierung der Sozialstruktur herausarbeiten. Dabei erscheinen die kulturellen Transformationen insbesondere von drei Klassensegmenten besonders interessant: der neuen Unterklasse, der traditionellen Mittelklasse und der neuen, akademisch gebildeten Mittelklasse.

neue Unterklasse

Beverly Skeggs stellt in ihrem auf Großbritannien bezogenen Buch »Class, Self, Culture« (2004) dar, wie die Unterklasse seit den 1990er Jahren einer ›Kulturalisierung von Ungleichheiten‹ unterzogen wurde, welche sie in erster Linie nicht über bestimmte materielle Bedingungen, sondern als Ort eines problematischen kulturellen Habitus charakterisiert. In der Repräsentation in den Medien, im wissenschaftlichen und politischen Diskurs erscheint das Subjekt der Unterklasse als Ort einer ungesunden Körperlichkeit, ästhetischer Stillosigkeit, Undiszipliniertheit, ›bildungsferner‹ Erziehungsstile, aber auch von Sexismus, Rassismus und Homophobie. Unterklasse-Subjekte werden so in der dominanten Kultur als riskante, problematische Subjekte repräsentiert. Zugleich jedoch werden ausgewählte Elemente der ›authentischen‹ Arbeiterkultur – zum Beispiel Tattoos, Fußball oder ›coole‹ Männlichkeit – von Seiten der neuen Mitteklasse als kulturelle Ressource und willkommenes Stil-Accessoire bereitwillig angeeignet.

Lenkt man den Blick auf den gelebten Habitus und die Identität der Unterklasse, werden freilich noch andere Aspekte deutlich. So arbeitet Friedericke Bahl (2014) in ihrer Analyse des zeitgenössischen Dienstleistungsproletariats heraus, wie die Subjekte dieser prekären Klasse jenen ›Driftern‹ ähneln, wie sie Richard Sennett in »Der flexible Mensch« (1998) vorgestellt hat: ›Auf Sicht Fahren‹ statt Planbarkeit scheint für diese Lebensläufe typisch, das Motto ›Leben als Überleben‹ charakterisiert sie. Ein individueller oder gesellschaftlicher Fortschritt scheint unrealistisch, und ein negatives Selbstwertgefühl korrespondiert mit einer deutlichen Wahrnehmung des eigenen gesellschaftlichen ›Abgehängtseins‹. Ein anderes Segment der Unterklasse nimmt Moritz Ege in der Tradition der Cultural Studies in »Ein Proll mit Klasse« (2013) aufs Korn. In einem jugendlichen und post-adoleszenten Metropolenmilieu – von Migranten wie von Einheimischen – wird ein selbstbewusster ›Proll‹-Stil kultiviert, in dem eine »Charismatisierung von Marginalität« (ebd.: 485) zu beobachten ist. Der Verliererstatus verwandelt sich hier in eine aggressive Männlichkeit ›der Straße‹, deren beanspruchte Authentizität Selbstbewusstsein verleiht. Hier knüpft man unbewusst an jene Tradition demonstrativer, vermeintlich überlegener (und im Laufe der Zeit meist vergeblicher) Aufmüpfigkeit der Working-class-Jugendlichen an, wie sie Paul Willis in »Learning to Labour« (1977) einst unter die Lupe nahm.

traditionelle Mittelklasse

Eine Etage höher in der spätmodernen Sozialstruktur findet sich die traditionelle Mittelklasse, die insbesondere seit Mitte der 2010er Jahre im Zuge des Aufstiegs des Rechtspopulismus vom Rand ins Zentrum des sozialwissenschaftlichen Interesses gerückt ist. Auch diese Entwicklung scheint nur begreifbar, wenn man die Habitusformen dieser Gruppe betrachtet. Die traditionelle Mittelklasse ist die Erbin der nivellierten Mittelstandsgesellschaft der industriegesellschaftlichen ›Trente glorieuses‹ (Fourastiè) von 1945 bis 1975, die jedoch ihre kulturelle Hegemonie im Zuge von Bildungsexpansion und Postindustrialisierung weitgehend an die urbane, hochgebildete neue Mittelklasse verloren hat. Sie umfasst die Facharbeiter und kleinen Angestellten ebenso wie den alten Mittelstand. Joan Williams nimmt in »White Working Class« (2017) das erstgenannte Segment in Augenschein, Arlie Russel Hochschild in »Strangers in their Own Land« (2016) letzteres; beides ist auf die USA bezogen.

Williams zeigt, dass der Habitus der traditionellen Mittelklasse von Idealen harter Arbeit, persönlicher Integrität und Verantwortung und generell weniger vom Vorbild individueller Leistungsfähigkeit als von einer Moral des Selbst angeleitet ist: Selbstdisziplin, Stabilität und familiäre Solidarität erscheinen als zentrale Werte, und man nimmt eine subtile Abwertung des eigenen Status durch die *professional class* der Akademiker wahr. Letzteres wird noch deutlicher in Hochschilds ethnografischer Studie. In der traditionellen Mittelklasse herrscht Hochschild zufolge das Modell eines »verwurzelten Selbst« – verwurzelt in Familie und Region – sowie eines »Selbst mit Durchhaltevermögen« (endurance self), das sich die Form seines respektablen Lebens beständig in großer Anstrengung abringen muss. Zugleich macht Hochschild eine für die Identität der Subjekte dieses Milieus zentrale gesellschaftliche »Tiefengeschichte« aus, der zufolge man in seinem Leben vorgeblich um den gerechten Lohn seiner Anstrengung betrogen werde. Das Ergebnis des uneingelösten Versprechens des American Dream sind Gefühle der Kränkung und des Ressentiments.

neue Mittelklasse

Ein zentrales Thema der kulturellen Klassenanalyse der Spätmoderne sind die Subjektivierungsprozesse der neuen Mittelklasse, einer Mittelklasse von Hochqualifizierten, meist von Hochschulabsolventinnen und -absolventen, in der Wissensökonomie arbeitend und häufig in den Metropolregionen lebend. In vieler Hinsicht handelt es sich um die seit den 1980er Jahren kulturell dominante Klasse, deren Leitwerte – von der Flexibilität, Mobilität und Lernbereitschaft über die Toleranz und Emanzipation bis zum Gesundheits- und Stilbewusstsein – die spätmoderne Gesellschaft über den Weg der großen Unternehmen in der Ökonomie, der Medien, des Bildungsbereichs und des Kultursektors sowie von großen Teilen der Politik prägen. Zentral ist, dass sich die neue von der alten Mittelklasse weniger über materielle Faktoren als über die Kultur der Lebensform unterscheidet: die Distinktion verläuft entsprechend primär über die symbolische Dimension.

Berechtigungs- und Befähigungssubjekt

Merkmale der Subjektkultur der neuen Mittelklasse wurden früh auf die USA bezogen in Paul Leinbergers und Richard Tuckers »The New Individualists« (1991) sowie pointiert in David Brooks Essay »Bobos in Paradise« (2000) herausgearbeitet. Folgt man der Analyse in »Die Gesellschaft der Singularitäten« (Andreas Reckwitz, 2017), ist für die neue Mittelklasse eine Subjektform charakteristisch, die der widersprüchlichen Form einer ›erfolgreichen Selbstverwirklichung‹ folgt: Aus der romantisch-gegenkulturellen Tradition bezieht man – über den Weg des Post-68-Wertewandels der 1970er Jahre – das Ideal eines entfalteten Selbst, eines authentischen und nicht-entfremdeten Lebens voller emotionaler Befriedigung; aus der Tradition des Bürgertums entnimmt man das Streben nach hohem sozialen Status, Anerkennung und Erfolg. Das Subjekt der neuen Mittelklasse ist dabei ein Berechtigungs- und Befähigungssubjekt: es sieht sich befähigt und berechtigt zu Selbstentfaltung und Anerkennung. Alle Praktiken dieses Lebens sollen dem dienen, was Robert Bellah die Kultur eines ›expressiven Individualismus‹ (»Habits of the Heart« 1985) nannte.

Valorisierung und Singularisierung

Entsprechend sind für die neue Mittelklasse eine Valorisierung und Singularisierung der Praktiken des Lebensstils, anderer Subjekte, Objekte, Orte und Zeiten charakteristisch. Valorisierung heißt:

das Leben soll voller wertvoller Elemente sein, von Elementen, die nicht bloßes Mittel zum Zweck sind, sondern denen man ästhetischen oder ethischen Selbstweck zuschreibt. Zugleich soll es sich nicht um Standardisiertes und Konventionelles handeln, sondern – dem romantischen Ideal folgend – um Singuläres, Einzigartiges, Besonderes. Über den Weg der Singularisierung seiner Welt – von den sozialen Beziehungen mit Partnern und Freunden über die Reiseziele, die Wohnung und die Ernährung bis zur Praxis der immateriellen Arbeit sowie zur persönlichkeitssensiblen Erziehung der Kinder – strebt das spätmoderne Subjekt der neuen Mittelklasse so selbst Individualität an, es sucht nach dem Ausdruck (Expression) seines Selbst, nach der ›Authentizität‹ seines eigenen Lebens. Die gesamte Weltkultur der Vergangenheit und Gegenwart erscheint dem Subjekt der neuen Mittelklasse dabei als ein hyperkulturelles System von Ressourcen, aus denen es sich seine Lebensweise in einer Praxis des ›Kuratierens‹ zusammenstellt. Dies setzt eine erhebliche ästhetische und ethische Sensibilisierung, eine Entwicklung kultureller Kompetenzen einschließlich kosmopolitischer Offenheit und kreativer Gestaltung voraus.

performative Selbstverwirklichung

Die Praxis der Selbstentfaltung geht in der neuen Mittelklasse Hand in Hand mit einer Statusinvestition, welche nach einer systematischen Akkumulation verschiedenster Kapitalsorten – vom Geld über die Bildung bis zu den sozialen Netzwerken und der Gesundheit – trachtet. Diese beständig mitlaufende Statusinvestition ist darauf aus, die Rahmenbedingungen für das Singularisierungs- und Valorisierungsprojekt des Lebens zu schaffen. Anerkennung erlangt ein solches Subjekt konsequenterweise in der Demonstration seiner ›performativen Selbstverwirklichung‹ nach außen, in welcher anerkannte Singularität selbst zu einem Kapital werden kann: zu einem Singularitätskapital, welches privat und beruflich neue Chancen eröffnet bzw. verschließt. Nicht nur in der mehr oder minder subtilen Abgrenzung nach außen – zur traditionellen Mittelklasse, der mangelnde Offenheit und Provinzialität sowie der neuen Unterklasse, der Primitivität unterstellt wird –, eine Abgrenzung, die im Antagonismus zwischen liberalem Kosmopolitismus und Materialismus/Nationalismus nicht nur eine politische Dimension erhält, sondern auch zwischen den Subjekten der neuen Mittelklasse selbst herrscht damit ein »Kampf um Anerkennung« (Honneth).

Verheißung und Enttäuschung

Die Subjektkultur der neuen Mittelklasse enthält eine ausgeprägte Verheißung emotionaler Befriedigung, zugleich jedoch ein hohes Potenzial des Scheiterns und der Enttäuschung – womit wiederum die Themen von Alain Ehrenberg und Eva Illouz berührt werden. Dies hat mehrere Ursachen (vgl. Reckwitz 2019: 203–238): 1. Eine Lebensform, deren subjektive Gelungenheit von einem subjektiven Erleben abhängt – dem Erleben des Authentischen, des Einzigartigen, des individuell Passenden oder Stimmigen (der Partnerschaft, des Berufs, der Freizeit, des Lebensorts, der Biografie insgesamt) – macht sich von einem fragilen, unberechenbaren und damit höchst enttäuschungsanfälligen Maßstab abhängig. 2. Die Ökonomisierung vieler Arenen des sozialen Lebens, an denen die neue Mittelklasse partizipiert – vom Bildungs- und Arbeitsmarkt der Hochqualifizierten über den Wohnungsmarkt bis zum Partnerschaftsmarkt –, lässt in der Konstellation des Wettbewerbs nicht nur Gewinner, sondern auch Verlierer entstehen. 3. Das Ideal der Selbstentgrenzung des Ich in allen seinen Möglichkeiten bedeutet, dass das Subjekt sich in einem endlosen Spiel von Steigerung und Abwechslung bewegt. 4. Schließlich bietet die spätmoderne Selbstverwirklichungskultur kaum kulturelle Instrumente, um mit negativen Unverfügbarkeiten umzugehen, das heißt, mit negativen Ereignissen, die sich der Kontrolle durch das Subjekt entziehen. Insgesamt gilt: Die Subjektkultur der neuen Mittelklasse ist auf ein Ideal positiver Emotionen zentriert, zieht jedoch unintendiert selbst negative Emotionen der Enttäuschung – und damit auch der Trauer, Angst oder Wut – heran, die wiederum kulturell kaum konstruktiv bearbeitbar scheinen.

III. Elemente einer kulturwissenschaftlichen Subjektanalyse: Ein heuristischer Bezugsrahmen

Abschließend sollen einige Eckpunkte eines heuristischen Bezugsrahmens zur sozial- und kulturwissenschaftlichen Subjektanalyse zusammengestellt werden, die Elemente aus den verschiedenen Perspektiven der behandelten Autoren verarbeiten. Intendiert ist keine Subjekttheorie, sondern ein praxeologisch-poststrukturalistischer Katalog möglicher forschungsleitender Gesichtspunkte, die helfen können, nach Subjektformen zu suchen und diese zu analysieren:[18]

Praktiken und Codes

Alle sozialen Praktiken, welche die gesellschaftliche und kulturelle Realität ausmachen, lassen sich unter dem Aspekt betrachten, welche Formen des Subjekts sich in ihnen bilden. Subjektanalyse als eine sozial- und kulturwissenschaftliche Forschungsstrategie richtet sich daher in einem ersten Zugriff auf die – ökonomischen, politischen, sexuellen, erzieherischen, medialen, künstlerischen etc. – *sozialen Praktiken* und umfassenden Komplexe von Praktiken, welche sich ihre je spezifische Subjektform produzieren: Praktiken des Arbeitens, des Konsumierens, des privaten Austauschs, des Lesens und Computer- soziale Praktiken spielens, der verbalen Kommunikation, des politischen Engagements etc.

Eine Praktik lässt sich als »a temporally unfolding and spatially dispersed nexus of doings and sayings« (Schatzki 1996: 89) verstehen. Sie ist eine sozial geregelte, typisierte, routinisierte Form des körperlichen Verhaltens (einschließlich des zeichenverwendenden Verhaltens) und umfasst darin spezifische Formen des impliziten Wissens, des Know-how, des Interpretierens, der Motivation und der Emotion. Praktiken unter dem Subjektaspekt zu betrachten, bedeutet zu fragen, in welcher Richtung sie ›subjektivieren‹, d. h. welche Dispositionen eines zugehörigen Subjekts sie nahelegen und über welche Wege ihnen diese Modellierung eines entsprechenden Körpers, eines Wissens und einer Psyche gelingt. Man kann *intersubjektive, interobjektive und selbstreferentielle Aspekte von Praktiken* unterscheiden, d. h. Praktiken im Umgang zwischen Personen (z. B. mündliche Kommunikation, Sexualität), im Umgang mit Objekten (z. B. Handwerk, Haushalt) und im Umgang des Subjekts mit sich selbst (›Technologien des Selbst‹). Nicht nur Letztere, auch Erstere lassen sich unter ihrem Subjektivationsaspekt rekonstruieren.

kulturelle Codes

Soziale Praktiken sind durch *kulturelle Codes* strukturiert, die klassifizieren, welche Verhaltensweisen denkbar und welche unmöglich sind. Codes lassen sich als Systeme von Unterscheidungen begreifen, als Klassifikationssysteme, welche eine häufig implizite kulturelle Ordnung der Dinge liefern. Indem die Codes Praktiken prägen und in das implizite Wissen der sie tragenden Subjekte eingehen, regulieren sie die Subjektivierung. Von speziellem Interesse sind dabei die *Subjektcodes* im engeren Sinne, d. h. zentrale Unterscheidungen, die Subjektformen festlegen und differenzieren.

Performanz, Wissen, Sinne und Affekte

Die Subjektivierungseffekte durch bestimmte Praktiken können unter mehreren, miteinander verknüpften Aspekten nachvollzogen werden: Man kann die *körperliche ›performance‹*, die Art und Weise der Körperbewegungen beschreiben, welche die entsprechende Subjektform charakterisiert, die Motorik, Gestik, Mimik, die möglichen und die unmöglichen Bewegungen, einschließlich der Form und des Stils des Zeichengebrauchs, vor allem der Sprache. Über die Ebene der ›performance‹ hinaus bedeutet Subjektivierung, dass das Subjekt ein bestimmtes *praktisches Wissen* internalisiert und inkorporiert, indem sich auch die generellen kulturellen Codes niederschlagen. Die Frage ist, welches Know-how-Wissen und welches Deutungswissen eine bestimmte Subjektform ausmachen. Beides lässt sich allein indirekt erschließen. Das *Know-how-Wissen* ist ein prozedurales und methodisches Wissen von und um ›scripts‹, in denen das Subjekt in entsprechenden Situationen der Praktik angemessen agiert und Schemata gekonnten Verhaltens folgt. Das *Deutungswissen* umfasst interpretative Schemata, die routinisierte Sinnzuschreibungen gegenüber konkreten und abstrakten Gegenständen ermöglichen. Dies schließt Interpretationen gegenüber der eigenen Person, ein spezifisches *Selbstverstehen*, eine ›Hermeneutik des Selbst‹ ein. Das Selbstverstehen des Subjekts, die impliziten oder expliziten Definitionen seiner ›Identität‹ (wie sie sich beispielsweise auch in entsprechenden Selbstbeschreibungen äußern), machen damit aber nur einen begrenzten Teil der gesamten Subjektform aus. Neben spezifischer Körperperformanz, Know-how-Wissen und einem Deutungswissen bewirkt die Subjektivierung eine entsprechende Formung der Sinne sowie der Affekte, die gleichfalls untersuchungsbedürftig erscheint: Die Subjekte entwickeln eine kulturell spezifische *Form der Sinnes-*

wahrnehmung, vor allem der Visualität – etwa ein bestimmtes Blickregime –, der Auditivität und der Taktilität. Schließlich bedeutet Subjektivierung auch die Ausbildung von spezifischen *Affektstrukturen*, einer entsprechenden Emotionalität und ›Gestimmtheit‹, eine Form des Begehrens und Wünschens, auch eine Form der Verwerfung und Aggressivität. Im kulturwissenschaftlichen Kontext lassen sich diese Affektstrukturen nicht unabhängig von den sinnhaften Wissensordnungen analysieren, die Emotionalität auf eine bestimmte Weise codieren und definieren, was erstrebenswert und was ekelhaft ist.

Diskurse (textuell und visuell)

Subjekt-präsentation

Subjektformen werden in sozialen Praktiken routinemäßig produziert; in Diskursen werden sie explizit zum Thema und dort in Form von *Subjektrepräsentationen* hergestellt und gesellschaftlich verfügbar gemacht. Dies gilt für schriftlich-*textuelle Diskurse* (sowohl nichtfiktionale Texte wie die Diskurse der Humanwissenschaften, Konversationslexika, Ratgeberliteratur etc. als auch fiktionale Texte der ›Literatur‹) ebenso wie für *visuelle Diskurse* (der Bildenden Kunst, des Films, der Fotografie, des Fernsehens etc.). Neben den nicht-diskursiven Praktiken sind die diskursiven Praktiken damit ein bevorzugter Gegenstand der Subjektanalyse. Dies setzt voraus, Diskurse nicht als ein bloßes Überbauphänomen des Redens ›über‹ soziale Sachverhalte zu verstehen, sondern als Elemente der sozial-kulturellen Realität, welche kulturelle Repräsentationen produzieren und »systematisch die Gegenstände bilden, von denen sie sprechen« (Foucault 1969: 74). Diskurse können auch andere primäre Themen haben als Subjektivität – etwa Spezialdiskurse der Physik oder Mathematik –, aber sehr viele moderne Diskurse repräsentieren direkt oder indirekt Subjektformen, sei es in deskriptiver oder normativer Weise. Besonders interessant scheinen hier die Diskurse der Humanwissenschaften – der Philosophie, Psychologie, Neurophysiologie etc. – sowie ihre popularisierten Versionen im Bereich der Ratgebertexte. Nicht zu vernachlässigen ist – im besonderen Maße für das 20. und 21. Jahrhundert mit ihren Mitteln der technischen Reproduzierbarkeit von Bildern – die Verbreitung visueller Diskurse, die bestimmte Subjektrepräsentationen, Ordnungen der visuell darstellbaren Subjektivität liefern.

Praxis-/Diskursformationen

Generell ist es heuristisch wenig sinnvoll, von einem Dualismus zwischen nicht-diskursiven Praktiken und Diskursen auszugehen. Stattdessen kann man die Frage stellen, welche *Praxis-/Diskursformationen*, d. h. Netzwerke miteinander verflochtener (aber natürlich möglicherweise in sich heterogener und widersprüchlicher) Praktiken *und* Diskurse, bestimmte Subjektformen befördern. Dies gilt etwa für den Nexus von Arbeitspraktiken und Arbeits- wie Managementdiskursen oder zwischen Praktiken der Erziehung und Erziehungsratgebern oder Darstellungen von Bildungsprozessen in der Belletristik und den Erziehungspraktiken. Unterscheiden lassen sich *Subjektrepräsentationen in Spezialdiskursen* und in *Interdiskursen*: Spezialdiskurse sind direkt einzelnen sozialen Feldern zugeordnet und profilieren daher spezialisierte Subjektpositionen (zum Beispiel der Managementdiskurs das Arbeitssubjekt), während Interdiskurse Aussagen über das Subjekt ›an sich‹, über die Grenzen differenzierter Sphären hinweg machen (z. B. Literatur, Film, teilweise psychologische Persönlichkeitsberatung).

Praxis-/Artefaktkonstellationen und Materialität

Die sozialen Praktiken, die Subjektivierungseffekte erzielen, sind regelmäßig mit bestimmten Artefakten verknüpft. Es bilden sich auf diese Weise *Praxis-/Artefaktkonstellationen*, so dass die sozialen Praktiken über ihre Verankerung in den Körpern hinaus eine ›materielle‹

Dimension haben, also in einer historisch-spezifischen Materialität strukturiert sind. Ökonomische Praktiken des Arbeitens enthalten so spezifische Technologien (Werkzeuge, Elektrizität, Kommunikationsmedien), Praktiken persönlicher Beziehungen enthalten eine spezifische räumliche Strukturierung (Wohnungen, Häuser, stadträumliche Gliederung), sie setzen Kommunikationsmedien (Schrift, Telefon, Internet) oder auch biologische Manipulationsmittel (Fertilitätskontrolle, medizinische Versorgung) voraus etc. Innerhalb dieser Praktiken tragen die historisch-spezifischen Strukturen der Materialität dazu bei, spezifische Subjektdispositionen heranzuziehen. Wichtig erscheint hier, nicht von einem Determinismus zwischen Technik und Subjektformen auszugehen, sondern immer die kulturell spezifischen *Umgangsformen mit* den entsprechenden Artefakten zu betrachten, also die Praktiken im Umgang mit den Dingen, in deren Kontext Subjektivierungsprozesse stattfinden.

Differenzen und Identitäten

Die kulturellen Codes, welche sich sowohl – über das implizite Wissen – in Praktiken als auch in den Repräsentationen der Diskurse darstellen, lassen sich als mehr oder minder komplexe, mehr oder minder mehrdeutige Systeme von Unterscheidungen/Differenzen lesen, die komplexe Wissensordnungen bilden. Diese Unterscheidungen müssen nicht zwangsläufig asymmetrisch aufgebaut sein – auch eine Gleichberechtigung von Elementen ist möglich –, häufig nehmen sie jedoch eine solche asymmetrische Form der gewünschten und der diskreditierten Subjektivität an. Die Definition von kulturell erwünschten oder verworfenen Subjektmodellen lässt sich damit über die Rekonstruktion dieser *Differenzmuster* – die nicht selten binär organisiert sind – herausarbeiten (z. B. männlich/weiblich, Angestellter/Arbeiter, Linker/Rechter, cool/spießig etc.). Die positiven Definitionen von Subjektmodellen stellen die Kehrseite von kulturell definierten ›Anti-Subjekten‹ dar. Die Differenzen können dabei nicht als stabil und eindeutig vorausgesetzt werden, sondern sind gerade in ihren Polysemien interessant. Die ›Identität‹ von Subjekten, d. h. ihr subjektives Selbstverstehen, lässt sich dann im Zusammenhang mit den Differenzmarkierungen untersuchen. Sowohl die *Identifizierungen* mit Subjektmodellen als auch das *Verwerfen* von Anti-Subjekten können nicht auf kognitiv neutrale Vorgänge reduziert werden, sondern enthalten – wiederum möglicherweise mehrdeutige – affektuelle Elemente des Begehrens und der Abgrenzung.

Subjektformen und der/die Einzelne

Subjektformen und der/die ›Einzelne‹ – das, was gängigerweise und missverständlich das ›Individuum‹ genannt wird – sind nicht identisch. Subjektformen sind kulturelle Typisierungen, Anforderungskataloge und zugleich Muster des Erstrebenswerten – der Einzelne subjektiviert sich in ihnen und wird subjektiviert. Das sozial- und kulturwissenschaftliche Interesse richtet sich konsequenterweise auf die kollektiv geltenden Subjektformen, welche in den sozialen Praktiken und Diskursen enthalten sind. Auch ›Individualität‹ lässt sich auf einer ersten Ebene als ein kulturell spezifischer Subjektcode (etwa der Romantik) und Individualisierung als eine implizite Strategie bestimmter sozialer Praktiken (etwa Routinisierung des Vergleichs zwischen Personen, Suche nach dem ›eigenen‹, ›inneren‹ Kern) untersuchen. Auf einer zweiten Ebene bedarf es jedoch einer Begrifflichkeit für jenen ›Einzelnen‹, der sich eine historisch spezifische Subjektivierungsweise aneignet, darin zum Subjekt wird ohne dass dies jedoch möglicherweise vollständig gelingt. Gerade in den Verfehlungen, im Misslingen, auch in einem widerständigen psychischen Realen werden die *Idiosynkrasien* des Einzelnen deutlich. Sie sind damit jedoch immer schon in eine bestimmte Subjektivierung verwickelt. Aus soziologischer Perspektive kann dieser Einzelne letztlich nur eine Grenzfigur markieren, die beispielsweise in der Biografieforschung sichtbar, ansonsten aber vor allem im modernen Medium der Kunst, etwa in der literarischen Repräsentation zum Thema wird. Paradoxerweise kann auch das Misslingen der Subjektivierung im Einzelnen, sobald es bei mehreren auftritt, wiederum ein kollektives Muster bilden. In diesem kollektiven Scheitern, aber auch in den kollektiven unintendierten psychischen Effekten oder Akten der Subversion kann der Einzelne dann in dem Moment soziologisch zugänglich werden, in dem sich wiederum Ansätze einer anders orientierten und alternativen, aber wiederum kollektiven Subjektform herauskristallisieren.

Soziale Felder und Klassen

Subjektpositionen

Subjektformen lassen sich auf der Ebene unterschiedlicher Praxis/Diskurs-Komplexe untersuchen. Unter den Bedingungen einer für die Moderne charakteristischen Spezialisierung von Handlungsweisen und einer Ausdifferenzierung von Institutionen liegt es nahe, jene *Subjektpositionen* zu rekonstruieren, die in einzelnen spezialisierten *sozialen Feldern* vorkommen, diese konstituieren und tragen. Aus heuristischen Gründen sollte der Begriff des sozialen Feldes zunächst möglichst offen anwendbar sein und etwa nicht von vornherein mit sogenannten Funktionssystemen gleichgesetzt werden. Solche spezialisierten Komplexe von Praktiken und korrespondierende Subjektpositionen wären etwa ökonomische Praktiken der Arbeit mit ihren Konfigurationen unterschiedlicher ökonomischer Subjektformen von

›unternehmerischen Selbsten‹, Arbeitern, Angestellten, Spekulanten etc., politische Praktiken mit Subjektformen des Bürokraten, des Politikers, des Wählers, des Engagierten, des Revolutionärs etc., privat-persönliche Praktiken mit historisch-spezifischen Subjektformen wie (Ehe-)Partner, Freund, Eltern-/Kindkonstellationen etc., künstlerische Praktiken mit dem Künstler- und dem Rezipientensubjekt, medizinische Praktiken mit Arzt- und Patientensubjekten etc. Die Subjektpositionen in den Feldern können komplementär oder agonal angeordnet sein. Die historische Genealogie/Archäologie der Felder ist damit immer zugleich eine Subjektgeschichte. Das Verhältnis zwischen den Feldern und zwischen ihren Subjektpositionen – etwa im Sinne einer Konkurrenz oder einer höherstufigen Homologie von Subjektformen – sollte heuristisch offen gehalten werden.

›Quer‹ zur Differenzierung von Feldern positionieren sich unterschiedliche *Klassen/Milieus/Lebensstile* und ihre entsprechenden Subjektformen, etwa solche eines bürgerlichen oder eines proletarischen Subjekts. Diese klassen- und milieuspezifischen Subjektkulturen kombinieren Praktiken aus unterschiedlichen spezialisierten Feldern (etwa Arbeit, persönliche Beziehungen, Konsum und andere) miteinander. Auch Subkulturen lassen sich auf dieser Ebene als spezifische Subjektkulturen dechiffrieren. Wiederum ist das Verhältnis zwischen den Milieus – etwa im Sinne eines Kulturkonfliktes um die angemessene Subjektform oder im Sinne einer Überlagerung gemeinsamer Sinnelemente – empirisch offen.

Geschlecht und Ethnizität

Neben der Differenzierung nach Feldern und nach Klassen/Milieus sind in Bezug auf moderne Gesellschaften und Kulturen zwei weitere Kriterienkomplexe für die Unterscheidung von Subjektformen von Relevanz: zum einen das Geschlecht, zum anderen die Ethnizität von Subjekten, die in sämtlichen Feldern und Milieus eine zusätzliche Verkomplizierung von Subjektivierungsweisen ergeben.

Homologien und Hegemonien

Eine Analyse von Subjektformen auf der Ebene einzelner sozialer Felder und einzelner Milieus und in Bezug auf bestimmte zeitliche und räumliche Kontexte legt für die Moderne eine Heterogenität von Subjektivierungsweisen frei. Die Anschlussfrage lautet, ob die Sinngrenzen zwischen diesen Feldern und Milieus tatsächlich stabil sind oder in welchem Maße und in welcher Form hier vielmehr *Homologien* oder kulturelle Hierarchien existieren. Das Konzept der ›Homologien‹ kann die Frage anleiten, ob zwischen den zunächst unterschiedlichen Subjektpositionen verschiedener sozialer Felder – etwa dem Feld der Ökonomie, der Privatsphäre und der Politik – in einem bestimmten historischen Zeitraum *Prozesse kultureller Grenzüberschreitung* stattfinden, welche die gleichen Subjektcodes und auch einzelne Praktiken in den verschiedenen Feldern implantieren (zum Beispiel Codes der Moral, des Marktes oder des Sozialen). Beispielsweise kann man dann für die 1930er bis 50er Jahre in den USA eine offensive Semantik der Sozialität und eine entsprechende an sozialen Gruppen orientierte Subjektivierung sowohl im Feld der Arbeit als auch der Privatsphäre rekonstruieren (vgl. Reckwitz 2006, Kap. 3.2.4). Damit stellt sich die Frage, inwiefern – trotz aller Pluralisierungen – *kulturelle Hegemonien* existieren, d. h. Subjektkulturen, die ›quer‹ zur funktionalen Differenzierung von Feldern existieren und erfolgreich den Anspruch auf Allgemeingültigkeit, kulturelle Führerschaft und Alternativlosigkeit erheben. Auch das Verhältnis zwischen Milieus und ihren Subjektkulturen kann sich als ein solches relativer Homologie von Subjektcodes zwischen verschiedenen Milieus oder als die Konstellation der kulturellen Hegemonie des Subjektmodells eines bestimmten Milieus herausstellen. Interessant ist dabei zudem das Verhältnis zu *anti-hegemonialen Milieus* und Subkulturen, also – um die Unterscheidung von Raymond Williams (1977: 121 ff.) zu übernehmen – nicht nur die Frage nach den ›dominant cultures‹, sondern auch nach den ›residual‹ und den ›emergent cultures‹. Insgesamt können sich auf diese Weise über die Differenzen von Feldern und Milieus hinaus historisch-spezifische dominante *Subjektordnungen* und umgekehrt Rivalitäten zwischen Subjektivierungsformen herausstellen.

Historische Kulturkonflikte

Kultur- und sozialwissenschaftliche Subjektanalysen erfordern eine exakte Historisierung, die angibt, auf welchen Zeitraum (und zudem welchen räumlichen Kontext) sich ihre Aussagen beziehen. Auf makrosoziologischer Ebene gerät dann die Subjektgeschichte und ihre Struktur des sozialkulturellen Wandels in den Blick. Zumindest für die Bedingungen der Moderne lässt sich als heuristischer Leitfaden die Annahme eines fortlaufend zu beobachtenden Wechsels von *Schließung und Öffnung der Kontingenz von Subjektformen* heranziehen, der die Subjektgeschichte strukturiert. Statt kulturelle Ordnungen des Subjekts als gegeben und einander nahtlos ablösend anzunehmen, können so Kulturkonflikte und *Kulturkämpfe* bezüglich der Formierung und Delegitimierung von Subjektkulturen sichtbar werden. Für die moderne Kultur ist es konstitutiv, dass sie Kontingenz bezüglich der Form des Subjekts eröffnet und zugleich diese Kontingenz immer wieder in kulturellen Strategien der Universalisierung von Subjektformen schließt, Schließungen, die selbst nicht vollständig sind und früher oder später erneut zu Öffnungen führen (die erneut von Schließungen beantwortet werden etc.). Die Öffnung der Kontingenz des Subjekts durch die Delegitimierung der bisherigen dominanten Subjektkultur ist also jedes Mal ebenso paradoxer- wie notwendigerweise mit einer erneuten Schließung der möglichen Formen des Subjekts durch eine neue Subjektkultur verknüpft. Interessant ist zu rekonstruieren, wie in bestimmten Diskursen oder Praktiken scheinbar alternativlose Subjektformen delegitimiert werden – zum Beispiel das bürgerliche Subjekt zu Beginn des 20. Jahrhunderts durch radikalästhetische Diskurse ebenso wie durch sozialistische Diskurse oder die Praxis der US-amerikanischen ›peer society‹ (vgl. Reckwitz 2006, Kap. 3) – und wie diese Gegentendenzen, welche die Kontingenz der Subjektform öffnen, wiederum neue Kontexte für eine Formierung scheinbar ebenso alternativloser neuer Subjektivitäten schaffen.

Hybriditäten und Mechanismen der Destabilisierung

Hybridität

Die kulturellen Codes, welche durch Praktiken oder Diskurse hinweg existieren, sind weder als homogen noch als stabil vorauszusetzen (was selbstverständlich nicht ausschließt, dass sie sich unter Umständen doch als homogen und in bestimmten Phasen als relativ stabil herausstellen können). Die kulturwissenschaftliche Subjektanalyse scheint gut beraten, ein Sensorium dafür zu entwickeln, wie auf den ersten Blick möglicherweise eindeutige und konsistente Subjektformen und -kulturen sich bei näherer Betrachtung aus unterschiedlichen kulturellen Codes zusammensetzen, deren exakte Überlagerung, Verschmelzung oder latente Widersprüchlichkeit rekonstruiert werden kann. Beispielsweise werden so die Kombination ökonomischer und ästhetischer Subjektcodes in der postmodernen Ökonomie oder die Kombination eines Codes von Maskulinität als Ensemble technisch-sachlicher Kompetenzen und eines Codes von Maskulinität als attraktive Virilität in der Kultur der organisierten Moderne sichtbar. Das Konzept der *Hybridität* kann diese Sensibilität für kulturelle Kombinationsstrukturen anleiten.

heuristische Konzepte

Um die immanente Dynamik, Mehrdeutigkeit und Instabilität von Subjektivierungsweisen sichtbar zu machen, sind die heuristischen Konzepte der Überdetermination, der Supplementarität und des konstitutiven Außen hilfreich: Die Frage nach möglichen *Überdeterminationen* zielt auf die Überlagerung verschiedener Subjektcodes in der gleichen Subjektkultur ab, die sich einerseits gegenseitig verstärken (›überdeterminieren‹) und zugleich immanente Spannungen qua Überlagerung produzieren. Die Überdetermination des post- bzw. spätmodernen, hyperdynamischen Subjekts der neuen Mittelklasse durch einen ökonomischen Code des Unternehmerischen und des Wettbewerbs einerseits, einen ästhetisch-expressiven Code der Selbstverwirklichung andererseits wäre ein Beispiel (vgl. Reckwitz 2006, Kap. 4.2.3). Die Frage nach den *Supplementaritäten* – ein Schlüsselbegriff Derridas (1967) – sensibilisiert für Unterscheidungen, die mit Asymmetrien zwischen einem Hauptelement und einem bloß hinzugefügten, sekundären Nebenelement hantieren, in denen die Unterscheidung aber sehr wohl ›umkippen‹ kann und sich so das Nebenelement als das Hauptelement erweist. Ein Beispiel wäre die Mann/Frau-Differenz im 19. Jahrhundert, in der die Frau einerseits als emotional-passives Wesen im Sinne eines Nebenelements gegenüber dem aktiv-rationalen Mann präsentiert wird und zugleich in ihrer angenommenen Moralität und Sozialität zur eigentlichen Grundlage der männlichen Existenz avanciert (vgl. Reckwitz 2006, Kap. 2.3). Die Frage nach einem möglichen Mechanismus des *konstitutiven Außen* schließlich lenkt den Blick auf Subjektunterscheidungen, in denen ein Anderes/Außen als Objekt der Verwerfung eingeführt wird und zugleich dieses Andere ein negatives wie auch ein positives Fundament für das ›Eigene‹ bilden kann, indem sich das Eigene entweder fortwährend über den Bezug auf das Andere legitimiert oder aber indem es sich zeitweise mit diesem Anderen insgeheim identifiziert. Ein Beispiel wäre die Verwerfung des nicht-westlichen Anderen im 19. Jahrhundert, die einerseits zur Legitimierung der Rationalität des Westens nötig scheint, andererseits sich in bestimmten Momenten in eine exotistische, positive Faszination durch den Anderen verkehrt (vgl. Bhabha 1994).

Diskontinuitäten und Intertextualitäten

Wenn die Analyse von Subjektivierungsweisen prinzipiell aus einer historisch sensibilisierten Perspektive für die Transformierbarkeit und geschichtliche Kontingenz von Subjektformen erfolgt, ist eine heuristische Alternative zu einem einfachen Kontinuitätsnarrativ, aber auch zu den ›harten Schnitten‹ einer grundsätzlichen Annahme von Diskontinuitäten gefragt. Im Prinzip ist die heuristische Vermutung von *Diskontinuitäten*, die als Brüche zwischen Wissensordnungen an bestimmten Zeitpunkten beobachtbar sind, zunächst ein geeignetes Gegengift gegen das Vorurteil einer ständigen Steigerung konstanter Subjektmerkmale (Individualisierung, Disziplinierung, Affektregulierung etc.) und zwingt dazu, sich im Detail den Kontexten zuzuwenden, in denen neue und bisher unübliche Diskurse und Praktiken der Subjektivität entstehen. Für die moderne Kultur liefern hier Subkulturen wie etwa ästhetische Gegenbewegungen, aber auch humanwissenschaftliche Diskurse und die Auseinandersetzung mit neuen technischen Artefakten Kontexte, in denen eine solche Entstehung neuartiger Subjektivierungsweisen vermutet werden kann.

kultureller Verweisungszusammenhang

Um den Versuchungen der Annahme ›großer Brüche‹ mit der eindeutigen Sortierung eines ›Vorher‹ vom ›Nachher‹ zu entgehen und die *Sinntransfers* zwischen unterschiedlichen historischen Phasen fokussieren zu können, ist jedoch das Konzept zeitlicher *Intertextualitäten* geeignet. Gemeint ist hiermit ein kultureller Verweisungszusammenhang, in dem einzelne Sinnelemente sowohl negativ als auch positiv auf andere, zeitlich mehr oder weniger weit zurückliegende Elemente zurückgreifen. Eine Subjektkultur kann ihre Bedeutung damit nicht in der geschlossenen Präsenz ihrer selbst in einer absoluten Gegenwart finden, sie ist vielmehr immer affiziert durch präzise bestimmbare *Signifikations-›Spuren‹* der ganzen historischen Kette von Praktiken, Diskursen und Codes, die ihr vorausgeht, so dass »sich jedes Element [...] aufgrund der in ihm vorhandenen Spur der anderen Elemente der Kette oder des Systems konstituiert« (Derrida 1972: 67). Die kulturwissenschaftliche Aufgabe besteht dann darin, exakt zu rekonstruieren, welche Rückbezüge auf bestimmte vergangene Subjektkulturen in der jeweiligen Gegenwart stattfinden, in welcher Weise diese zum Gegenstand einer ›Zitation‹ werden, wobei im Zuge dieser ›Resignifizierung‹ sich auch die Bedeutung dessen, worauf man zurückgreift, verschiebt. Ein Beispiel wäre die Frage, in welcher Weise postmoderne Subjektformen – etwa das Muster des unternehmerischen Selbst oder das nach Authentizität strebende private Subjekt – in einem intertextuellen Verweisungszusammenhang auf Elemente der bürgerlichen Kultur und der romantischen Kultur zurückgreifen und diese neu interpretieren, ohne aber eine einfache Verlängerung der Bürgerlichkeit oder der Romantik darzustellen (vgl. Reckwitz 2006, Kap. 4.2.4).

Insgesamt schält sich damit das Projekt einer sozial- und kulturwissenschaftlichen Analyse von Subjektivierungsweisen als ein interdisziplinäres Programm heraus. Aus der Kultursoziologie übernimmt es die Frage nach den kollektiven Mustern ›hinter‹ dem scheinbar Individuellen und eine Sensibilität für die Spezifika der Moderne, aus der Kulturgeschichte die dezidierte Historisierung und detaillierte Kontextualisierung einer scheinbar universalen Subjektivität, aus der

Kulturanthropologie den Blick für die Partikularität sozialer Praxen und ihrer Subjektproduktion, aus einer sich kulturwissenschaftlich verstehenden Literaturwissenschaft und Kunstgeschichte/Bildwissenschaft schließlich die Frage nach der textuellen und visuellen Konstitution von Subjektivität.

Anmerkungen

1 Der klassische Ort dieser Kopplung von Subjektphilosophie und Geschichtsphilosophie findet sich bei Hegel, etwa in der »Phänomenologie des Geistes«. Zum Konzept der ›großen Erzählung‹ vgl. Lyotard (1979).

2 Zum ›homo sociologicus‹ vgl. Dahrendorf (1958). Zur soziologischen Debatte um ›structure and agency‹ vgl. Alexander (1987), zum Modell von ›choices and constraints‹ vgl. Elster (1989: 13 ff.).

3 Zum Konzept der Kulturwissenschaften vgl. auch Reckwitz (2004).

4 Vgl. zum Poststrukturalismus in den Sozialwissenschaften Stäheli (2000); Moebius/Reckwitz (2008).

5 Zu einer Klärung der Unterscheidung zwischen Macht im Allgemeinen als Kräftekonstellation und der speziellen Konstellation zementierter Herrschaft vgl. Foucault (2007: 267 f.).

6 Foucaults Denkfigur der Gouvernementalität weist hier Parallelen zu Niklas Luhmanns Konzept der Systemsteuerung unter den Bedingungen nicht-trivialer, d. h. selbstreferentieller Systeme auf: ›Gouvernementalität‹ im modernen Sinne setzt gewissermaßen voraus, dass Systeme – Subjekte, Natur, Gesellschaft etc. – als selbststeuernd angenommen werden, um darauf aufbauend eine Fremdsteuerung zu versuchen.

7 Vgl. auch Foucault (2007: 266). Der Freiheitsbegriff des späten Foucault ist jedoch in mancher Hinsicht mehrdeutig – teilweise geht es nicht nur

um die Freiheit eines Subjekts, die etwa ein liberales Dispositiv voraussetzt, sondern auch um eine Freiheit von Subjektivität ›an sich‹, mit der Foucault eine prinzipielle dynamische Widerständigkeit von Subjekten innerhalb von gesellschaftlichen Kräfteordnungen umschreibt.

8 Zur Erosion der Dominanz des bürgerlichen Geschmacks vgl. Lahire (2004).

9 Zusammenfassend zur Rezeption der Psychoanalyse in der Sozial- und Gesellschaftstheorie vgl. Elliott (1992).

10 Lacan fasst diesen Zusammenhang in seinem Schema L zusammen:

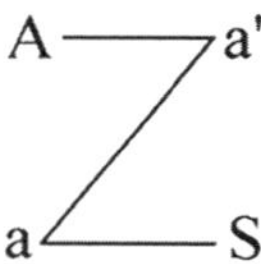

Dies soll sagen: Das Subjekt (S) steht niemals in einem unmittelbaren Verhältnis zur Ordnung des Symbolischen (das große A), sondern immer nur vermittelt über eine Interpretation der Begehrensobjekte – das kleine a – als imaginäres a', in die sich die symbolischen Ordnungen übersetzen.

11 Einzelne Passagen dieses Kapitels sind im Rahmen von Reckwitz (2006) veröffentlicht worden.

12 Butler geht selber in »Körper von Gewicht« (1993) ausführlich auf diese Kritik ein.

13 Ein weiterer Kontext, welcher eine neue Perspektive auf die Materialität des Sozialen und des Kulturellen befördert, sind die Arbeiten von Gilles Deleuze.

14 Vgl. zum Stellenwert von Materialität innerhalb von Kulturtheorien auch Reckwitz (2002).

15 Vgl. zur neueren medientheoretischen Diskussion Roesler/Stiegler (2005).

16 Vgl. für eine kritische Auseinandersetzung mit den soziologischen Modernisierungstheorien Knöbl (2001).

17 Vgl. zu einem sozialwissenschaftlichen Begriff des Ästhetischen Welsch (1996: 92 ff.).

18 Die Übersicht nimmt Elemente aus Reckwitz (2006, Kap. 1 auf).

Literatur

Alexander, Jeffrey C. (1987): *Micro-Macro-Link*, Berkeley: University of California Press.

Althusser, Louis (2001 [1970]): »Ideology and ideological state apparatus (Notes towards an investigation)«, in: ders., *Lenin and Philosophy and other essays*, New York: Monthly Review Press, S. 85–126.

Ariès, Philippe/Roger Chartier (Hg.) (1991 [1986]): *Geschichte des privaten Lebens, Band 3: Von der Renaissance zur Aufklärung*, Frankfurt a. M.: Fischer.

Austin, John Langshaw (1962): *How to do things with words*, London: Oxford University Press.

Bachtin, Michail M. (1981): *The Dialogic Imagination*, Austin u. a.: University of Texas Press.

Bahl, Friederike (2014): *Lebensmodelle in der Dienstleistungsgesellschaft*, Hamburg: Hamburger Edition.

Baron, Christian (2020): *Ein Mann seiner Klasse*, Berlin: Ullstein.

Barthes, Roland (1984): *Le bruissement de la langue (Essais critiques IV)*, Paris: Le Seuil.

Barthes, Roland (2000 [1968]): »Der Tod des Autors«, in: Fotis Jannidis/Gerhard Lauer/Matias Martinez u. a. (Hg.), *Texte zur Theorie der Autorschaft*, Stuttgart: Reclam, S. 185–193.

Beck, Ulrich (1986): *Risikogesellschaft. Auf dem Weg in eine andere Moderne*, Frankfurt a. M.: Suhrkamp.

Beemyn, Brett/Mickey Eliason (Hg.) (1996): *Queer Studies. A lesbian, gay, bisexual, and transgender anthology*, New York: New York University Press.

Bell, Daniel (1996 [1976]): *The Cultural Contradictions of Capitalism*, New York: Basic Books.

Bellah, Robert N./Steven M. Tipton/Ann Swidler u. a. (1985): *Habits of the Heart: Individualism and Commitment in American Life*, Berkeley: University of California Press.

Benjamin, Walter (1977 [1936]): *Das Kunstwerk im Zeitalter seiner technischen Reproduzierbarkeit*, Frankfurt a. M.: Suhrkamp.

Beyes, Timon/Jörg Metelmann (Hg.) (2018): *Der Kreativitätskomplex. Ein Vademecum der Gegenwartsgesellschaft*. Bielefeld: transcript.

Bhabha, Homi K. (1994): *The Location of Culture*, London: Routledge.

Biagioli, Mario (Hg.) (1999): *The Science Studies Reader*, New York: Routledge.

Bloor, David (1999): »Anti-Latour«, in: *Studies in history and philosophy of science*, No. 1, S. 81–112.

Boltanski, Luc/Ève Chiapello (2006 [1999]): *Der neue Geist des Kapitalismus*, Konstanz: Universitätsverlag Konstanz.

Bourdieu, Pierre (1991 [1970]): *Zur Soziologie der symbolischen Formen*, Frankfurt a. M.: Suhrkamp.

Bourdieu, Pierre (1979 [1972]): *Entwurf einer Theorie der Praxis (auf der ethnologischen Grundlage der kabylischen Gesellschaft)*, Frankfurt a. M.: Suhrkamp.

Bourdieu, Pierre (1987 [1980]): *Sozialer Sinn. Kritik der theoretischen Vernunft*, Frankfurt a. M.: Suhrkamp.

Bourdieu, Pierre (1989 [1979]): *Die feinen Unterschiede. Kritik der gesellschaftlichen Urteilskraft*, Frankfurt a. M.: Suhrkamp.

Bourdieu, Pierre (1998 [1994]): *Praktische Vernunft. Zur Theorie des Handelns*, Frankfurt a. M.: Suhrkamp.

Bourdieu, Pierre (2001 [1997]): *Meditationen. Zur Kritik der scholastischen Vernunft*, Frankfurt a. M.: Suhrkamp.

Bourdieu, Pierre/Wacquant, Loïc J. D. (1996): *Reflexive Anthropologie*, Frankfurt a. M.: Suhrkamp.

Brooks, David (2000): *Bobos in Paradise. The New Upper Class and How They Got There*, New York: Simon & Schuster.

Bröckling, Ulrich (2007): *Das unternehmerische Selbst. Soziologie einer Subjektivierungsform*, Frankfurt a. M.: Suhrkamp.

Bröckling, Ulrich/Susanne Krasmann/Thomas Lemke (Hg.) (2000): *Gouvernementalität der Gegenwart. Studien zur Ökonomisierung des Sozialen*, Frankfurt a. M.: Suhrkamp.

Bruns, Axel (2008): *Blogs, Wikipedia, Second Life, and Beyond. From Production to Produsage*, New York: Peter Lang.

Butler, Judith (1991 [1990]): *Das Unbehagen der Geschlechter*, Frankfurt a. M.: Suhrkamp.

Butler, Judith (1997 [1993]): *Körper von Gewicht. Die diskursiven Grenzen des Geschlechts*, Frankfurt a. M.: Suhrkamp.

Butler, Judith (2001 [1997]): *Psyche der Macht. Das Subjekt der Unterwerfung*, Frankfurt a. M.: Suhrkamp.

Campbell, Colin (1987): *The Romantic Ethic and the Spirit of Modern Consumerism*, Oxford: Blackwell.

Chaudhuri, Shohini (2006): *Feminist Film Theorists*, London: Routledge.

Chomsky, Noam (1992 [1968]): *Sprache und Geist*, Frankfurt a. M.: Suhrkamp.

Clifford, James/George E. Marcus (Hg.) (1986): *Writing Culture. The poetics and politics of ethnography*, Berkeley: University of California Press.

Connell, R. W. (1995): *Masculinities*, Cambridge: Polity.

Conrad, Sebastian/Shalini Randeria (Hg.) (2002): *Jenseits des Eurozentrismus. Postkoloniale Perspektiven in den Geschichts- und Kulturwissenschaften*, Frankfurt a. M./New York: Campus.

Dahrendorf, Ralf (1977 [1958]): *Homo sociologicus. Ein Versuch zur Geschichte, Bedeutung und Kritik der Kategorie der sozialen Rolle*, Opladen: Westdeutscher Verlag.

Davidoff, Leonore/Catherine Hall (1987): *Family Fortunes. Men and women of the English middle class, 1780-1850*, London: Hutchinson.

Davis, Katie/Howard Gardner (2013): *The App Generation. How today´s youth navigate identity, intimacy and imagination in a digital world*, New Haven/London: Yale University Press.

Defoe, Daniel (1839 [1726]): *The Complete English Tradesman*, Edinburgh: W. & R. Chambers.

Defoe, Daniel (1985 [1719]): *The life and adventures of Robinson Crusoe*, Harmondsworth: Penguin.

Deleuze, Gilles/Félix Guattari (1992): *Tausend Plateaus. Kapitalismus und Schizophrenie*, Berlin: Merve.

Derrida, Jacques (1983 [1967]): *Grammatologie*, Frankfurt a. M.: Suhrkamp.

Derrida, Jacques (1986 [1972a]): *Positionen*, Graz/Wien: Böhlau.

Derrida, Jacques (1999 [1972b]): »Signatur, Ereignis, Kontext«, in: ders., *Randgänge der Philosophie*, Wien: Passagen, S. 325–351.

du Gay, Paul (1996): *Consumption and Identity at Work*, London: Sage.

Dürrschmidt, Jörg (2002): *Globalisierung*, Bielefeld: transcript.

Ege, Moritz (2013): *Ein Proll mit Klasse. Mode, Popkultur und soziale Ungleichheiten unter jungen Männern in Berlin*, Frankfurt a. M.: Campus.

Ehrenberg, Alain (1991): *Le culte de la performance*, Paris: Calmann-Lévy.

Ehrenberg, Alain (1995): *L'individu incertain*, Paris: Calmann-Lévy.

Ehrenberg, Alain (2004 [1998]): *Das erschöpfte Selbst. Depression und Gesellschaft in der Gegenwart*, Frankfurt a. M.: Campus.

Ehrenberg, Alain (2019): *Die Mechanik der Leidenschaften: Gehirn, Verhalten, Gesellschaft*, Berlin: Suhrkamp.

Elias, Norbert (1990 [1939]): *Über den Prozeß der Zivilisation. Soziogenetische und psychogenetische Untersuchungen*, Band 1 und 2, Frankfurt a. M.: Suhrkamp.

Elliott, Anthony (1992): *Social Theory and Psychoanalysis in Transition. Self and society from Freud to Kristeva*, Oxford: Blackwell.

Elster, Jon (1989): *Nuts and Bolts for the Social Sciences*, Cambridge: Cambridge University Press.

Eribon, Didier (2016 [2009]): *Die Rückkehr nach Reims*, Berlin: Suhrkamp.

Ernaux, Annie (2018): *Erinnerungen eines Mädchens*, Berlin: Suhrkamp.

Everett, Anne (2003): »Digitextuality and Click Theory«, in: dies./John T. Caldwell (Hg.), *New media: Theories and practices of digitextuality*, New York: Routledge, S. 3–62.

Ewald, François (1993 [1986]): *Der Vorsorgestaat*, Frankfurt a. M.: Suhrkamp.

Fanon, Frantz (1980 [1952]): *Schwarze Haut, weiße Masken*, Frankfurt a. M.: Syndikat.

Featherstone, Mike (1991): *Consumer Culture and Postmodernism*, London: Sage.

Foucault, Michel (1969 [1961]): *Wahnsinn und Gesellschaft*, Frankfurt a. M.: Suhrkamp.

Foucault, Michel (1973 [1963]): *Die Geburt der Klinik. Eine Archäologie des ärztlichen Blicks*, Frankfurt a. M.: Suhrkamp.

Foucault, Michel (1983 [1976]): *Der Wille zum Wissen. Sexualität und Wahrheit Band 1*, Frankfurt a. M.: Suhrkamp.

Foucault, Michel (1986 [1984]): *Die Sorge um sich. Sexualität und Wahrheit Band 3*, Frankfurt a. M.: Suhrkamp.

Foucault, Michel (1990 [1966]): *Die Ordnung der Dinge. Eine Archäologie der Humanwissenschaften*, Frankfurt a. M.: Suhrkamp.

Foucault, Michel (1990 [1969]): *Archäologie des Wissens*, Frankfurt a. M.: Suhrkamp.

Foucault, Michel (1991 [1972]): *Die Ordnung des Diskurses*, Frankfurt a. M.: Suhrkamp.

Foucault, Michel (1991 [1975]): *Überwachen und Strafen. Die Geburt des Gefängnisses*, Frankfurt a. M.: Suhrkamp.

Foucault, Michel (1991 [1984]): *Der Gebrauch der Lüste. Sexualität und Wahrheit, Band 2*, Frankfurt a. M.: Suhrkamp.

Foucault, Michel (1993 [1988]): »Technologien des Selbst«, in: Luther H. Martin (Hg.), *Technologien des Selbst*, Frankfurt a. M.: S. Fischer, S. 24–62.

Foucault, Michel (2004 [2001]): *Hermeneutik des Subjekts. Vorlesung am Collège de France (1981/82)*, Frankfurt a. M.: Suhrkamp.

Foucault, Michel (2004a): *Geschichte der Gouvernementalität I: Sicherheit, Territorium, Bevölkerung. Vorlesung am Collège de France 1977-1978*, Frankfurt a. M.: Suhrkamp.

Foucault, Michel (2004b): *Geschichte der Gouvernementalität II: Die Geburt der Biopolitik. Vorlesung am Collège de France 1978- 1979*, Frankfurt a. M.: Suhrkamp.

Foucault, Michel (2005 [1982]): »Subjekt und Macht«, in: ders., *Dits et Ecrits. Schriften in vier Bänden. Band 4*, Frankfurt a. M.: Suhrkamp, S. 269–294.

Foucault, Michel (2007 [1984]): »Die Ethik der Sorge um sich als Praxis der Freiheit«, in: ders., *Ästhetik der Existenz*, Frankfurt a. M.: Suhrkamp, S. 253–279.

Foucault, Michel (2007): *Die Ästhetik der Existenz. Schriften zur Lebenskunst,* Frankfurt a. M.: Suhrkamp.

Freud, Sigmund (1921): *Massenpsychologie und Ich-Analyse,* Wien: Internationaler Psychoanalytischer Verlag.

Freud, Sigmund (1930): *Das Unbehagen in der Kultur,* Wien: Internationaler Psychoanalytischer Verlag.

Freud, Sigmund (1961 [1905]): *Drei Abhandlungen über die Sexualtherapie,* Frankfurt a. M.: Fischer.

Freud, Sigmund (1989 [1923]): »Das Ich und das Es«, in: *Psychologie des Unbewußten. Studienausgabe,* Band III, Frankfurt a. M.: S. Fischer, S. 273–325.

Freud, Sigmund (1999 [1900]): »Die Traumdeutung. Über den Traum«, in: *Gesammelte Werke,* Band II/III, Frankfurt a. M.: S. Fischer.

Freud, Sigmund (1999 [1915]): »Trauer und Melancholie«, in: *Gesammelte Werke,* Band X, Frankfurt a. M.: S. Fischer, S. 427–446.

Garfinkel, Harold (1984 [1967]): *Studies in Ethnomethodology,* Cambridge: Polity.

Gergen, Kenneth J. (1991): *The Saturated Self. Dilemmas of identity in contemporary life,* New York: Basic Books.

Giddens, Anthony (1991): *Modernity and Self-Identity. Self and society in the late modern age,* Cambridge: Polity.

Gingras, Yves (1995): »Un air de radicalisme. Sur quelques tendances rècentes en sociologie de la science et de la technologie«, in: *Actes de la recherche en sciences sociales,* No. 6, S. 3–17.

Goffman, Erving (1983 [1956]): *Wir alle spielen Theater. Die Selbstdarstellung im Alltag,* München/Zürich: Piper.

Graefe, Stefanie (2019): *Resilienz im Krisenkapitalismus,* Bielefeld: transcript.

Hall, Stuart (1997): »The spectacle of the ›other‹«, in: ders. (Hg.): *Representations. Cultural representations and signifying practices*, London u. a.: Sage, S. 223- 290.

Haraway, Donna (1991 [1985]): »A Cyborg Manifesto. Science, Technology, and Socialist-Feminism in the Late Twentieth Century«, in: dies., *Simians, Cyborgs and Women: The Reinvention of Nature*, New York: Routledge, S. 149–181.

Hartmann, Heinz (1975 [1960]): *Ich-Psychologie und Anpassungsproblem*, Stuttgart: Klett-Cotta.

Hochschild, Arlie Russell (2016): *Strangers in Their Own Land: Anger and Mourning on the American Right*, New York: The New Press.

Illouz, Eva (2009): *Die Errettung der modernen Seele: Therapien, Gefühle und die Kultur der Selbsthilfe*, Frankfurt a. M.: Suhrkamp.

Illouz, Eva (2011): *Warum Liebe weh tut: eine soziologische Erklärung*, Berlin: Suhrkamp.

Irigaray, Luce (1980 [1974]): *Speculum. Spiegel des anderen Geschlechts*, Frankfurt a. M.: Suhrkamp.

Jakobson, Roman (1990 [1956]): »Two aspects of language and two types of aphasic disturbances«, in: Linda R. Waugh/Monique Monville-Burston (Hg.): *Roman Jakobson. On Language*, Cambridge (Mass.): Harvard University Press, S. 115–133.

Jameson, Fredric (1991 [1984]): *Postmodernism, or, the cultural logic of late capitalism*, London/New York: Verso.

Kafka, Franz (1919): *In der Strafkolonie*, Leipzig: Kurt Wolff.

Kellner, Douglas (1992): »Popular culture and the construction of postmodern identities«, in: Jonathan Friedman/Scott Lash (Hg.), *Modernity and identity*, Oxford u. a.: Blackwell, S. 141–177.

Kible, Birgit u. a. (1998): Artikel »Subjekt«, in: Joachim Ritter/Karlfried Gründer (Hg.), *Historisches Wörterbuch der Philosophie*, Band 10, Basel/Stuttgart: Schwabe, S. 373–400.

Kittler, Friedrich A. (1995 [1985]): *Aufschreibesysteme 1800/1900*, München: Fink.

Knorr Cetina, Karin (1984): *Die Fabrikation der Erkenntnis. Zur Anthropologie der Naturwissenschaft*, Frankfurt a. M.: Suhrkamp.

Knöbl, Wolfgang (2001): *Das Ende der Eindeutigkeit. Die Spielräume der Modernisierung*, Weilerswist: Velbrück.

Kristeva, Julia (1982 [1980]): *Powers of Horror. An essay on abjection*, New York: Columbia University Press.

Lacan, Jacques (1975): *Schriften II*, Olten/Freiburg: Walter.

Lacan, Jacques (1978): *Das Seminar. Die vier Grundbegriffe der Psychoanalyse, Buch XI*, Weinheim/Berlin: Quadriga.

Lacan, Jacques (1986 [1949]): »Das Spiegelstadium als Bildner der Ichfunktion. wie sie uns in der psychoanalytischen Erfahrung erscheint«, in: ders., *Schriften I*, Weinheim/Berlin: Quadriga, S. 61–70.

Lacan, Jacques (1986 [1966]): *Schriften I*, Weinheim/Berlin: Quadriga.

Laclau, Ernesto (1990): *New Reflections on the Revolution of our Time*, London/New York: Verso.

Laclau, Ernesto (2002 [1996]): *Emanzipation und Differenz*, Wien: Turia & Kant.

Laclau, Ernesto/Chantal Mouffe (2001 [1985]): *Hegemony and Socialist Strategy. Towards a radical democratic politics*, London/New York: Verso.

Lahire, Bernard (2004): *La culture des individus. Dissonances culturelles et distinction de soi*, Paris: Découverte.

Laing, Ronald D. (1967): *The Politics of Experience*, New York: Pantheon.

Laqueur, Thomas (1990): *Making Sex. Body and gender from the Greeks to Freud*, Cambridge (Mass.): Harvard University Press.

Lasch, Christopher (1991 [1979]): *The Culture of Narcissism. American life in an age of diminishing expectations*, New York/London: Norton.

Latour, Bruno (1995 [1991]): *Wir sind nie modern gewesen. Versuch einer symmetrischen Anthropologie*, Berlin: Akademie.

Latour, Bruno (1996 [1993]): *Der Berliner Schlüssel. Erkundungen eines Liebhabers der Wissenschaften*, Berlin: Akademie.

Latour, Bruno (1996a): »On Interobjectivity«, in: *Mind, Culture, and Activity*, No. 4, S. 228–244.

Latour, Bruno (2005): *Reassembling the Social. An introduction to actor-network-theory*, Oxford: Oxford University Press.

Latour, Bruno (2007): *Eine neue Soziologie für eine neue Gesellschaft. Einführung in die Akteur-Netzwerk-Theorie*, Frankfurt a. M.: Suhrkamp.

Law, John (Hg.) (1999): *Actor network theory and after*, Oxford: Blackwell.

Lazzarato, Maurizio (1998): »Immaterielle Arbeit. Ästhetisierung der Politik und der Produktion unter den Bedingungen des Postfordismus«, in: Antonio Negri, Maurizio Lazzarato und Paolo Virno, *Umherschweifende Produzenten. Immaterielle Arbeit und Subversion*, Berlin: ID-Verlag, S. 39–52.

Leinberger, Paul/Bruce Tucker (1991): *The New Individualists: The Generation After the Organization Man*, New York: HarperCollins.

Lethen, Helmut (1994): *Verhaltenslehren der Kälte. Lebensversuche zwischen den Kriegen*, Frankfurt a. M.: Suhrkamp.

Link, Jürgen (1999 [1997]): *Versuch über den Normalismus. Wie Normalität produziert wird*, Opladen: Westdeutscher Verlag.

Louis, Édouard (2015): *Das Ende von Eddy*, Frankfurt a. M.: S. Fischer.

Ludden, David (Hg.) (2001): *Reading Subaltern Studies. Critical history, contested meaning and the globalization of South Asia*, London: Anthem Press.

Luhmann, Niklas (1994 [1982]): *Liebe als Passion. Zur Codierung von Intimität*, Frankfurt a. M.: Suhrkamp.

Lupton, Deborah (1998): *The Emotional Self: A Sociocultural Exploration*, London: Sage.

Lyotard, Jean-François (1986 [1979]): *Das postmoderne Wissen*, Graz/Wien: Böhlau.

Maffesoli, Michel (1990): *Au creux des apparences. Pour une éthique de l'esthétique*, Paris: Table ronde.

Maffesoli, Michel (2000 [1988]): *Le temps des tribus. Le déclin de l'individualisme dans les sociétés postmodernes*, Paris: Table ronde.

Makropoulos, Michael (1997): *Modernität und Kontingenz*, München: Fink.

Manovich, Lev (2001): *The Language of New Media*, Cambridge (Mass.) u. a.: MIT Press.

Marcuse, Herbert (1994 [1964]): *Der eindimensionale Mensch. Studien zur Ideologie der fortgeschrittenen Industriegesellschaft*, München: dtv.

McClintock, Anne (1995): *Imperial Leather. Race, gender and sexuality in the colonial contest*, New York/London: Routledge.

McLuhan, Marshall (1962): *The Gutenberg Galaxy. The making of typographic man*, Toronto: University of Toronto Press.

McRobbie, Angela (2016): *Be Creative. Making a living in the new creative industries*, Cambridge: Polity.

Menger, Pierre-Michel (2006): *Kunst und Brot. Die Metamorphosen des Arbeitnehmers*, Konstanz: Universitätsverlag Konstanz.

Menger, Pierre-Michel (2014): *The Economics of Creativity: Art and Achievement under Uncertainty*, Boston: Harvard University Press.

Moebius, Stephan/Reckwitz, Andreas (Hg.) (2008): *Poststrukturalistische Sozialwissenschaften*, Frankfurt a. M.: Suhrkamp.

Moore-Gilbert, Bart (1997): *Postcolonial Theory. Contexts, practices, politics*, London/New York: Verso.

Moulier-Boutang, Yann (2007): *Le capitalisme cognitif: la nouvelle grande transformation*, Paris: Éditions Amsterdam.

Mulvey, Laura (1975): »Visual pleasure and narrative cinema«, in: dies., *Visual and other pleasures*, Basingstoke: Macmillan, S. 14–26.

Nederveen Pieterse, Jan (1995): »Globalization as hybridization«, in: Mike Featherstone/Scott Lash/Roland Robertson (Hg.), *Global Modernities*, London: Routledge, S. 45–68.

Nietzsche, Friedrich (1988 [1887]): »Zur Genealogie der Moral. Eine Streitschrift«, in: ders., *Kritische Studienausgabe*, Band 5, München: dtv, S. 245–412.

Nye, Robert A. (1993): *Masculinity and Male Code of Honour in Modern France*, Oxford: Oxford University Press.

Ong, Walter J. (2000 [1982]): *Orality and Literacy. The technologizing of the word*, London: Routledge.

Pendergast, Tom (2000): *Creating the Modern Man. American Magazines and consumer culture, 1900-1950*, Columbia: University of Missouri Press.

Perrot, Michelle (Hg.) (1992 [1987]): *Geschichte des privaten Lebens*, Band 4: *Von der Revolution zum großen Krieg*, Frankfurt a. M.: Fischer.

Peters, Thomas J./Robert H. Waterman (1982): *In Search of excellence. Lessons from America's best-run companies*, New York u. a.: Harper & Row.

Plamper, Jan (2012): *Geschichte und Gefühl. Grundlagen der Emotionsgeschichte*, München: Siedler.

Polanyi, Michael (1985 [1966]): *Implizites Wissen*, Frankfurt a. M.: Suhrkamp.

Poster, Mark (1996): *The Second Media Age*, Cambridge: Polity Press.

Reckwitz, Andreas (2002): »The status of the ›material‹ in theories of culture: From ›social structure‹ to ›artefacts‹«, in: *Journal for the Theory of Social Behaviour*, H. 2, S. 195–217.

Reckwitz, Andreas (2004): »Die Kontingenzperspektive der ›Kultur‹. Kulturbegriffe, Kulturtheorien und das kulturwissenschaftliche Forschungsprogramm«, in: Friedrich Jaeger/Jörn Rüsen (Hg.),

Handbuch der Kulturwissenschaften. Band 3: *Themen und Tendenzen*, Stuttgart/Weimar: J. B. Metzler, S. 1–20.

Reckwitz, Andreas (2006 [2000]): *Die Transformation der Kulturtheorien. Zur Entwicklung eines Theorieprogramms*, Weilerswist: Velbrück Wissenschaft.

Reckwitz, Andreas (2006): »Ernesto Laclau: Diskurse, Hegemonien, Antagonismen«, in: Stephan Moebius/Dirk Quadflieg (Hg.), *Kultur. Theorien der Gegenwart*, Wiesbaden: VS Verlag für Sozialwissenschaften, S. 339–349.

Reckwitz, Andreas (2008): »Subjekt/Identität: Die Produktion und Subversion des Individuums«, in: Stephan Moebius/Andreas Reckwitz (Hg.), *Poststrukturalistische Sozialwissenschaften*, Frankfurt a. M.: Suhrkamp, S. 75–92.

Reckwitz, Andreas (2011): »Habitus oder Subjektivierung? Subjektanalyse nach Bourdieu und Foucault«, in: Sophia Prinz/Hilmar Schäfer/Daniel Šuber (Hg.), *Pierre Bourdieu und die Kulturwissenschaften. Zur Aktualität eines undisziplinierten Denkens*, Konstanz: Universitätsverlag Konstanz, S. 41–61.

Reckwitz, Andreas (2012): *Erfindung der Kreativität. Zum Prozess gesellschaftlicher Ästhetisierung*, Frankfurt a. M.: Suhrkamp.

Reckwitz, Andreas (2015): »Ästhetik und Gesellschaft. Ein analytischer Bezugsrahmen«, in: ders./Sophia Prinz/Hilmar Schäfer (Hg.), *Ästhetik und Gesellschaft. Grundlagentexte aus Soziologie und Kulturwissenschaften*, Berlin: Suhrkamp, S. 13–52.

Reckwitz, Andreas (2016): *Kreativität und soziale Praxis. Studien zur Sozial- und Gesellschaftstheorie*, Bielefeld: transcript.

Reckwitz, Andreas (2017): *Die Gesellschaft der Singularitäten. Zum Strukturwandel der Moderne*, Berlin: Suhrkamp.

Reckwitz, Andreas (2019): *Das Ende der Illusionen. Politik, Ökonomie und Kultur in der Spätmoderne*, Berlin: Suhrkamp.

Reckwitz, Andreas (2020 [2006]): *Das hybride Subjekt. Eine Theorie der Subjektkulturen von der bürgerlichen Moderne zur Postmoderne*, Berlin: Suhrkamp, überarbeitete Neuauflage.

Reichert, Ramón (2013): *Die Macht der Vielen. Über den neuen Kult der digitalen Vernetzung*, Bielefeld: transcript.

Rich, Adrienne (1980): »Compulsory heterosexuality and lesbian existence«, in: *Signs: Journal of Women in Culture and Society*, H. 5, S. 631–660.

Riedel, Christoph (1989): *Subjekt und Individuum. Zur Geschichte des philosophischen Ich-Begriffs*, Darmstadt: Wissenschaftliche Buchgesellschaft.

Rieger, Stefan (2002): *Die Ästhetik des Menschen. Über das Technische in Leben und Kunst*, Frankfurt a. M.: Suhrkamp.

Riesman, David (2001 [1949/1961]): *The Lonely Crowd. A study of the changing American character*, New Haven: Yale University Press.

Roesler, Alexander/Bernd Stiegler (Hg.) (2005): *Grundbegriffe der Medientheorie*, München/Paderborn: Fink.

Rose, Nikolas (1990): *Governing the Soul. The shaping of the private self*, London: Routledge.

Rose, Nikolas (1996a): »Identity, genealogy, history«, in: Stuart Hall/Paul du Gay (Hg.), *Questions of cultural identity*, London: Sage, S. 128–150.

Rose, Nikolas (1996b): *Inventing Our Selves. Psychology, power, and personhood*, Cambridge: Cambridge University Press.

Rose, Nikolas (2006): *The Politics of Life Itself*, Princeton: Princeton University Press.

Rubin, Gayle (1975): »The traffic in women: Notes on the ›political economy‹ of sex«, in: Rayna Reiter (Hg.), *Toward an Anthropology of Women*, New York: Monthly Review, S. 157–210.

Ryan, Mary P. (1976): »The projection of a new womanhood: The movie moderns in the 1920s«, in: Jean E. Friedman/William G. Shade (Hg.), *Our American Sisters. Women in American Life and Thought*, Boston: Allyn and Bacon, S. 366–384.

Ryle, Gilbert (1990 [1949]): *The Concept of Mind*, London: Penguin.

Said, Edward W. (1994 [1978]): *Orientalism*, New York: Vintage.

Saussure, Ferdinand de (1967 [1916]): *Grundfragen der allgemeinen Sprachwissenschaft*, Berlin (West): De Gruyter.

Schatzki, Theodore R. (1996): *Social Practices: A Wittgensteinian Approach to Human Activity and the Social*, Cambridge: Cambridge University Press.

Schulz, Walter (1979): *Ich und Welt. Philosophie der Subjektivität*, Pfullingen: Neske.

Schulze, Gerhard (1992): *Die Erlebnisgesellschaft. Kultursoziologie der Gegenwart*, Frankfurt a. M. u. a.: Campus.

Schütz, Alfred (1975): *Strukturen der Lebenswelt*, Neuwied/Darmstadt: Luchterhand.

Selke, Stefan (2014): *Lifelogging: Wie die digitale Selbstvermessung unsere Gesellschaft verändert*, Berlin: Ullstein.

Sennett, Richard (1998): *Der flexible Mensch. Die Kultur des neuen Kapitalismus*, Berlin: Berlin-Verlag.

Silverman, Kaja (1992): *Male Subjectivity at the Margins*, New York: Routledge.

Simmel, Georg (1890): *Über sociale Differenzierung. Sociologische und psychologische Untersuchungen*, Leipzig: Duncker & Humblot, S. 100–116.

Simmel, Georg (1995 [1901]): »Die beiden Formen des Individualismus«, in: ders., *Aufsätze und Abhandlungen 1901–1908*, Teilband I, *Gesamtausgabe*, Band 7, Frankfurt a. M.: Suhrkamp, S. 49–56.

Skeggs, Beverley (2004): *Class, Self, Culture*, London: Psychology Press.

Sombart, Werner (1987 [1913]): *Der Bourgeois. Zur Geistesgeschichte des modernen Wirtschaftsmenschen*, Berlin (West): Duncker & Humblot.

Spivak, Gayatri Chakravorty (1988): »Can the subaltern speak?«, in: Cary Nelson/Lawrence Grossberg (Hg.), *Marxism and the interpretation of culture*, Basingstoke u. a.: Macmillan Education, S. 271–316.

Stäheli, Urs (2000): *Poststrukturalistische Soziologien*, Bielefeld: transcript.

Stalder, Felix/Christine Mayer (2009): »Der zweite Index. Suchmaschinen, Personalisierung und Überwachung«, in: Konrad Becker/Felix Stalder (Hg.), *Deep Search. Politik des Suchens jenseits von Google*, Innsbruck u. a.: Studienverlag, S. 112–132.

Stearns, Peter N. (1994): *American Cool. Constructing a 20th century emotional style*, New York: New York University Press.

Turkle, Sherry (1995): *Life on the Screen. Identity in the age of the internet*, New York: Simon & Schuster.

Vance, J. D. (2016): *Hillbilly-Elegy. A Memoir of a Family and Culture in Crisis*, New York: HarperCollins.

Vogl, Joseph (2004): *Kalkül und Leidenschaft. Poetik des ökonomischen Menschen*, Zürich/Berlin: Diaphanes.

Wagner, Peter (1995 [1994]): *Soziologie der Moderne. Freiheit und Disziplin*, Frankfurt a. M. u. a.: Campus.

Wahrman, Dror (2004): *The Making of the Modern Self. Identity and Culture in 18th Century England*, New Haven: Yale University Press.

Ward, Janet (2001): *Weimar Surfaces. Urban visual culture in 1920s Germany*, Berkeley: University of California Press.

Weber, Max (1988 [1920]): »Die protestantische Ethik und der Geist des Kapitalismus«, in: ders., *Gesammelte Aufsätze zur Religionssoziologie I*, Tübingen: J. C. B Mohr (Paul Siebeck), S. 17–206.

Welsch, Wolfgang (1996): *Grenzgänge der Ästhetik*, Stuttgart: Reclam.

White, Kevin (1993): *The First Sexual Revolution. The emergence of male heterosexuality in modern America*, New York: New York University Press.

Whyte, William H. (1956): *The Organization Man*, New York: Simon & Schuster.

Williams, Joan C. (2017): *White Working Class: Overcoming Class Cluelessness in America*, Boston: Harvard Business Review Press.

Williams, Raymond (1977): *Marxism and Literature*, Oxford: Oxford University Press.

Willis, Paul (1977): *Learning to Labour. How Working Class Kids Get Working Class Jobs*, New York: Columbia University Press.

Winnicott, Donald (2002 [1965]): *Reifungsprozesse und fördernde Umwelt. Studien zur Förderung emotionaler Entwicklung*, Gießen: Psychosozial.

Wirth, Uwe (Hg.) (2002): *Performanz. Zwischen Sprachphilosophie und Kulturwissenschaften*, Frankfurt a. M.: Suhrkamp.

Žižek, Slavoj (1989): *The Sublime Object of Ideology*, London: Verso.

Žižek, Slavoj (1999): *Die Tücke des Subjekts*, Frankfurt a. M.: Suhrkamp.

Žižek, Slavoj (1999a): *Liebe deinen Nächsten? Nein danke! Die Sackgasse des Sozialen in der Postmoderne*, Berlin: Volk und Welt.

Zuboff, Shoshana (2018): *Das Zeitalter des Überwachungskapitalismus*, Frankfurt a. M./New York: Campus.